समाजवाद

समाजवाद

एक अध्ययन

श्री महावीरप्रसाद आर. मोरारका

GYAN

समाजवाद: एक अध्ययन

ISBN 978-81-212-1183-3

प्रकाशन वर्ष 2013

ज्ञान पब्लिशिंग हाऊस
23, मैन अंसारी रोड़, दरियागंज नई दिल्ली-110002
फोन : 23282060, 23261060
फैक्स : (011) 23285914
ई-मेल : books@gyanbooks.com
वेबसाइट : gyanbooks.com

अक्षर मुद्रांकन: लक्की ग्राफिक, दिल्ली
चावला ऑफसैट प्रैस, दिल्ली

विषय-सूची

भूमिका

यह प्रसन्नता की बात है कि देश के धनपतियों में समाज के मूलभूत प्रश्नों पर विचार करने की रुचि जग रही है. साधारणतया उनकी दिलचस्पी व्यापार–उद्योग के सवालों तक सीमित होती है. ऐसी दशा में श्री महावीर प्रसाद मोरारका का प्रस्तुत प्रयास सराहनीय है. अच्छा होता यदि पुस्तक की रचना कुछ अधिक व्यवस्थित होती, और विषयांतर कम होता. कई विषयों पर लेखक के विचार कुछ निराले से ही हैं, परंतु उन्होंने साहस तथा स्पष्टता से उन्हें व्यक्त किया है.

समाजवाद वर्तमानकाल का एक अत्यंत महत्वपूर्ण विषय है और उसका साहित्य बड़ा विस्तृत तथा गंभीर है. समाजवाद के मुख्य उद्देश्य जहां सर्वमान्य हैं, वहां उनको प्राप्त करने में उपायों के संबंध में गहरा मतभेद है. अभी के औद्योगिक दृष्टि से पिछड़े हुए देशों में समाजवाद के निर्माण के प्रयत्न अलोकतांत्रिक ढंग से क्रिए गए हैं. स्वभावतः उसमें सफलता आंशिक ही हुई है. भारत दुनिया का पहला पिछड़ा देश है, जहां यह प्रयत्न लोकतंत्र के साधनों से किया जा रहा है. इसकी सफलता के लिए यह आवश्यक है कि समाजवाद की व्यापक चर्चा इस देश में हो. इस दृष्टि से भी प्रस्तुत पुस्तक का स्वागत होना चाहिए.

समाजवाद के निर्माण के अनुभवों पर से एक बात बड़ी स्पष्टता से सामने आई है. समाजवाद का सच्चा निर्माण केवल समाज के क़ानूनों तथा संस्थानों के परिवर्तन से नहीं हो सकता. समाजवाद के जो नैतिक तथा सांस्कृतिक मूल्य हैं वे जब तक जन–मानस में नहीं पैठ जाते, तब तक समाजवादी संस्कृति का निर्माण नहीं हो सकता. लोक–शिक्षण की आवश्यकता होगी. दुर्भाग्य से दुनिया के समाजवादियों का ध्यान इस कर्तव्य की ओर कम गया है. सत्ता के संघर्ष तक ही उनका प्रयास सीमित रहता है. इस देश में महात्मा गांधी के मार्ग–दर्शन के कारण सर्वोदय आंदोलन के रूप में यह प्रयास हो रहा है. समाजवाद की ओर यह एक नया क़दम है.

जयप्रकाश नारायण

बंबई

26.07.1962

दो शब्द

यह पुस्तक जब पहली बार 1962 में छपी थी तो भूमिका में श्री जयप्रकाश नारायण ने लिखा था कि एक धनपति द्वारा समाजवाद जैसे अत्यंत महत्वपूर्ण विषय पर लिखी गई इस पुस्तक का स्वागत होना चाहिए. उन्होंने पुस्तक में कुछ अव्यवस्था तथा विषयांतर की शिकायत की थी. इस शिकायत को दूर करने की दृष्टि से प्रस्तुत संस्करण के छपने से पूर्व मुझे पांडुलिपि संपादन का काम मेरे मित्र कमल मोरारका ने (जो पुस्तक लेखक के सुपुत्र हैं) सौंपा था. मैंने अपनी क्षमता के अनुसार इस काम को पूरा करने की कोशिश की है, लेकिन इस बात का ध्यान रखा है कि पुस्तक के मूल कथ्य में खरोंच न आए.

संपादन करते समय मुझे लगा कि कितना अच्छा होता अगर यह पुस्तक स्कूलों-कॉलेजों में अर्थशास्त्र की पाठ्यपुस्तक के रूप में पढ़ाई जाती. जिस महाजनी विद्या में हमारा देश और हमारी भाषाएं समृद्ध रहीं, उसे सीख केलिए भी अगर विद्यार्थियों को विदेशी भाषा का सहारा लेना पड़े तो यह उल्टे बांस बरेली को वाला हास्यास्पद मामला ही होगा. लेकिन दुर्भाग्य से यही हो रहा है, जबकि होना चाहिए कि अर्थशास्त्र ही नहीं, ज्ञान-विज्ञान केसभी विषयों को अपनी भाषाओं में पढ़ाया जाए. इससे न केवल विद्यार्थियों के समय और शक्ति के अपव्यय को टाला जा सकता है, बल्कि डॉक्टरी-इंजीनियरी जैसे पाठ्यक्रमों में कम से कम एक तिहाई समय की बचत की जा सकती है. किंतु यह समझ अब भी हमारे देश के बुद्धिजीवियों और शिक्षा-शास्त्रियों में विकसित नहीं हुई है. वे सब भारत सरकार के ज्ञान आयोग के मोह-जाल में फंसे हैं, हालांकि हम कोई भी मौलिक विचार विश्व को देने में असमर्थ हैं, हमारे शिक्षा-केंद्र विश्व के कबाड़घर बन गए हैं और इन शिक्षा-केंद्रों से निकलने वाले छात्र विदेशों के लिए पढ़े-लिखे गिरमिटिया बन कर रह गए हैं.

इस समय जब पुस्तक छपने जा रही है, यह एहसास और तीव्र हुआ है. इसका कारण है कि पूंजीवादी व्यवस्था इस समय जिस संकट से घिरी है, उसे समझना भी हमारे लिए मुश्किल हो गया है. भयानक मंदी की महामारी जो अमेरिका की कुछ बड़ी वित्तीय कंपनियों से शुरू होकर दुनिया की सारी अर्थव्यवस्था को अपनी गिरफ्त में लेती जा रही है, हमारे लिए अबूझ दैवीय विपत्ति बन गई है जिसके निवारण के लिए झाड़फूंक जैसे टोने-टोटकों का सहारा लेने के सिवा हमारे पास कोई चारा नहीं है. हमारी सरकार या वित्तीय व्यवस्था को नियंत्रित करने वाली संस्था (रिजर्व बैंक) अमेरिका, इंग्लैंड, फ्रांस आदि के केंद्रीय बैंकों का अंधानुकरण कर इस मंदी की बाढ़ को रोकने का प्रयत्न कर

रही है. यह बात अब दिखाई देने लगी है कि पूंजीवाद के संकटों का जो विश्लेषण एडमस्मिथ, मार्क्स, कीन्ज़ आदि विद्वानों ने किया वह वर्तमान संकट के संदर्भ में अधूरा पड़ रहा है और भारत के प्रखर समाजवादी चिंतक डॉ. राममनोहर लोहिया का निबंध इकोनॉमिक्स आफ्टर मार्क्स (मार्क्स के बाद अर्थशास्त्र) अधिक प्रासंगिक बन गया है.

पूंजीवाद के संकट का समाधान समाजवाद के रास्ते ही संभव है, यही इस पुस्तक का विषय है और मज़ेदार बात यह है कि यह एक पूंजीपति द्वारा की गई समाजवाद की पैरवी है. बनार्ड शॉ की प्रसिद्ध पुस्तक दि इंटेलिजेंट वीमेन्स गाइड टु सोशलिज्म से प्रेरित यह पुस्तक विश्व के वर्तमान आर्थिक संकट को समझने में हमारी मदद कर सकती है. इसके कुछ अध्याय ख़ासकर इस समय बहुत प्रासंगिक हैं, जैसे–फ़ालतू धन की माया, लागत पूंजी के विभिन्न रूप, पूंजी बाज़ार, सट्टा, बैंकिंग, मुद्रा, और मुद्रा नियंत्रण आदि. पूरी पुस्तक में वह सैकेंड हैंड या थर्ड हैंड किताबी ज्ञान नहीं मिलेगा, जो विश्वविद्यालयों के अध्यापकों की रचनाओं में अक्सर मिलता है, बल्कि प्रत्यक्ष अनुभव से सिंचित जीवंत और स्फूर्तिदायक ज्ञान मिलेगा. जिस प्रकार गुलाबराय ब्रोकर ने गुजराती भाषा को अपने साहित्य के माध्यम से आर्थिक जगत की रहस्यमयी वादियों की जानकारी से समृद्ध बनाया, उसी प्रकार महावीर प्रसाद मोरारका की यह पुस्तक भी हिंदी भाषा को आर्थिक जगत की वादियों की गहन जानकारी से समृद्ध करने वाली है.

लेखक ने पूंजीवाद और साम्यवाद दोनों से हटकर तीसरे रास्ते, समाजवाद, की जो सिफ़ारिश की है, वह इसलिए भी महत्वपूर्ण हो जाती है, क्योंकि लेखक स्वयं पूंजीपति वर्ग का है और पुस्तक काफ़ी हद तक वर्गीय पूर्वाग्रहों से मुक्त है.

जनवरी, 2011

मस्तराम कपूर
79 बी. पॉकेट, 3
मयूर विहार, फेस एक
दिल्ली–110091

प्राक्कथन

पुस्तक लिखने का यह मेरा प्रथम प्रयास है. राजनीति मेरा विषय नहीं है. अनायास ही प्रेरणा मिली, एक मित्र ने एक दिन पूछा समाजवाद किसे कहते हैं. भारत मे हर दल वाले समाजवादी व्यवस्था स्थापित करना चाहते हैं सो भाई, इस समाजवाद में क्या होने वाला है? मैंने अंग्रेजी में समाजवाद पर कई पुस्तकें पढ़ी थीं, अतएव उस मित्र को भी एक-दो सुझाव दे दिए, पर वह तो कोई पुस्तक हिंदी में चाहता था. बहुत खोज करने पर भी मुझे हिंदी में इस विषय पर की अति आधुनिक संतोषप्रद पुस्तक प्राप्त नहीं हुई. सोचा, शायद मैं ही कुछ लिख सकूं, अंग्रेजी की एक पुस्तक जॉर्ज बर्नार्ड शॉ की लिखी हुई The Intelligent Women's Guide to Socialism मुझे बहुत पसंद आई थी, विचार किया कि इस पुस्तक का हिंदी में रूपांतर कर देने से काम चल जाएगा, प्रारंभ भी इसी तरह किया, पर भारत की अपनी समस्याएं एकांततः भिन्न होने की वजह से वह भी ठीक नहीं जंचा. अंत में मित्रों के सुझाव से स्वतंत्र रूप से ही पुस्तक लिख डालने की ठान ली. जॉर्ज बर्नार्ड शा के विचारों का प्रभाव मेरी पुस्तक पर बहुत अंशों में विद्यमान है. कार्ल मार्क्स की पुस्तक दास कैपिटल ने भी मुझे बहुत प्रभावित किया है अतः कई जगह उसकी भी छाया मिलेगी, पर अधिकांश में मैंने मेरे अपने विचार ही प्रकट किए हैं. विचार अगर कहीं स्पष्ट व्यक्त नहीं हो पाए हैं तो उसका कारण भी यही है कि मैं ख़ुद उन क्षेत्रों में अपरिपक्व ही हूं.

पूंजीवाद अत्यंत दूषितवाद है. मानव केआध्यात्मिक और आधिभौतिक मूल्यांकन में उसका स्तर बहुत निम्न कोटि का है. साम्यवाद भी श्रमिक वर्ग का पूंजीवाद हो जाने की वजह से उतना ही दूषित है. तानाशाही (Fascism) तो सर्वर्था निन्द्य है ही. अगर मानव-जाति के कल्याण या सुख समृद्धि के लिए कोई व्यवस्था ठीक है तो वह है समाजवाद (Socialism) और उसका स्वरूप जैसा मैंने पढ़ा या समझा आपके सम्मुख रखा है. जब तक राष्ट्र केसभी व्यक्तियों में वास्तविक वित्त-विवरण या आय-वितरण समानरूप से न हो तब तक कोई भी तथाकथित व्यवस्था सही माने में समाजवादी व्यवस्था नहीं है. कार्यरूप में इस व्यवस्था को स्थापित करना कितना कठिन या आसान है यह तो राजनीतिज्ञ ही जानें, पर अगर ऐसा हो सकता हो तो क्या हो अच्छा हो! यह अनुभूति और कल्पना का विषय है.

पुस्तक की भाषा कुछ अटपटी सी बन गई है. यही कारण है कि मैं कोई साहित्य का मर्मज्ञ तो हूं नहीं और जिन साहित्यिक मित्र को पुस्तक संशोधन करने के लिए दी थी उस

मित्र ने उसमें अणु मात्र भी परिवर्तन करने की आवश्यकता नहीं समझी. पूर्ण विराम, अर्ध विराम, पैरेग्राफ इत्यादि की अशुद्धियां पर्याप्त मात्रा में रह गई हैं. अनेक स्थलों में विचाराभिव्यक्ति स्पष्ट न होने के कारण भ्रांति (Vagueness or confusion) की संभावना रह गई है. आशा है, विज्ञ पाठक इन त्रुटियों को सुधार लेंगे.

वास्तव में मेरा उद्देश्य तो इतना ही है कि सब लोग स्वतंत्र रूप से उस प्रश्न पर विचार करें, मनन करें, और पश्चात अपनी राय क़ायम करें. किसी के भी भ्रांतिमूलक प्रवाह में न बह जाएं! जैसा कि आज हो रहा है.

भारत की प्रजा अपनी स्वतंत्र पज्ञा से सोच-समझ कर अपने मताधिकार का उपयोग करे और झूठे वादों तथा नारों से प्रभावित न होकर, बुद्धिमूलक निर्णय की ओर अग्रसर हो, यही इस पुस्तक का मूल उद्देश्य है.

आज से क़रीब डेढ़ साल पहले यह पुस्तक लिख कर तैयार हो चुकी थी, पर कुछ तो साहित्यिक मित्र के संशोधन की अपेक्षा में, कुछ मुद्रक की मंदगति के कारण, प्रकाशन में विलंब होता ही गया.

भारत में समाजवाद के प्रधान युग-पुरुष आज विद्यमान हैं. वह हैं श्री जयप्रकाश नारायण. उनसे प्रार्थना की थी कि वह इस पुस्तक की भूमिका लिख दें. समयाभाव से भूमिका लेखन में भी विलंब हुआ, पर मैं इस लोभ का संवरण नहीं कर सका कि मेरी प्रथम पुस्तक पर गणमान्य महाभाग श्री जयप्रकाश जी के विचार साथ-साथ प्रकाशित हों.

मेरे मित्र श्री रामरिछपालजी पाटोदिया का मैं हार्दिक कृतज्ञ हूं, जिन्होंने मुझे इस पुस्तक को लिखने की प्रेरणा और प्रोत्साहन दिया.

बम्बई
31 जुलाई, 1962

-लेखक

-: 1 :-

समाजवाद की पृष्ठभूमि

- परिवर्तन ही विश्व का क्रम है
- समाजवाद ही क्यों?

भारत को आज़ाद हुए एक युग बीत गया है. सरकार की आर्थिक नीति समाजवादी व्यवस्था पर आधारित है. कांग्रेस, सोशलिस्ट, प्रजा–समाजवादी पार्टी, कम्युनिस्ट पार्टी, यहां तक कि नवनिर्मित स्वतंत्र पार्टी और जनसंघ तक भी समाजवादी अर्थव्यवस्था की हिमायत करते हैं. हर पार्टी के नेता यह दावा करते हैं कि उनकी ही कल्पित समाजवादी व्यवस्था सही है, दूसरी पार्टियों की नहीं. भारत की लोकप्रिय कांग्रेस पार्टी की सरकार है. अत: कांग्रेस द्वारा संचालित अर्थव्यवस्था किस तरह की समाजवादी है, जनता को कुछ अनुभव हो गया है या हो रहा है. कुछ भी हो, एक बात निश्चित रूप से सिद्ध है कि जनता प्राय: सर्वसम्मत है कि समाजवादी व्यवस्था ही उपादेय है, कल्याणप्रद है.

समाजवाद पर विश्व में सैकड़ों पुस्तकें प्रकाशित हो चुकी हैं. हिंदी में भी कई पुस्तकें प्राप्य हैं. पर मेरी राय में आपको कोई भी पुस्तक पढ़ने की आवश्यकता नहीं है. किसी दूसरे की राय से प्रभावित होकर अपनी राय क़ायम करने की प्रणाली प्राचीन भारत में नहीं थी. कुछ शताब्दियों से यह दोष हम लोगों में आ गया है, जिससे दूसरों की राय से हम शीघ्र प्रभावित हो जाते हैं. यदि कोई लेखक या वक्ता अच्छी भाषा में दलीलें ज़ोरदार तरीक़े से पेश करता है तो उन्हें हम सत्य मान लेते हैं. आप स्वयं अपनी राय स्वतंत्र रूप से क़ायम कीजिए कि समाजवाद क्या चीज़ है? समाजवादी व्यवस्था की क्या रूपरेखा होनी चाहिए, किस तरह का समाजवाद हमको एवं सारे राष्ट्र को लाभ पहुंचा सकता है?

समाजवाद क्या है? इस बारे में विभिन्न लोगों के अलग–अलग दृष्टिकोण हैं. उन लोगों की राय आपकी राय से अच्छी या सही हो, यह ज़रूरी नहीं. आपके पास कितना धन होना चाहिए? आपके पड़ोसी के पास और आपके मित्र के पास कितना–कितना धन

होना चाहिए? आपकी राय क्या है? यह यक्ष प्रश्न अभी तक अनुत्तरित है. बचपन से ही आपको, हमको, सबको यही सिखाया गया है. संस्कार इसी तरह के पड़े हैं कि धनवान या ग़रीब होना भाग्य की बात है. ईश्वर-इच्छा पर निर्भर है. भगवान किसी को धनवान बनाता है, किसी को निर्धन. यह मान्यता बिल्कुल ग़लत है. धनवान या ग़रीब होने का क्रम परिवर्तनशील है. निर्धन को धनवान और धनवान को निर्धन, मानव अपनी इच्छा के अनुसार ताक़त या चालाकी के बल पर बना देता है. किसी भी धनवान का धन सुरक्षित नहीं रहता, अगर शासन के पुलिस-अधिकारियों का या जेलख़ाने जाने का भय नहीं होता. विश्व में हर जगह धनवान और निर्धन व्यक्ति हैं. ऐसा देख समझ कर आपने, हमने, सबने यह मान लिया है कि धनवान होना या निर्धन होना तो भाग्य की, तक़दीर की बात है. पर असल में यह बात नहीं है. नित्य नए-नए क़ायदे क़ानून बनते हैं, बनाए जाते हैं, जिनके द्वारा कल के धनिक, राजा-महाराजा आज अपेक्षाकृत निर्धन कहे जा सकते हैं और कल के साधारण व्यक्ति, निर्धन पुरुष आज के धनी या समाज के गणमान्य व्यक्ति माने जाते हैं. संसद में रोज़-रोज़ नए क़ानून बनाए जाते हैं. नित्य पुराने क़ानूनों में संशोधन होता है. ऐसा क्यों? क्योंकि आपको, हमको प्रचलित व्यवस्था से संतोष नहीं होता. उसको सुधारने में हम प्रयत्नशील हैं. संशोधित क़ानूनों से भी संतोष नहीं, इसलिए फिर संशोधन करते हैं. फिर भी पर्याप्त संतोष न हुआ तो फिर नए सुधार करते हैं. इसी तरह परंपरा चलती रहती है और क़ानून क़ायदे नित्य बदलते रहते हैं. हर संशोधन के फलस्वरूप कई व्यक्तियों की जेबों से या कोषों से धन का कुछ भाग निकलता है और कई व्यक्तियों के कोष या जेबों में वृद्धि होती है. इन संशोधनों या परिवर्तनों से संतोष न होने पर दूसरे परिवर्तन किए जाते हैं. उनके फलस्वरूप समाज के दूसरे व्यक्तियों की जेबों या कोषों पर असर पड़ता है. क़ानून फिर से बदले जाते हैं, काट-छांट की जाती है. आज से 100-50 वर्ष पूर्व जिन क़ानूनों की कल्पना भी नहीं की जा सकती थी, वे हर भारतीय को आज बाध्य होकर मानने पड़ते हैं.

उदाहरणस्वरूप ले लीजिए, आपके दादा-परदादा के युग में कौन सोच सकता था कि साधारण किसान, मज़दूर या हरिजन राजा-महाराजा या सेठ-साहूकारों के समकक्ष अधिकार प्राप्त कर लेंगे? कौन कल्पना कर सकता था कि कारख़ानों में मज़दूरों को अमुक मज़दूरी देनी ही पड़ेगी और काम आपके पास न होने पर भी उस मज़दूर को आप निकाल नहीं सकेंगे. इसी तरह शताब्दियों से चले आ रहे पुराने क़ानून निरस्त किए जा रहे हैं, जिनके फलस्वरूप जो-जो चीज़ें अपने दादा-परदादा के युग में स्वप्न में भी सोची नहीं जा सकती थीं, आज कर सकते हैं. उदाहरण स्वरूप, विधवा विवाह, अंतरजातीय विवाह, सहभोज इत्यादि. क़ानून बदलते रहते हैं और वे वर्तमान सामाजिक परिस्थितियों में बराबर फिट बैठ जाएं, इसके लिए संशोधन करते रहना पड़ता है. न्यायालय उन क़ानूनों का निर्वचन करते रहते हैं. इस निर्वचन पर समाज की व्यवस्था में फिर से संशोधन होते रहते हैं. क़ानून में इस प्रकार अनवरत संशोधन होते रहने के कारण एक सीमा ऐसी आ जाती है कि प्रारंभ में जो क़ानून थे, वहां उनकी छाया तक शेष नहीं रहती.

यह परिवर्तन अवश्यंभावी है. चुनाव के समय हर एक पार्टी समाज के लिए लंबे-लंबे वादे करती है कि वे अमुक तरह का परिवर्तन ला देंगे. पर सोचना आपको है कि किस तरह का परिवर्तन आपके, या समाज के या राष्ट्र के लिए ज़्यादा हितकर होगा? पार्टियों के विज्ञापनों से या लंबी-लंबी दलीलों से प्रभावित न होकर आप अपनी स्वतंत्र राय क़ायम कीजिए और देखिए कि हमारी समाज व्यवस्था में किस तरह का परिवर्तन श्रेयस्कर है, ख़ासकर आज की आर्थिक व्यवस्था में. यह कभी मत मानिए कि जो कुछ भगवान ने लिखा है, वही होगा. आपको क़ानून द्वारा, संसद द्वारा परिवर्तन करवाने के अधिकार प्राप्त हैं. आप अपना जो निर्णय करेंगे, वही उत्तर होगा. यों तो भारत में पहले भी कई विचारक हो चुके हैं, जिन्होंने अपने-अपने ढंग की अर्थव्यवस्था प्रतिपादित की थी. शायद उस समय के लिए वे व्यवस्थाएं सही थीं, उपादेय थीं, पर वे कभी शाश्वत नहीं बन सकीं और न ही बननी चाहिए थी. महर्षि चाणक्य का अर्थशास्त्र, याज्ञवल्क्य की अर्थव्यवस्था, मनु की समाज व्यवस्था, बुद्ध की शून्यवाद की अर्थ परंपरा, सम्राट अकबर का दीन-ए-इलाही, महात्मा गांधी की सर्वोदय अर्थ मीमांसा, ये सब ही तो अपने-अपने ढंग की, सामयिक समाज की, अर्थव्यवस्था की मीमांसा हैं. इनमें किसी से भी प्रभावित होकर आप अपने विचारों को बहने मत दीजिए. सब कुछ सोच समझ कर आप स्वयं अपनी एक राय क़ायम कीजिए. किसके पास कितना धन या कितनी संपत्ति होनी चाहिए, यह प्रश्न अभी तक अनिर्णीत है, निर्णीत नहीं है. शायद कभी भी सर्वथा निर्णीत नहीं हो सकेगा, हमेशा ही परिवर्तित होता रहेगा.

-: 2 :-

समाजवाद क्या है?

- संचय और वितरण
- समाजवाद के आधार स्तंभ

समाजवाद का मूल सिद्धांत है देश की कमाई को नए ढंग से बांटना. आपने शायद लक्ष्य नहीं किया हो, पर यह सत्य है कि देश की आय प्रत्येक दिन प्रत्येक क्षण बंटती रहती है और उस आय का बंटवारा होता ही रहेगा. जब तक देश में एक से अधिक व्यक्ति मौजूद रहेंगे, तब तक अहर्निश यह बंटवारा होता ही रहेगा. प्रश्न हमारे सामने यह नहीं है कि बंटवारा होना चाहिए या नहीं, बंटवारा तो होगा ही, पर सोचना यह है कि किसको किन शर्तों पर कितना मिले? पाश्चात्य विद्वान महर्षि पाल ने एक बार कहा था-जो काम नहीं करेगा, उसे खाने को नहीं मिलेगा. वे शायद अदूरदर्शी थे. वे भूल गए कि संसार में बच्चे भी तो हैं. बच्चे काम नहीं कर सकते और भूख सबसे ज़्यादा उन्हीं को सताती है. अगर उन्हें समय पर खाने को न मिले तो शायद विश्व में कोई भी जीवित नहीं बचेगा. इसलिए यह नियम कि जो काम करे वही खाना खाए, चल नहीं सकता.

कई लोग समझते हैं कि जिस तरह वे बचत कर सकते हैं, उसी तरह विश्व के धन का संचय या संग्रह करके रखा जा सकता है. यह भारी भूल की बात है. बहुत सा धन जो हम सबको जीवित रखता है, सप्ताह से ज़्यादा टिक नहीं सकता, नष्ट हो जाता है. सोने का कंगन उम्र भर क़ायम रह सकता है, पर कंगन खाकर तो जीवित नहीं रह सकते. दाल-रोटी, शाक-सब्ज़ी, दूध-दही या किसी प्रकार के निरामिष या सामिष भोजन आप कितने ही प्रयास क्यों न करें, सप्ताह से ज़्यादा टिक ही नहीं सकते. एक सप्ताह इसलिए कि वर्तमान वैज्ञानिक उपकरणों से फ्रिज में, थरमस में बर्फ़ से आवृत्त रखकर कई उपायों से उसे ताज़ा रखा जा सकता है. नहीं तो दो-तीन दिन में ही सब प्रकार के भोजन नष्ट हो जाते हैं. इसके बाद जो बासी खाएंगे तो आपको हमको बीमारी होगी, पेट में ज़हर हो

जाएगा और जीवन का ख़तरा भी पैदा हो जाएगा. कपड़े जो आप और हम पहनते हैं, वे भी ज़्यादा समय तक टिक नहीं सकते. अगर कामकाजी व्यक्ति हैं तो कपड़े बहुत जल्दी फट जाते हैं. मैले तो ख़ैर पसीने गर्द इत्यादि से हर रोज़ होते ही हैं, धुलवाने और साफ़-सफ़ाई का ख्याल रखना ही होता है. लिहाज़ा कपड़ों की भी यही हालत है. जूतों में चाहे आप रबर के सोल लगवा लीजिए. छह महीने में टूटने वाले होंगे तो बारह महीने चल जाएंगे, पर वे भी नष्ट होंगे ही. हर साल नई फ़सल पैदा होती है. पिछले साल जो फ़सल हुई थी, उस पर आप और हम जीवित नहीं रह सकते. आने वाले वर्ष की फ़सल अभी तैयार नहीं हुई है. अत: हम सबको इसी साल की पैदावार पर जीवित रहना है, इसी को बोना-काटना या लादना है, इसी का आटा गूंधकर रोटियां बनानी हैं. इसी साल या समय के कपड़े सिलवाने या धुलवाने हैं. इस समय के लिए चमड़े के जूते बनवाने हैं. अन्यथा भूख, ठंड या गर्मी से बचाव न होने की वजह से मर जाएंगे, जीवित नहीं रह सकेंगे.

जिसको बचत कहा जाता है, वह सही अर्थ में भविष्य के लिए किया जाने वाला सौदा मात्र है. उदाहरणस्वरूप मान लीजिए, मैंने आज 101 रोटियां बनाईं. मैं स्वयं तो सिर्फ़ एक ही खा सकूंगा, बाक़ी 100 मैं बचाकर सुरक्षित रख नहीं सकता, क्योंकि उनका नष्ट होना अवश्यंभावी है. एक सप्ताह के बाद वे खाने लायक़ रहेंगी ही नहीं. इसलिए मैं सिर्फ़ सौदा ही कर सकता हूं. उस व्यक्ति के साथ, जिसे 100 रोद्वियों की आवश्यकता है. अगर मैं अपनी 100 रोटियां किसी को दे दूं और बदले में मान लो वह मुझे पांच नई रोटियां हर वर्ष भविष्य में देता रहे तो यह सौदा हुआ. यह बचत नहीं हुई. दो पक्षों के बीच एक सौदा हुआ, एक समझौता हुआ. एक पक्ष जो भविष्य के लिए अपनी व्यवस्था निश्चित करना चाहता है और दूसरा पक्ष जो वर्तमान में ज़्यादा ख़र्च करना चाहता है. इन दो पक्षों में आपसी सौदा हुआ. नतीजा यह हुआ कि मैं तब तक कुछ नहीं बचा सकता, जब तक कि दूसरा उस वक़्त ख़र्च करने वाला मुझे न मिल जाए. इसलिए यह धारणा कि सारा देश बचत कर सकता है, असंभव है. सत्य यही है कि कुछ भाग्यशाली व्यक्ति, जिनके पास उनकी ज़रूरत से ज़्यादा है, अपने भविष्य का कुछ बंदोबस्त कर सकते हैं, पर वह तभी संभव है, जब ऐसे व्यक्ति उन्हें मिल जाएं, जिनकी खपत निज की संपत्ति से अधिक है. तात्पर्य निकला कि राम जो बचाए, उसे हरी को ख़र्च करना चाहिए, नहीं तो राम की बचत व्यर्थ जाएगी, नष्ट होगी.

सारे राष्ट्र को अपनी-अपनी रोटी बनानी है और जीवित रहना है. अगर राष्ट्र काम करना बंद कर दे, निष्क्रिय हो जाए और उसके निवासियों के पास अपनी-अपनी निज की संपत्ति में ज़मीन, जायदाद, मकान हों और लाखों रुपये बैंक में जमा हों तो भी 15 दिन में सारा का सारा राष्ट्र मृत्यु के मुख में चला जाएगा. आप किसी धनिक से मिलें, जो सिर धुनकर कहता है कि अमुक निर्धन या ग़रीब व्यक्ति ने बचाकर नहीं रखा और अफ़सोस करता हो या उपदेश देता हो तो आप ईश्वर से प्रार्थना कीजिए कि ऐसे व्यक्तियों को सद्बुद्धि दें. वे अज्ञान में हैं, नहीं जानते बचत हो नहीं सकती. राष्ट्र को

निष्क्रिय नहीं बनना चाहिए. उसकी अनर्गल बातों या उपदेशों को ग्रहण करके किसी निर्धन व्यक्ति को यह सब सुनाकर उसे व्यथित मत कीजिए.

इस तरह से यह दैनिक क्रम चलता ही रहता है. हर व्यक्ति को रोज़ रोटी बनानी पड़ती है. प्रश्न सिर्फ़ यही है कि किसको कितनी रोटी मिलनी चाहिए. मान लीजिए, एक ग़रीब व्यक्ति दिन भर मेहनत-मज़दूरी, परिश्रम करता है, उसके 4-6 बच्चे हैं. उसे कुल मिलाकर 8 रोटियां रोज़ाना चाहिए और उसके पास हैं केवल दो ही रोटियां. इसके विपरीत एक दूसरे व्यक्ति के पास रोज़ाना 20-25 रोटियां फ़ालतू हैं. वह अकेला महंत है, कामकाज भी करने की ज़रूरत नहीं. फिर भी उसके पास दैनिक रोटियां ज़्यादा हैं. सीधा सा उत्तर यही है कि उस व्यक्ति से उस मज़दूर को, जिसको अपने परिवार के लिए 8 रोटियों की आवश्यकता है, रोटियां दिला देनी चाहिए. यह सही है, पर हो कैसे! यदि वह मज़दूर चोरी या ताक़त से उस दूसरे व्यक्ति महंत की रोटियां लेता है तो वह क़ानूनन दंडित होता है, पुलिस पकड़ कर उसे जेलख़ाने भिजवा देती है. ऐसा क्यों होता है? सामाजिक व्यवस्था के अनुसार उसका अधिकार 2 ही रोटियों पर है और उस महंत का अधिकार 20-25 पर है. ऐसा क़ानून है और क़ानून की रक्षा करने के लिए सरकार की तरफ़ से पुलिस तैनात है. इसलिए उसके लिए क़ानून बदलना ज़रूरी है. संसद क़ानून बदलती है और जो क़ानून बदलें, ऐसे व्यक्तियों को चुनकर जनता संसद में भेजती है. प्रजा अपनी आवश्यकताओं की पूर्ति के लिए उन्हीं व्यक्तियों का चुनाव करती है, जिनसे उसे अपने अनुकूल क़ानून बनवा सकने की आशा होती है. आपने कई बार अख़बारों में पढ़ा होगा कि अमुक महाराजा के कुमार ने या अमुक सेठ के लड़के ने न्यायालय में इसलिए शिकायत की कि एक लाख सालाना में किसी हालत में उसका काम नहीं चल सकता, उसे कम से कम दो लाख सालाना दिलवाया जाए, इत्यादि. लाखों ऐसे व्यक्ति भी देश में मौजूद हैं, जिन्हें सालाना 500 रुपये भी प्राप्त नहीं हो रहे हैं. ऐसी विषम परिस्थितियों को देख-सुनकर जनता आवाज़ उठाती है और संसद क़ानून बनाती है.

फलस्वरूप उस राजा के कुमार से या सेठ के लड़के से आयकर, संपत्ति कर और अन्य करों के रूप में कुछ धन ले लिया जाता है. वह धन दूसरों को मुफ्त विद्या, कम शुल्क में बीमारी का इलाज, मुआवज़े, शहरों और गांवों में पीने के लिए मुफ्त पानी इत्यादि व्यवस्थाओं के रूप में बांट दिया जाता है. इस तरह यह वितरण अनवरत होता रहता है, पर इसकी गति इतनी धीमी या शिथिल है कि अधिकांश व्यक्तियों को महसूस ही नहीं हो पाता कि उनको कुछ लाभ मिल भी रहे हैं क्या? जिनके द्वारा संचय किया जाता है, उनकी संख्या बहुत कम है और जिनके लिए वितरण होता है, उनकी संख्या बहुत अधिक है. इस कारण यह परिवर्तन नगण्य ही मान लिया जाता है, क्योंकि सब प्रकार के कर दे चुकने के बाद भी उस राजकुमार या सेठ के लड़के के पास ख़र्च करने के लिए सालाना 25 हज़ार तो बच ही जाते हैं, जबकि सब तरह की सहूलियतें मिलने के बावजूद उन साधारण व्यक्तियों को सालाना ख़र्च करने के लिए 1000 रुपये भी प्राप्त नहीं हो पाते. अतएव वर्तमान वितरण व्यवस्था से हर व्यक्ति असंतुष्ट है, बंटवारा सब चाहते हैं. सब चाहते हैं कि ज़्यादा उचित

ढंग से बंटवारा हो. इतना भेदभाव नहीं होना चाहिए. पर असल में कितना-कितना बंटवारा कैसे हो, यह बताने में लोग या तो हिचकिचाते हैं या असमर्थ हैं.

कई व्यक्ति, जिन्होंने कभी इस प्रश्न को गहराई से सोचा ही नहीं है, कह देते हैं कि जिनके पास जितने रुपये हैं, उनको उतनी ही रोटियां या कपड़े ख़रीद कर ख़र्च करने का अधिकार होना चाहिए. पर वे भूल जाते हैं कि आख़िर रुपया-सोना-चांदी या ज़ेवर तो खाने-पीने की चीज़ें हैं नहीं. रुपया जीवनोपयोगी चीज़ें ख़रीदने के काम आता है. तो फिर प्रश्न यह रहा जाता है कि रुपयों का बंटवारा किस प्रकार होना चाहिए? बंटवारा सब चाहते हैं और बंटवारा होना सुनिश्चित भी है. पर ऐसा कौन सा ढंग सबसे ज़्यादा उचित है, जिससे संतोषपूर्ण तरीक़े से संपत्ति का बंटवारा हो सके.

-: 3 :-

अवकाश और श्रम का समन्वय

- अवकाश का श्रम और समन्वय
- परिश्रम ही धन है

हां, बंटवारे के लिए देश में रुपये हों, धन हों, तो उसके पहले काम या मेहनत का होना ज़रूरी है. बिना काम या मेहनत किए धन अर्जन ही नहीं होगा तो फिर बंटवारा किस चीज़ का और कैसे होगा? बिना ज़मीन को जोते-बोए अनाज पैदा ही नहीं होगा. इसके लिए किसान को परिश्रम करना ही होगा. बाद में रोटी बनाने वाले रसोइए को परिश्रम करना होगा, तब कहीं जाकर रोटियां बन पाएंगी. हज़ारों वर्ष पहले अपने पूर्वज जंगलों या पहाड़ों पर रहते थे, पर आज तो वह युग नहीं है. हम सबके लिए अब यह संभव नहीं है. बिना अथक परिश्रम किए, हम भूखे मर जाएंगे. अगर कोई व्यक्ति काम नहीं कर रहा है, बैठा है तो निश्चित है कि कोई दूसरा व्यक्ति उन दोनों जितना काम कर रहा है, नहीं तो उन दोनों के लिए ही खाने को कुछ नहीं होगा. इसी नैसर्गिक सूत्र को ध्यान में रखते हुए पाश्चात्य विद्वान महर्षि पाल ने कहा था कि जो आदमी काम न करे, उसे खाने को न मिले. काम करने की ज़िम्मेदारी प्रकृति ने हमारे ऊपर लादी है. जिस तरह उपार्जित धन का बंटवारा निश्चित है, उसी तरह काम करने की ज़िम्मेदारी का बंटवारा भी आवश्यक है.

यह ज़रूरी नहीं है कि जो काम करे, वही खाए. एक आदमी अपनी ज़रूरत से कई गुना ज़्यादा पैदा कर सकता है और करता है, नहीं तो छोटे बच्चे भूखे ही रहेंगे और वृद्ध आदमी, जिनकी काम करने की शक्ति समाप्त हो गई है, क्षुधा से पीड़ित होकर मर जाएंगे. कई एक मेहनती पुरुष देखने में आए हैं, जिनके पास अपने दो हाथों के सिवाय कोई सहारा नहीं था, तो भी उन्होंने अपने परिवार का, बच्चों का पालन-पोषण किया, वृद्ध माता-पिता की देखभाल की और अपने परिश्रम द्वारा ही जमींदार को अच्छी-ख़ासी रक़म भाड़े या लगान के रूप में दी.

आज के युग में जब बिजली और मशीनरी का आविष्कार हो गया है, निश्चय ही आज का मानव 100 वर्ष पहले के मानव की अपेक्षा एक हज़ार गुना से भी ज़्यादा पैदा कर सकता है. इस तरह मानव बुद्धि द्वारा उपयोग में लाई गई मशीनरी, बिजली, वाष्प आदि से मानव का परिश्रम कम हो जाता है और उसे अवकाश का समय अधिक मिल जाता है. यह अवकाश या फुर्सत एक आरामदेह चीज़ है. इसका भी बंटवारा होना उतना ही आवश्यक है, जितना कि धन या काम का. मान लीजिए, एक आदमी 10 घंटे काम करके 10 आदमियों को 1 दिन के लिए सहारा देता है. वे 10 आदमी उस काम को बांट सकते हैं कि रोज़ाना 1-1 आदमी 10-10 घंटे काम करें और बाक़ी 9-9 दिन अवकाश में आराम करें या यह भी कर सकते हैं कि हर एक आदमी 1-1 घंटा नित्य काम करे और नित्य 9-9 घंटे आराम करे. इसी तरह के कई नुस्ख़े अपनी इच्छानुसार या सुविधानुसार मानव बना सकता है. यह भी तो हो सकता है कि उन 10 में से 3 आदमी 10-10 घंटे काम करें. वे जो पैदा करेंगे, वह निश्चय ही 30 के लिए पर्याप्त होगा, जिससे बाक़ी 7 को केवल काम ही न करना पड़े, बल्कि 14 जितना खा भी सकें और उन 3 आदमियों को अनवरत काम करते रख सकें. एक यह भी व्यवस्था हो सकती है कि सब मिलकर ज़्यादा से ज़्यादा समय तक दैनिक रूप से काम करें. पूर्ण शिक्षित या वयस्क होने तक काम करते रहें, बाद में काम बंद करके जीवन भर आराम करें.

इसी तरह के बीसों विभिन्न प्रकार के तरीक़ों से काम और अवकाश का वितरण हो सकता है. इन्हीं काम और अवकाश के विभिन्न वितरण क्रमों को अलग-अलग नाम से संबोधित किया जाता है:

1. गुलामी, 2. दासता, 3. सामंतशाही, 4. पूंजीवादी परंपरा, 5. समाजवादी व्यवस्था और साम्यवादी व्यवस्था.

क्रांति का इतिहास इन्हीं तथ्यों का सूचक है. मानव अपनी तत्सामयिक परिस्थितियों को बदलने के लिए जो संघर्ष करता है, अपने हित में जो उचित व्यवस्था समझ कर उसे प्राप्त करने के लिए संघर्ष करता है, उसे क्रांति कहते हैं. ख़ैर, इस समय तो हमें यही विचार करना है कि परिश्रम से जो आय होती है, उसका वितरण किस ढंग से किया जाए? काम और अवकाश के वितरण में ज़्यादा कठिनाई नहीं है. आदमी आदमी के काम और अवकाश में आप बहुत ज़्यादा फ़र्क़ नहीं कर सकते, पर आधुनिक आविष्कृत बिजली और मशीनों से आय में बहुत बड़ा फ़र्क़ हो सकता है. एक धनी व्यक्ति के दिन-रात में आप 24 घंटे से ज़्यादा समय नहीं बना सकते, पर उसके कोष में आप 24 करोड़ रुपये आसानी से बना सकते हैं.

-: 4 :-

व्यक्ति और समाज

- व्यक्ति की संपत्ति के लिए आकांक्षा
- समाज के प्रति उसका कर्तव्य

मान लीजिए देश की समस्त संपत्ति आपके हाथ में सौंप दी जाए और कह दिया जाए कि आप उचित ढंग से उसका वितरण कर दीजिए. आप बंटवारा किस ढंग से करेंगे? एक बार आप अपने परिवार के आदमियों और इष्ट मित्रों को भूल जाइए, क्योंकि आप वितरणकर्ता हैं. तो लाज़िमी तौर पर आपको पक्षपात रहित होकर सर्वसाधारण को एक समान मानकर वितरण करना होगा. आपको पंच परमेश्वर का बाना पहनना होगा. आप और हम सब जानते हैं कि यह काम कितना कठिन है. हम में से कोई भी यह काम कर नहीं सकेगा. वही मुश्किल आएगी, दूसरों की राय से प्रभावित होना होगा और परिणाम होगा ग़लत वितरण. यह समस्या नई नहीं है, विश्व में आजमाई जा चुकी है. कोई भी सही मायने में बिल्कुल उचित ढंग से बंटवारा करने में सफल नहीं हो पाया है.

छोटा सा उदाहरण ले लीजिए. भारत में संयुक्त हिंदू परिवार एक ऐसी ही प्रथा है, परिवार का हर व्यक्ति अपनी आय या संपत्ति संयुक्त कोष में दे देता है और हर व्यक्ति आवश्यकतानुसार उस संयुक्त कोष का उपभोग करता है. सैकड़ों वर्ष पहले संयुक्त परिवार की यह प्रथा भारत का आदर्श साम्यवाद था. पर क्या वह प्रथा सही मायने में आज जीवित है? क्या संयुक्त हिंदू परिवार का हर व्यक्ति यह कह सकता है कि उसे उचित बंटवारे के अनुसार सालाना ख़र्च करने को मिला या मिल रहा है? बात यह हुई कि मानव की महत्वाकांक्षाएं प्रेरणा देती हैं कि उस संयुक्त कोष में से भी अपने लिए कुछ अलग रख लें. इसी तरह के विचार परिवार के अन्य सदस्य भी करने लगते हैं. परिणामस्वरूप यह निश्चित रूप से कहा जा सकता है कि उचित ढंग से एक परिवार में ही संपत्ति का वितरण संभव नहीं हो पाता, तो फिर इतने बड़े देश की समस्त संपत्ति के वितरण भार की तो बात ही और है.

परिवार को छोड़ दीजिए शायद संभव हो भी. पर आपके घर में जो रोटी बनती है, वह आपके पड़ोसी को उपलब्ध नहीं. लेकिन आपको जो पानी प्राप्त है, वह आपके पड़ोसी को भी प्राप्त है. जिस सड़क पर चलते-फिरते हैं, उस पर आपका पड़ोसी या आपका दुश्मन भी चल-फिर सकता है. सड़क पर नगरपालिका द्वारा लगाई गई बिजली की रोशनी का लाभ सारी जनता समान रूप से उठा सकती है. शहर के बड़े अस्पताल में जनता के हर एक व्यक्ति का इलाज हो सकता है. ऐसी अनेक सुविधाएं सरकार द्वारा या नगरपालिका द्वारा आपको, हमको, सबको प्राप्त हैं. इन सुविधाओं को चालू रखने के लिए नगरपालिका हाउस टैक्स, वाटर टैक्स इत्यादि लेती है. आपका मकान ज़रा बड़ा है, आप कर का ज़्यादा भाग अदा करते हैं. हमारा मकान छोटा है, हम कम भाग देते हैं. बहुत से ऐसे व्यक्ति भी हैं, जो बिना एक पैसा दिए भी इन सुविधाओं का उपभोग करते हैं.

आप यह नहीं कह सकते कि हम तो रात को कहीं बाहर जाते ही नहीं, हमें सड़क पर रोशनी क्यों चाहिए, इसलिए रोशनी पर ख़र्च होने वाली रक़म में हम नगरपालिका का हिस्सा नहीं बटाएंगे. यह भी नहीं कह सकते कि हमारे पास सुरक्षा के लिए धन तो है ही नहीं, हमें गली में पहरा देने के लिए पुलिसमैन की क्या आवश्यकता है, हम तो इस ख़र्च में कुछ भी हिस्सा नहीं देंगे. यह भी नहीं कह सकते कि पब्लिक अस्पताल में हम कभी इलाज कराने गए ही नहीं, जाएंगे भी नहीं, फिर क्यों हम अस्पताल के ख़र्च में भाग बटाएं. पब्लिक लाइब्रेरी की पुस्तक भी हम कभी पढ़ते नहीं, पब्लिक स्कूल में हम अपने बच्चों को पढ़ाते नहीं. फिर इन सब कार्यों में सरकार या नगरपालिका का जो ख़र्च होता है, उसमें हम हिस्सा क्यों दें? आप भले ही उसके उपभोक्ता न हों, पर ये सब सुविधाएं समाज कल्याण के लिए हैं, सबके लिए समान रूप से उपयोगी हैं, सबके उपयोग के लिए समान रूप से प्राप्य हैं. अतएव इन्हीं और ऐसी सब सुविधाओं को साम्यवादी सुविधाएं कहा जा सकता है. आप स्वयं चाहे इन सुविधाओं के उपभोक्ता हों या न हों, आपको अनिवार्य रूप से इनके ख़र्चों में निर्धारित अनुपात से अपना हिस्सा अदा करना पड़ेगा.

यह अनुपात निश्चित किया जाएगा आपकी आय के हिसाब से, आपका जो मकान है उसके साइज़ से या उसकी क़ीमत से. पर जो थोड़े से थोड़े अनुपात में हिस्सा बंटाने वाले हैं या जो बिल्कुल नहीं देने वाले हैं, उन्हें भी इन सब सुविधाओं का उपभोग करने का समान अधिकार है. चाहे युवा हो या वृद्ध, अमीर हो या ग़रीब, पापी हो या पुण्यात्मा, गोरा हो या काला, कंजूस हो या उदार, बढ़ई, दर्जी, मोची, सिपाही, सैनिक, भिखारी, चोर, डाकू सबको इन आम सुविधाओं को भोगने का अधिकार है.

-: 5 :-

वितरण का माध्यम मुद्रा

- साम्यवाद की पृष्ठभूमि
- अनेक सुविधाओं पर समान अधिकार
- सबकी ज़रूरतें अलग-अलग

साम्यवाद के संबंध में अख़बारों से पढ़कर आपने शायद सोचा होगा कि यह रूस द्वारा चलाई गई भयानक आर्थिक नीति है, जिसके द्वारा मानव की व्यक्तिगत स्वतंत्रता एकांत रूप से उपेक्षित होती है, पर वास्तव में ऐसा नहीं है. साम्यवाद तो वित्त वितरण का बड़ा ही आदरणीय और सुगम मार्ग है, जो हज़ारों वर्षों से, किसी न किसी रूप में, कुछ अंशों में भारत में विद्यमान रहा है. सड़कें, पानी, रोशनी, पाठशाला, नदी के पुल इत्यादि आज के युग में साम्यवाद के प्रतीक हैं. यदि इन्हें सबके समान अधिकार की वस्तु न माना जाए और उसके बदले में, मान लीजिए सड़कों और पुलों पर फाटक लगा दिए जाएं और हर आदमी, जो उन पर से गुज़रें, उन्हें निर्धारित शुल्क देना पड़े. या इसी तरह से रोशनी के लिए मशालें जलाकर आदमी खड़े किए जाएं, जो रोशनी का उपयोग करने वाले राहगीरों से शुल्क लें या इसी तरह पानी के लिए कुएं बनवाए जाएं, कुएं से जल लेने वालों से फी घड़ा भी कुछ वसूल किया जाए इत्यादि, तो भी व्यवस्था तो चल ही सकती है. शायद कई गांवों में चल भी रही है. पर आपने, हमने, सारे सभ्य समाज ने यह निर्णय किया है कि ऐसी सब सुविधाएं आम जनता को समान रूप से प्राप्त होनी चाहिए और इनको चालू रखने के लिए ख़र्च का हिस्सा निर्धारित अनुपात से हर व्यक्ति दे. निश्चय ही, यह वितरण साम्यवाद का सबसे ज़्यादा आदरणीय और सुगम तरीक़ा है. हर व्यक्ति, जो इन सुविधाओं को चालू रखने में सहयोग देता है, उसे शायद वह महसूस तक नहीं करता. एक व्यक्ति पचास पैसे का तंबाकू ख़रीदता है, वह नहीं जानता कि उसमें से क़रीब बारह पैसे इस तरह की आम सुविधाओं में उसकी तरफ़ से शुल्क लिया गया है. सड़क, पुल, स्कूल, अस्पताल, पानी एवं बिजली इत्यादि सुविधाओं के लिए आम जनता कुछ न कुछ चंदा देती है. यह उन्हें मालूम होता भी है तो वे असंतुष्ट नहीं होते.

पर उन्हें जब यह मालूम हो कि वेधशाला या अजायबघर या चिड़ियाघर ऐसी अनेक चीज़ें भी उन्हीं के द्वारा दिए गए करों से चालू रखी जा रही हैं तो वे निश्चय ही असंतुष्ट होंगे, क्योंकि उनमें से 40 प्रतिशत व्यक्ति नक्षत्र ज्ञान, अजायबघर या पशु विज्ञान में कुछ भी दिलचस्पी नहीं रखते. पर फिर भी ज्ञान राष्ट्र के लिए उपयोगी है. जो एक या 10 प्रतिशत व्यक्ति इन चीज़ों में दिलचस्पी रखते हैं, ज्ञानार्जन करते हैं, वह ज्ञान राष्ट्र की धरोहर है. इन सुविधाओं को समान रूप से ख़र्च का अधिकार होते हुए भी कुछ ही लोग इनका उपयोग करते हैं. तो भी इनका ख़र्च सब लोगों की जेबों से ख़र्च होकर चलता है. जनता को भी विशेष आपत्ति नहीं. दैनिक जीवन में ये चीज़ें इतनी समा गई हैं कि कई बार तो बच्चों की तरह हम यह सोचने लगते हैं कि यह पुल तो मानो भगवान का ही बनाया हुआ है, हमेशा ही था, हमेशा ही रहेगा. अगर पुल न हो और नदी पार करने के लिए तैरना पड़े या नौका की व्यवस्था करनी पड़े, तब उस पुल के होने की असली सुविधा का हमें ज्ञान होता है. तात्पर्य यह निकला कि जीवन की कई ऐसी सुविधाएं हैं, जिनको आपने, हमने अपना जन्मसिद्ध अधिकार मान लिया है. यही तो साम्यवाद वितरण का या सभ्यता से धन वितरण का ज्वलंत उदाहरण है. अगर ऐसा है तो फिर क्यों न बाक़ी सब चीज़ों का भी इसी प्रथा के अनुसार वितरण कर लिया जाए? रोटियां, कपड़े, दूध, शर्बत, फल हर चीज़ क्यों न साम्यवादी ढर्रे से वितरित कर ली जाएं. यदि यह हो सकता तो बहुत ठीक था, पर ऐसा करने में अनेक कठिनाइयां हैं. मानव की निज की रुचि ही एकता नहीं रखती तो फिर मुंडे-मुंडे रुचिर्भिन्ना हो तो क्या आश्चर्य है? आपको गेहूं की रोटी खानी है, मुझे चावल पसंद है, तीसरे आदमी को फल ही चाहिए, चौथे को ख़ाली दूध ही पीना है, तो फिर समान रूप से इन सबका बंटवारा कैसे हो? बड़ी मुश्किल है. मान लीजिए, आप गांव के हर व्यक्ति को एक-एक इनाम जो उन्हें पसंद हो, देना चाहें. पहले गोविंद से पूछा, उसने कहा, रेडियो चाहिए. गोपाल से पूछा, उसने कहा, साइकिल चाहिए. वृद्ध कुंदन से पूछा, उसने कहा, सुनाई कम देता है, सो कान में सुनने का यंत्र चाहिए. बालक विनोद से पूछा तो उसे खेलने के लिए खिलौना चाहिए. लक्ष्मी से पूछा तो उसे बनारसी साड़ी चाहिए. अब आप ही बतलाइए, समान रूप से वितरण कैसे संभव हो!

अगर आप सबको एक-एक रेडियो दे दें, एक-एक साइकिल दे दें, एक-एक सुनने का यंत्र दे दें, खिलौने दे दें और साड़ी दे दें तो परिणाम यह होगा कि जिन चीज़ों की उन्हें आवश्यकता नहीं है, वे उनके पास फ़ालतू होंगी. वे ये चीज़ें दूसरे को दे भी नहीं सकते, तो ये सब चीज़ें व्यर्थ में नष्ट होंगी. मान लीजिए, ऊपर लिखी हर वस्तु का मूल्य 200 रुपये है तो सबसे सरल तरीक़ा यही रहा कि हर व्यक्ति को 200 रुपये दे दिए जाएं. जो भी चीज़ उन्हें पसंद हो या आवश्यक हो, वे ख़रीद लाएं. घूम-फिरकर वही प्रश्न आ गया कि रुपया कितना-कितना हर व्यक्ति को मिलना चाहिए? साम्यवादी बंटवारे में दैनिक जीवन की सार्वजनिक सुविधाओं के सिवाय दूसरी वस्तुओं का समावेश होना संभव नहीं है. रुपयों का वितरण किस आधार पर, किस ढंग पर संतोषजनक हो सकता है, यह प्रश्न फिर भी ज्यों का त्यों खड़ा रह गया.

रुपये बहुत उपयोगी हैं, इनसे आप अपनी आवश्यक वस्तु प्राप्त कर सकते हैं. वे वस्तुएं नहीं, जो दूसरों की दृष्टि में आपके लिए आवश्यक हैं. देखा गया है कि विवाहोपलक्ष्य में मित्रों और संबंधियों से उपहार आते हैं, 3–3, 4–4 चाय के सेट, 5–5 हाथ घड़ी एक साथ आ जाती हैं. जबकि कॉफी बनाने का यंत्र, जो आवश्यक था, किसी ने नहीं दिया. फाउंटेन पेन सेट की ज़रूरत थी, वह नहीं प्राप्त हुआ. शार्क स्क्रीन सूट की आवश्यकता थी, वह नहीं मिला और जिन चीज़ों की एक की ही ज़रूरत थी, वे 3–3 या 4–4 मिल गईं. अगर वस्तुओं के बदले में उनकी क़ीमत के बराबर रुपये उपहार में दिए गए होते तो वह व्यक्ति अपनी मनचाही आवश्यक वस्तुएं प्राप्त कर सकता था. प्राचीन कहावत है कि रुपया सब ख़ुराफ़ात की जड़ है, पर देखने में आया है कि रुपया बड़ा ही उपयोगी और सरल माध्यम है, जिससे सब परेशानियां आसान हो जाती हैं. हां, रुपये का वितरण कैसे हो, यह विषय ज़रूर चिंत्य, कठिन और गंभीर है.

–: 6 :–

संपत्ति के वितरण की विभिन्न प्रणालियां

- पात्र के अनुसार वितरण
- भाग्य द्वारा प्राप्ति पर संतोष
- सबको बराबर बांट दिया जाए

एक योजना जो आमतौर पर बतलाई जाती है और जो काम करने वाले मज़दूरों को मान्य और प्रिय है वह यह है कि जो आदमी अपने परिश्रम से जितना द्रव्य कमाए या पैदा करे वह उसके पास रहने दिया जाए. दूसरे कई व्यक्ति कहते हैं जो जितने का पात्र है उतना उसे मिले, जिससे कि आलसी, बेकार, कमज़ोर, शिथिल आदमियों को कुछ न मिले और वे नष्ट हो जाएं. अच्छे मेहनती और तंदरुस्त आदमियों को सब कुछ मिले और वे ही जीवित रहें. कुछ का वही प्राचीन रूढ़िवादी अभिप्राय है कि जिसके पास ताक़त हो वह ले ले और जो संभाल कर रख सकते हों वे ही रखें, इस अभिप्राय वाले खुलेआम ऐसे विचार आधुनिक युग में प्रगट नहीं करते. कुछ का कहना है कि साधारण मानवों को जीवित रहने के लिए जितना आवश्यक है रहने देना चाहिए, जिससे भगवान ने उन्हें जिस स्थिति में पैदा किया है उसमें फेरफार न हो. बाक़ी सारा समृद्ध समाज ले ले. यह अभिप्राय रखने वाले भी आज खुलकर नहीं बोल पाते, जबकि 50 वर्ष पहले तक वे खुलेआम घोषणा करते थे. कुछ लोगों का कहना है कि हम सबको वर्गों में विभाजित होना चाहिए और प्रत्येक वर्ग के व्यक्तियों को उस वर्ग के हिसाब से बराबर–बराबर बांट देना चाहिए. तात्पर्य यह हुआ कि मज़दूर वर्ग को 50 रुपये माहवार, दक्ष कारीगर को 200 रुपये माहवार, प्रोफेसर या धर्मोपदेशक को 1000 रुपये माहवार मिले. उनकी पत्नियां और बच्चे उनसे जो भी ले सकें लें. कुछ यह भी कहते हैं कि जिस तरह से चलता है चलने दो. पर समाजवादी कहता है कि हर व्यक्ति को बराबर–बराबर बांट दो, चाहे वह स्त्री हो या पुरुष, चाहे वृद्ध हो या युवा, कुछ भी काम करता हो, किसी भी ख़ानदान का हो.

यह आख़िरी योजना या ऊपर लिखी कोई भी योजना आपको अप्रिय हो तो कृपया क्षमा करें. आप ही बतलाइए कैसी स्कीम रखी जाए? मैं तो आपके सामने वे ही योजनाएं पेश कर रहा हूं, जो विश्व में कार्यरूप में लाई गई हैं, आज़माई जा चुकी हैं. इनमें से एक भी मानने के लिए आपको बाध्य नहीं होना है, आप पूर्ण स्वतंत्र हैं, कोई इनसे अच्छा सुंदर तरीक़ा सुझाइए?

पर यह बेकार की माथापच्ची कौन करे, कहकर दूर मत हट जाइए, क्योंकि यह बेकार की माथापच्ची नहीं है. यह बड़ा महत्व का विषय है. अगर आप स्वयं कोई अच्छा मार्ग नहीं दिखाएंगे तो दूसरे लोग मार्ग बताएंगे. हो सकता हैं वे अपने हित की बात बतलाएं–आपके फ़ायदे की नहीं. संभव है वे अपने हिस्से को ख़ूब सुरक्षित रखें, शायद उनके बतलाए हुए बंटवारे के हिसाब में आपको सर्वथा वंचित रह जाना पड़े. अतएव अत्यंत आवश्यक है कि आप यथाशीघ्र निर्णय कीजिए कि किस तरह का सामाजिक बंटवारा होना उपादेय है. विश्व बड़ी तेज़ी से बदल रहा है, भारत की आर्थिक स्थिति बड़ी तेज़ी से बदल रही है. अब यदि ऐसे समय में सोच–समझ कर समस्या नहीं सुलझाएंगे तो बाद में पछताना पड़ेगा. इसलिए जो आज़माई हुई प्रणालियां हैं वे आपके सामने एक–एक करके प्रस्तुत हैं. आगे के प्रकरणों में ऊपर लिखी सातों योजनाओं की रूपरेखा है, जिनको पढ़कर आप स्वयं निर्णय करें कि उनके पक्ष या विपक्ष में क्या–क्या कहा जा सकता है?

–: 7 :–

मांग के मुताबिक़ मूल्य

पहली योजना है कि हर आदमी जितना वह उपार्जन करे, अपनी मेहनत से पैदा करे, उतना पाए. यह योजना देखने में बड़ी उचित और सुंदर प्रतीत होती है, पर जब इसे कार्यरूप में परिणित करना चाहें तो बड़ी कठिनाइयां पेश आती हैं. पहले तो यह निश्चय कर सकना कि किसने कितना पैदा किया, असंभव सा है. दूसरे, काम या मेहनत पैदा करने में ही नहीं, बल्कि रूपांतर करने में या दूसरे की सेवा–सुश्रूषा करने में भी करनी पड़ती है.

एक किसान जब अपना खेत जोतता–बोता है, तब वह और उसके मज़दूर खेत साफ़ करते हैं, हल चलाते हैं, बीज बोते हैं, खेती की देखभाल करते हैं. जब अनाज पककर तैयार हो जाता है, तब फ़सल काटते हैं, अनाज घर लाते हैं. प्रकृति की अनुकंपा से अनाज पैदा हो गया. अब आप बतलाइए, उन लोगों में से किस–किसने कितना अनाज पैदा किया? इसी तरह एक मशीन को चलाने से मान लो, उसमें रोज़ाना 10 हज़ार सुइयां बनती हैं. अब कहिए उस मशीन को चलाने वाले ने कितनी सुइयां बनाईं, मशीन का आविष्कार करने वाले का क्या भाग है, मशीन डिज़ाइन करके जिस इंजीनियर ने मशीन खड़ी कर दी उसने कितनी सुइयां बनाईं? इनके अलावा विभिन्न कामों में लगे फैक्ट्री के मज़दूरों का सम्मिलित कार्य जो सुइयां बनाने के उपयोग में आया है, उनका हिस्सा कैसे किया जाएगा? इस तरह से यह बतलाना क़रीब–क़रीब असंभव हो जाता है कि किस–किसने कितना–कितना उपार्जन किया.

किसी चीज़ को उदाहरण स्वरूप ले लीजिए. यह टेबल या कुर्सी है. उसके बनाने में पहले जंगल लगाने वाले का भाग है, पेड़ काटकर लकड़ी को चीरकर स्लीपर बनाने वाले का भाग है. बाद में बढ़ई, जो उसे साफ़ कर मेज़ या कुर्सी का ढांचा बनाता है, उसका

भाग है. इनमें लगने वाले लोहे या पीतल के कील-कांटे बनाने वालों का भाग है. कपड़ा, गद्दा या जितनी चीज़ें उनके बनाने में काम आती हैं, उनके बनाने वाले अनेक आदमियों का इसमें भाग है. फिर पालिश, रंग रोगन करने वालों का भाग है और जो-जो उपकरण लगते हैं, उनके विभिन्न निर्माताओं का भी भाग है. अब आप ही अंदाज़ा लगाइए कि एक मेज़ या एक कुर्सी बनाने में कितने आदमियों के परिश्रम से कितना उपार्जन हुआ है? किसका कितना-कितना भाग है, यह निश्चय कर सकना असंभव ही है. इसका वितरण करने के लिए कई लोगों ने राय दी कि जिस आदमी ने जितना समय मेज़ या कुर्सी बनाने के कार्य में ख़र्च किया हो, उसको उसी अनुपात से उसमें साझीदार बनाया जाए.

यह भी विकट समस्या है. समय की क़ीमत समान लगाना क़तई संभव नहीं. साधारण कुली मज़दूर है, जो एक रुपये रोज़ की मज़दूरी में काम करने को तैयार है. जो कारीगर हैं, वे 5, 7, 10 रुपये प्रतिदिन की मज़दूरी पाते हैं. कई ऐसे भी काम करने वाले हैं, जो 50, 100 रुपये प्रतिदिन पाते हैं. कई इनसे भी कई गुना अधिक पाते हैं. इन्हीं मेज या कुर्सी बनाने में जो-जो व्यक्ति काम करने के लिए आवश्यक हुए, उनमें जंगल में लकड़ी काटने वाला या सिलाई करने वाला दर्जी संभवतः 2 रुपये रोजाना मज़दूरी में मिल जाएगा. उस इंजीनियर को जिसने प्रथम डिज़ाइन बनाई थी, 50 रुपये रोजाना मिल रहा होगा. एक अच्छे गवैये को आप 50 रुपये फी घंटा दे देंगे. एक अच्छे सर्जन को आप अपने अपेंडिक्स के ऑपरेशन कराने का 1000 रुपये फी घंटा देने में भी नहीं हिचकेंगे. एक प्रसिद्ध बैरिस्टर को मुक़दमे की पैरवी करने के लिए इतनी ही तगड़ी फीस आप सहर्ष चुका आएंगे. सारांश यह निकला कि समय के अनुपात से हर एक आदमी को एक सी मज़दूरी दे सकना संभव नहीं है. इनकी मज़दूरी की क़ीमत प्रसिद्ध मांग और पूर्ति के सिद्धांत पर टिकी है. लकड़हारा 2 रुपये दैनिक मज़दूरी में क्यों मिलता है, प्रसिद्ध डॉक्टर या बैरिस्टर 1000 रुपये दैनिक में भी कठिनाई से क्यों मिलते हैं? उत्तर वही है कि लकड़हारों की, मज़दूरों की बहुतायत है. एक ढूंढो, सैकड़ों मिलते हैं. डॉक्टरों या बैरिस्टरों की बहुतायत नहीं, इसीलिए वे महंगे हैं.

इसके अलावा एक चीज़ बनाने में कितना समय किस आदमी का लगा है, यह निर्णय कर सकना भी दुर्गम है. एक कुली या बोझ ढोने वाले मज़दूर को समय के अनुपात से वेतन दिया भी जा सकता है, पर उसके साथ एक डॉक्टर का वेतन समय के हिसाब से कैसे संभव है, जबकि डॉक्टर बनने के पहले उसने 10 वर्ष डॉक्टरी शिक्षा ग्रहण करने में ख़र्च किए हैं. उतने वर्षों में उपार्जन कुछ भी नहीं किया, बल्कि एक बड़ी रक़म शिक्षा ग्रहण करने में ख़र्च हुई. इसलिए यह सब हिसाब भी लगाना ही चाहिए. उसका यह कहना सर्वथा उचित होगा कि रोगी को देखने जाने और उसके रोग की परीक्षा करने में समय आधा घंटा लगता है, पर उस आधे घंटे के पीछे उसका 10 वर्ष का अध्ययन भी तो है. उसी तरह एक कारीगर भी कह सकता है कि अमुक काम को सीखने में, हाथ ज़माने में उसका 7 वर्ष का अनुभव है. इसका हिसाब भी उसकी कारीगरी के पीछे है. वह एक

हथौड़े की चोट मारता है, उसमें कारीगरी की जो झलक होती है, वह नौसिखिए के हथौड़े की चोट में नहीं हो सकती. गवैये ने वर्षों तक अभ्यास कर-करके गला बनाया है. अगर वह 2 घंटा गाना सुनाकर आपका मनोरंजन करता है तो उन दो घंटों की मेहनत के पीछे उसकी वर्षों की तपस्या भी तो है. हर आदमी स्वीकार करेगा कि हां इनमें अंतर तो पड़ता है, पर कितना अंतर पड़ना चाहिए, इस बारे में मतभेद है. इसी तरह का फ़र्क़ एक होशियार आदमी द्वारा या एक मूर्ख आदमी द्वारा किए हुए काम में भी होता है. निश्चय ही होशियार द्वारा किए हुए काम की क़ीमत ज़्यादा होनी चाहिए. पर कितनी ज़्यादा, इसका निर्णय फिर उसी मांग और पूर्ति के सिद्धांत पर किया जाता है.

इन उदाहरणों के अलावा कतिपय ऐसे उदाहरण मिलेंगे, जिनमें काम करने वाला असल में कुछ भी उपार्जन करता नहीं दिखता. एक बढ़ई एक खेत के लिए दरवाज़ा बनाता है, जिससे कि पशु खेत में घुसकर फ़सल न ख़राब कर दें. बढ़ई का काम तो प्रत्यक्ष दीखता है, पर मान लीजिए, उसी खेत में गोफिया से पक्षी या टिड्डियों को उड़ाने के लिए एक लड़का रखा गया है, जो दिन भर हल्ला करके या ढोल पीटकर पक्षियों को उड़ाया करता है और फ़सल की रक्षा करता रहता है तो उसका काम भी उतना भी ज़रूरी है, पर उसका काम प्रत्यक्ष दिखता नहीं है. एक डाकिया कुछ भी उपार्जन नहीं करता, वह तो ख़ाली चिट्ठियां बांटता फिरता है. एक पुलिस का सिपाही तो ख़ाली गली में निगरानी रखता हुआ इधर-उधर फिरता रहता है, पर पैदा तो कुछ भी नहीं करता. सैनिक कभी कोई चीज़ नहीं बनाता, हां कभी-कभी नष्ट ज़रूर करता है. डॉक्टर सिर्फ़ सलाह देता है कि यह दवा लो, गोली लो. बैरिस्टर सिर्फ़ सलाह देते हैं, कोई चीज़ नहीं बनाते, पैदा नहीं करते. इनमें किसी का भी काम नापा या तौला नहीं जा सकता. फिर भी इन सबकी सेवाओं का उचित मूल्यांकन होना आवश्यक है.

इनके अलावा भौतिक चीज़ें बनाने वाले हैं, बनाने के तरीक़े बतलाने वाले हैं, कब बननी चाहिए यह बतलाने वाले हैं, कितनी बननी चाहिए यह बतलाने वाले हैं इत्यादि. कई व्यक्तियों की सहायता अपेक्षित है. सरल भाषा में काम करने वाला और सोचने वाला, ये दो विभाग एक-दूसरे के लिए आवश्यक हैं. भारत के छोटे गांवों, देहातों में सोचने वाले और करने वाले अलग नहीं होते. सुनार, लोहार, दर्ज़ी, बढ़ई या राज स्वयं ही सोचते हैं कि क्या बनाना है और उसी के अनुसार बनाते हैं. अब बात यह है कि जो आदमी ज़्यादा सोचता है, वह अच्छा कर्ता नहीं बन सकता और जो अच्छा कर्ता है, वह अच्छा विचारक हो सके, यह आवश्यक नहीं. इसी कारण से उनके कामों की क़िस्म कुछ घटिया रह जाती है. इसी तरह पारिवारिक जीवन देखिए. स्त्रियां बच्चों का पालन-पोषण करती हैं, रसोई बनाती हैं, उनके परिश्रम से कोई स्थायी संपत्ति बनती देखने में नहीं आती. फिर भी उनका मूल्य तो है ही. एक पुरुष को स्त्री की अपेक्षा ज़्यादा वेतन मिलता है, वह इसलिए कि उसके ऊपर परिवार का पालन-पोषण का भार माना जाता है. पर फिर भी अपनी कमाई वह परिवार पर ख़र्च न करके शराब और जुए में ख़र्च कर देता है तो क़ानून उसे कुछ नहीं कहता. जो स्त्री उसकी विवाहिता पत्नी है, उसका भी कुछ वश

नहीं चलता. पर अगर वह पत्नी नहीं है, नौकरानी हुई तो वह क़ानूनन अधिकार से अपना हिस्सा वसूल कर सकती है. उसी तरह पारिवारिक पोषण के लिए लाई हुई रकम में से पत्नी चोरी करके साड़ी ख़रीद लाए या और कोई व्यसन में उड़ा दे तो पति महोदय कुछ भी नहीं कर सकते. जबकि नौकरानी हो तो उसे चोरी के अपराध में जेलख़ाने भिजवा सकते हैं.

अब आप निर्णय कीजिए कि एक पुरुष का समय एक स्त्री के समय से ज़्यादा क़ीमती क्यों है या किसी का समय किसी दूसरे के समय से क़ीमती या कम क़ीमती क्यों है? आप निश्चय ही इस निदान पर पहुंचे होंगे कि यह योजना कि जो जितना पैदा करे, उतने का अधिकारी हो, संभव नहीं है, क्योंकि किसने कितना पैदा किया, यह जानना कठिन है और उसका अनुपात लगा सकना भी संभव नहीं है.

-: 8 :-

जो जितने का पात्र है, उतना उसे क्यों न मिले?

दूसरी योजना है कि हर एक को उतना मिले, जितने का वह पात्र है. बहुत से व्यक्ति, ख़ासकर जो आराम से हैं, कहते हैं और समझते हैं कि यही ठीक है. जो जितने का पात्र है, उतना उनको मिलता है, मिला हुआ है. जो मेहनती हैं, मितव्ययी हैं, उन्हें कभी किसी चीज़ की कमी नहीं है. जो आलसी हैं, काम नहीं करते, बेईमान हैं, शराबी हैं,

जुआरी हैं, कई व्यसनों से पीड़ित हैं, उन्हीं की वजह से दरिद्रता है. वे यह भी बतलाते हैं कि अच्छे आचरण के मज़दूर को हमेशा नौकरी मिल जाती है. जो ख़राब आचरण का मज़दूर है, जो व्यर्थ ख़र्च करता है, नशा करता है, जुआ खेलता है इत्यादि, उन्हें नौकरी नहीं मिलती. इसीलिए वे आलसी और दरिद्र हो जाते हैं. पर इस बात से कोई चीज़ सिद्ध नहीं होती. यही ज्ञात होता है कि हमारे व्यसन और हमारी कमज़ोरियां हमें दरिद्र बना देते हैं, लेकिन वे भूल जाते हैं कि कई दूसरे ऐसे भी व्यसन हैं, जो हमें मालदार बना देते हैं.

कई व्यक्ति जो कठोर, निर्दयी, कंजूस और स्वार्थी हैं, जो हमेशा अपने पड़ोसियों की अवस्था का अनुचित लाभ उठाने की ताक़ में रहते हैं, शीघ्र मालदार बन जाते हैं. इसके विपरीत जो व्यक्ति उदार हृदय हैं, परमार्थी हैं, मित्रता का व्यवहार रखने वाले हैं, वे दरिद्र बने रहते हैं. और जैसी कि आज की सामाजिक स्थिति है, कई दरिद्रता में ही जन्मते हैं, कई संपदा में ही पैदा होते हैं और अपना आचरण बना पाएं, इसके पहले ही वे अमीर या ग़रीब श्रेणी में विभाजित भी हो चुके होते हैं. इसलिए यह योजना कि जो जितने का पात्र है, उतना ही उसे प्राप्त हो, यह क़ाबिले-विचार भी नहीं है. हर आदमी देख सकता है कि इसका प्रतिकूल ही प्रभाव पड़ता है. इससे थोड़े से आदमी जो आलसी हैं, काम नहीं करते, वे तो धनिक बन जाएंगे और कई गुना अधिक संख्या वाले मेहनती आदमी दरिद्र बनेंगे.

यह स्वाभाविक ही है कि आप कहेंगे कि भाई, अगर आज यह नहीं है कि जो जितने का पात्र हो, उतना उसे मिले तो यह होना चाहिए. आप तुरंत यही विचार रखेंगे कि आदमी अपनी अच्छाई या बुराई के अनुपात से ही धनिक या दरिद्र होना चाहिए. इसमें अनेक कठिनाइयां हैं. अच्छाई या बुराई का मापदंड क्या? किसी आदमी की अच्छाई आप रुपयों में कैसे आंक सकते हैं? उदाहरण के तौर पर आप किसी गांव के किन्हीं दो व्यक्तियों को लीजिए और उनका अनुपात निर्धारित कीजिए. गांव के एक लोहार को और एक स्कूल अध्यापक को ले लीजिए. अब आप बतलाइए कि लोहार को अध्यापक से कम मिलना चाहिए या ज़्यादा और कितना कम या कितना ज़्यादा? आधा, पौना, सवाया, ड्योढ़ा, दोगुना क्या अनुपात हो? शायद आप कह सकें कि किसको ज़्यादा मिलना चाहिए, पर कितना कम या ज़्यादा, यह प्रश्न निश्चय ही कठिन है. जरा धैर्य से सोचिए, अध्यापक ने कॉलेज में विद्याध्यन किया है, पर यह तो इसकी पात्रता नहीं हुई. इसके मां-बाप ने पढ़ाया, यह पात्रता तो उनकी हुई. हां, अध्यापक अच्छी-अच्छी पुस्तकें पढ़ सकता है, पढ़ा सकता है, यह ज़रूर इसकी पात्रता हुई. पर लोहार घोड़े की नाल बना सकता है, फावड़े या हल पर फाल बांध सकता है, यह उसकी पात्रता हुई. इस तरह अपात्र-पात्र का निर्णय उसी खटाई में पड़ जाएगा. पात्रता का माप तो है ही नहीं, तो क्यों न उसकी अपात्रता का माप किया जाए?

मान लीजिए इनकी त्रुटियां या इनके दोष आपको ज्ञात हो गए. पहले तो सही-सही मालूम होना ही मुश्किल काम है, पर समझ लीजिए कि मालूम हो गए तो क्या इसी वजह से इनका वेतन कम कर देना उचित होगा? निश्चय ही जब पात्र-अपात्र का निर्णय उसके गुण-दोषों से देखेंगे, सुनेंगे, करेंगे, तब उनका जो मूल्यांकन रुपयों से होगा, आपको निरर्थक दिखाई देगा. दो पहलवान अखाड़े में कुश्ती लड़ रहे हों, इस आधार पर कि विजेता को 500 रुपये पुरस्कार मिले और शांति शिक्षा के अग्रगामी दूत महंत महाराज को 100 रुपये भी न मिले, यह कहां तक उचित है? आप कुश्ती के पहलवान का पुरस्कार उचित मानेंगे और शायद महाराज की दक्षिणा उचित नहीं मानेंगे. अतः पात्रता-अपात्रता का निर्णय मानव शक्ति या कल्पना के बाहर की बात हो गई. इस कारण यह दूसरी योजना कि जो जितने का पात्र हो, उतना ही उसको मिले, हमको त्याग देनी होगी.

-: 9 :-

जिसकी लाठी उसकी भैंस

तीसरी योजना है कि जिसके पास ताक़त हो, वह ले ले. जो संभाल सके, वह रखे. यदि यह कार्यान्वित हुई तो विश्व में कहीं भी शांति या सुरक्षा का नामोनिशान ही नहीं रहेगा. अगर सब ताक़त में या चालाकी में समान हों तो संघर्ष और भी भयानक होंगे, परिणामस्वरूप कोई कुछ भी हथिया न सकेगा. बालक–वृद्ध कम ताक़त वाले हैं, युवा व्यक्ति अधिक ताक़त वाले हैं. अपनी मनोवृत्तियों में भले या बदमाश कई तरह के लोग होते हैं. दस्यु या डाकू भी लूटखसोट कर आख़िर में शांति की इच्छा रखते थे. लुटेरे आपस में लूट का बंटवारा करने के बाद जीवन शांति से बिताना चाहते हैं. पर अगर बल के आधार पर हथियाने का क्रम चालू हो तो आपसे ज़्यादा बल वाला, जब भी मौक़ा मिलेगा, आपको कमज़ोर देखेगा, तब आपको धर दबोचेगा. परिणाम होगा आपको हर घड़ी सतर्क रहना होगा, लिहाज़ा शांतिमय जीवन कदापि न हो सकेगा. लूटखसोट, डाकूपना क़ानूनन अवैध है, इसलिए इनको छोड़िए. पर दैनिक व्यापार में तो आपका मोदी, पंसारी या बजाज आपसे मुंह मांगे दाम ले सकता है.

जब वस्तुओं की कमी हो, तब दुगुने–चौगुने दाम वसूल कर लेगा. यह भी एक प्रकार की लूट ही तो है. आप जिस मकान में रह रहे हैं, उसका मकान मालिक अनाप–शनाप भाड़ा मांगने लगेगा और वसूल करेगा, चाहे उस मकान की क़ीमत नगण्य ही हो और चाहे आपकी दे सकने की सामर्थ्य भी न हो. इस तरह की सभ्य लूट को रोकने के लिए फिर नए–नए क़ानून बने. लड़ाई के जमाने में जब वस्तुओं की बहुत कमी थी, डिफेंस ऑफ इंडिया एक्ट के अंतर्गत नफ़ाख़ोरी या कालाबाज़ार क़ानूनन दंडित अपराध घोषित कर दिए गए थे. आज भी कई वस्तुओं पर दाम निर्धारित हैं और उनसे ज़्यादा लेना अपराध

है. मकान किराए को मनमाना न बढ़ा सकने के विरुद्ध रेंट कंट्रोल एक्ट है. ताक़त या चालाकी के बल पर चलने वाली यह योजना कभी कारगर नहीं हो सकती. कारण स्पष्ट है, अराजकता हो जाएगी और जिसकी लाठी उसकी भैंस वाला मामला नई समस्याएं ही खड़ी करेगा. अत: यह मार्ग भी त्याज्य है. वित्त-वितरण का कोई सुगम तरीक़ा ढूंढना है.

-: 10 :-

पूंजीवाद

चौथी योजना है, कुछ के पास धन संग्रह रहे, बाक़ी सर्वसाधारण को उनके भरण-पोषण के लिए पर्याप्त ही मिले. इसका नामकरण पूंजीवादी प्रथा किया जा सकता है. बहुत कुछ अंशों में कहा जा सकता है कि यह योजना या प्रथा इस वक़्त है. जनता में से, मान लीजिए, हर दस व्यक्तियों में से या हर 50 व्यक्तियों में से एक को प्रधान नियुक्त कर लिया गया. उसे गिरोह की संपूर्ण कमाई रखने का अधिकार दे दिया गया. बाक़ी 9 या 49 व्यक्ति दिन-रात परिश्रम करके उपार्जन करते रहें और उनका नेता वह एक व्यक्ति नेतृत्व या हुकूमत करता रहे. अब प्रश्न यह है कि वह एक आदमी कौन हो, उसका निर्णय कैसे हो? चुनाव भी हो सकता है, शायद वर्तमान में होता भी है. पर आज से 40-50 वर्ष पहले तक जो रूढ़ियां, परंपराएं थीं, उनके अनुसार वह व्यक्ति, नेता, ठाकुर, चौधरी या राजा अपनी ताक़त या बुद्धि के बल पर मुखिया बन बैठता था. बाद में उसके लड़के, पोते पारिवारिक उत्तराधिकार के रूप में वह नेतृत्व क़ायम रखते थे, कई अंशों में आज भी यह प्रथा क़ायम है.

इस तरह के वितरण का उस समय अत्यंत उपयोग रहा होगा, जब मानव की सभ्यता बहुत ही प्रारंभिक अवस्था की थी. उस नेता का कर्तव्य होता था कि वह विज्ञान, कला, साहित्य विद्या, अध्ययन, व्यापार आदि को प्रोत्साहन दे. समाज के लाभ के लिए जो पूंजी उसने अपने आश्रितों या प्रजा से इकट्ठी की है, उसे वह उचित तरीक़े से ख़र्च करे. आज भी इस प्रथा को जीवित रखने के लिए यह ज़ोरदार दलील है कि समस्त धनिकों का धन यदि ग़रीबों में बांट दिया जाए तो ग़रीबों की ग़रीबी में तो बहुत ही कम फ़र्क़ पड़ेगा, क्योंकि वे संख्या में बहुत ज़्यादा हैं, लेकिन धनिक सब धनहीन हो जाएंगे. परिणामस्वरूप

पूंजी का ह्रास होगा और देश के लिए कोई भी उपयोगी संस्था, उद्योग या व्यवसाय उत्पन्न ही नहीं होंगे. भारत में 12 वर्ष पहले तक जबकि यहां विदेशी साम्राज्य था, इसी पूंजीवादी प्रथा को अत्यंत प्रोत्साहन मिला. कारण स्पष्ट है, थोड़े से व्यक्ति बहुत से व्यक्तियों पर शासन करें तो यह ज़रूरी हो जाता है कि उन बहुत से व्यक्तियों में से कुछ व्यक्ति जो अपनी पसंद के हों, वे उनका नेतृत्व करने के लिए नियुक्त कर दिए जाएं. भारत पर हुकूमत चलाने के लिए अंग्रेजों ने ऐसा ही किया. राजा-महाराजा, ज़मींदार, जागीरदार, सेठ, साहूकार, उद्योगपति, धनकुबेर, बैंकर, ये इसी तरह से आम जनता या प्रजा का शोषण करके ही तो बन पाए हैं. अगर ऐसा है तो यह प्रथा किसी भी मायने में अच्छी क्यों है? प्रश्न उचित है. भारत को छोड़ दीजिए, अमेरिका, इंग्लैंड, फ्रांस इत्यादि बहुत आगे बढ़े हुए सभ्य देशों में भी यह सब है. जहां पूर्ण नागरिक स्वतंत्रता है, वहां भी तो यह प्रथा थोड़े से फ़र्क़ से विद्यमान है. बात यही है कि अगर हर आदमी के पास 100-100 रुपये हों तो उससे कुछ नहीं हो पाता. बस वे अपना महीने का ख़र्च भर चला पाते हैं. पर मान लीजिए, 49 आदमियों के पास 100 रुपये के बदले में कुल 80-80 रुपये ही हों और पचासवें के पास 1000 हों और उसे वे अपना संरक्षक या नेता मानें. उन 1000 रुपये से कुछ स्थायी कोष बनाकर कुछ व्यवसाय किया जाए तो उन सभी व्यक्तियों को बहुत ज़्यादा लाभ है, जबकि महीने में 100 रुपये के बदले 80 रुपये मिलने में उनको कष्ट कम है.

यह पचासवां आदमी कौन हो? यह प्रश्न फिर भी रह जाता है. पाश्चात्य देशों में इसका भी एक प्रकार से वैधानिक निर्वाचन ही होता है. यह प्रथा बड़ी ही सुंदर थी. वह नेता नीति पर रहे तो शायद यह प्रथा अब भी अति उत्तम मानी जाएगी, पर मानव स्वभाव है, वह विचलित हुए बिना रह नहीं सकता. जब एक व्यक्ति अधिकारी बन जाता है, उसे नेता, ठाकुर, राजा या कुछ भी कहें, उसमें प्रमाद आ ही जाता है. उसी प्रमाद के वशीभूत होकर जो व्यय कार्य उसे जनहित के लिए करने चाहिए, वे न करके अपनी अय्याशी या शौक़ों को पूरा करने में ख़र्च कर देता है. जो सेना उसे देश की सुरक्षा के लिए नियुक्त करनी चाहिए या प्रजा को लुटेरों, गुंडों या चोरों से बचाने के लिए रखनी चाहिए, वह सिर्फ़ अपनी ज़ालिमाना हुकूमत को क़ायम रखने के लिए ही काम में आनी शुरू हो जाती है. ऐसी परिस्थितियों को देखकर जनता धीरे-धीरे इस प्रणाली के ही ख़िलाफ़ आवाज़ उठाती है. इसी कारण उन सभ्य देशों में यह प्रथा धीरे-धीरे अप्रिय हो रही है. अप्रिय होने का प्रधान कारण यह है कि पूंजीवादी पार्टियों की सरकार अच्छे से अच्छे विचार रखते हुए भी शासन अच्छी तरह से कर नहीं पाती. परिणामस्वरूप ये अपनी सत्ता स्थिर रखने के लिए हर प्रकार के उचित-अनुचित मार्गों का अनुसरण करने लगते हैं. स्कूल, कॉलेज या यूनिवर्सिटियों के अंदर भ्रष्टाचार फैल जाता है. हर सरकारी नौकर कुछ भी करने का पुरस्कार चाहने लग जाता है. आप अपने अधिकार का वेतन भी बिना दक्षिणा चुकाए नहीं प्राप्त कर सकते. उनका दृष्टिकोण यही है कि अगर सबके पास बराबर धन रहेगा तो देश के पास स्थायी बचत की कोई संपत्ति ही न रहेगी. इसलिए हर प्रयत्न से वे मज़दूरों को मज़दूरी कम देते हैं, ग़रीब वर्ग की ग़रीबी बढ़ाते रहते हैं. अमीरों और धनिकों के

धन्–कोष में वृद्धि करते रहते हैं. उनका कहना है कि पूंजी एकत्रित होगी तो उस संगठन से देश शक्तिशाली होगा और उसकी कमाई बढ़ेगी.

पर लोग महसूस करने लगे हैं कि उनका यह तर्क खोखला है. एकमात्र तर्क, जिससे पूंजीवादी प्रथा को बढ़ावा दिया जाता है, जिसमें शायद कुछ तथ्य भी है, यह कि पूंजी निर्माण इस प्रथा के बिना संभव ही नहीं. चाहे जितनी आर्थिक योजनाएं बना ली जाएं, पूंजी के बिना सब स्कीमें फेल होंगी. उनकी दलील है कि आप भले ही पूंजीपति बदल लें, पर पूंजीवाद नहीं बदल सकते. अगर देश का उत्थान होगा तो पूंजीवादी प्रथा से ही होगा. राजा–महाराजा, ज़मींदार–जागीरदार इत्यादि जो आज से पहले के पूंजीपति थे, उनके बदले में आज आप सरकारी अफ़सरों को, उनके रिश्तेदारों को या अन्य कई व्यक्तियों को उसी तरह से कुछ कम–बेश रूप में देखेंगे. पूंजीवाद अवश्यंभावी है, क्या यह प्रश्न तय नहीं है? भारत की समाजवादी व्यवस्था, वर्तमान सरकार की समाजवादी व्यवस्था को कई व्यक्ति यही कहते हैं कि यह तो पूंजीवाद का ही दूसरा स्वरूप है. सारांश यह है कि इस योजना के वित्त–वितरण से भी संतोष तो नहीं हुआ.

-: 11 :-

वर्ग तंत्र

पांचवीं योजना वर्ग विभाजन की है. राष्ट्र को या समाज को कई वर्गों में विभक्त मान लिया जाता है और प्राय: हर एक वर्ग की अलग-अलग आय निर्धारित होती है. मान लीजिए, एक वर्ग निम्न कोटि के काम करने वाले मज़दूरों, कुलियों, भारवाहकों का है, उन्हें औसतन 70 रुपये माहवार मिलता है. दूसरा वर्ग प्रोफेसर, डॉक्टर इत्यादि लोगों का है, जिन्हें क़रीब 1000 रुपये माहवार मिलता है. आप कहेंगे कि भाई, यह प्रथा तो समाज में प्रचलित है. शायद आप ठीक कहते हैं. पर ऐसा है नहीं. कोई नियम या क़ानून नहीं बंधा हुआ है कि डॉक्टर को कुली से ज़्यादा वेतन मिले. पर फिर भी चूंकि डॉक्टर कम हैं, कुली ज़्यादा हैं, इस तरह से ऐसी स्थिति बन जाती है.

यह भी आवश्यक नहीं है कि श्रमजीवी व्यक्ति बुद्धिजीवी आदमी से कम का अधिकारी है. बहुधा देखने में आता है कि बुद्धिजीवियों में कुछ अत्यंत प्रतिभा संपन्न होते हैं, वे भी दरिद्रता में जकड़े रहते हैं, भूखे मरते हैं. जनता को उनकी महानता का ज्ञान उनके जीवनकाल में नहीं होता. पर श्रमजीवी ऐसे भी देखे जाते हैं, जो जीवन का सब पारिवारिक ख़र्च चलाकर काफ़ी बचा लेते हैं. मासिक आय के अनुपात से ही हिसाब नहीं लगेगा. सामाजिक परिस्थितियों की वजह से सभ्यता के तक़ाज़े के अनुसार उन उच्च श्रेणी वाले व्यक्तियों पर ख़र्च लदे हुए हैं. इसीलिए उन श्रमजीवियों के मुक़ाबले, जिनको ये व्यथाएं नहीं हैं, वे बुद्धिजीवी सर्वथा दरिद्र ही कहे जाएंगे. 1000 रुपये मासिक वेतन पाने वाला प्रोफेसर अपने परिवार और समाज के उत्तरदायित्व निभाने में 1050 रुपये मासिक ख़र्च करता है, लेकिन 70 रुपये कमाने वाला श्रमजीवी 50 रुपये मासिक ही ख़र्च करता है, क्योंकि उसके उत्तरदायित्व सीमित हैं और उसके परिवार के अन्य व्यक्ति

भी कमाते हैं. ऐसी हालत में आप ग़रीब किसे कहेंगे? कल तक जो रियासतों के महाराजा थे, आज निश्चय ही वे अपने आपको ग़रीब महसूस करते हैं, क्योंकि अपने ख़र्चों को पूरा कर पाने में वे असमर्थता अनुभव करते हैं.

यह भी आवश्यक नहीं है कि जिस वर्ग के पास आय के सबसे ज़्यादा साधन हों या जो धनिक हों, वे शक्तिमान हों ही. माना कि रुपया बड़ी भारी ताक़त है, पर फिर भी एक करोड़पति सेठ को गांव के पुलिस कांस्टेबल से, जो कि साधारण श्रेणी का व्यक्ति है, डरना ही पड़ता है. जिन आदमियों को अधिकार है, वे धनिक हों, यह कोई आवश्यक नहीं है. मान–प्रतिष्ठा में भी धनिकों को अग्रगण्य माना ही जाए, यह ज़रूरी नहीं. आज के युग में एक साधारण सा प्राणी जिसके पास लोक–संग्रह है यानी जो ज़्यादा से ज़्यादा आदमियों का प्रिय है, वह ही प्रथम पूज्य है. भारत के प्रधानमंत्री पंडित नेहरू इसलिए सर्वमान्य या प्रथम आराध्य नहीं हैं कि वह बड़े धनी हैं, पर वह इसलिए हैं कि उन्होंने जनता की सेवा करके उसका नया मार्गदर्शन कराया, उसका उत्थान किया है और कर रहे हैं. आज वह बहुत ही ज़्यादा लोकप्रिय हैं. धनिकों की ताक़त के बारे में जब भी आप बात करते हैं तो यह सत्य है कि उनकी ताक़त सही अर्थ में ताक़त है. वे चाहे जिसको अपनी नौकरी से अलग कर सकते हैं, कोई दुकानदार या व्यापारी उन्हें पसंद न हो तो उसका व्यापार बंद करा सकते हैं. राजमार्ग पर एक डाकू बंदूक़ दिखाकर आपको सर्वस्व समर्पण करने पर बाध्य कर दें. पर यह सब असल अर्थ में ताक़त नहीं है, यह तो बल की धमकी है. असल अधिकार का रुपयों या धन से कोई सरोकार नहीं है. प्रधानमंत्री से लकर साधारण पुलिस कर्मचारी तक उन धनिकों से बड़े हैं, जिनको उनके हुक्म मानने ही पड़ते हैं. हां, तो इस श्रेणी विभाजन का वित्त–पोषण भी संतोषप्रद तो नहीं है.

-: 12 :-

यथास्थितिवाद

छठी योजना है यथास्थितिवाद यानी जैसा है वैसे ही चलने दो. यह अभिप्राय रखने वाले व्यक्ति भी बहुत हैं. वे परिवर्तन से डरते हैं. जिस तरह से चल रहा है, उससे वे संतुष्ट तो कदापि नहीं हैं, पर उनको भय है कि परिवर्तन से हालत कहीं और भी न बिगड़ जाए. इसलिए वे कहते हैं, जैसे चलता है वैसे चलने दो. यह विशुद्ध पलायनवाद है. वे जानते हैं कि चलता है, वैसे चल नहीं सकता. सृष्टि का क्रम परिवर्तनशील है. परिवर्तन होगा ही. आप किसी चीज़ को वैसे का वैसे नहीं रख सकते. एक कमरा बंद कर दीजिए, झाड़ू बुहारी साफ़-सफ़ाई कुछ भी मत कीजिए, सार-संभाल रखने से, उपयोग में लाते रहने से जितना ह्रास होगा, उससे कहीं ज़्यादा वैसे का वैसा पड़ा रहने देने से होगा. तात्पर्य यह हुआ कि संसार की हर वस्तु क्रियाशील है, गतिशील है. उनकी क्रिया या गति का अवरोध किया नहीं जा सकता.

यथास्थितिवाद के हिमायती रूढ़िवादी धीरे-धीरे अकर्मण्य बन जाते हैं. अगर मानव कुछ क्रियाशील न रहे या कम क्रियाशील रहे तो नियम है कि उसके हिस्से की क्रिया किसी दूसरे को करनी पड़ेगी. परिणाम यही होता है कि कुछ आलसी धनिक धीरे-धीरे ज़्यादा धनी होते जाते हैं और बहुसंख्यक निर्धन धीरे-धीरे ज़्यादा निर्धन होते जाते हैं. वही खतरनाक परिस्थिति पैदा हो जाती है. 11वीं शताब्दी में सौराष्ट्र में सोमनाथ के मंदिर में लाखों की संख्या में रक्षक होते हुए भी कुल 25 हज़ार अश्वारोहियों को लेकर आए ग़ज़नी के सुल्तान ने मंदिर को ध्वंस कर दिया और करोड़ों की संपत्ति लूटकर ले गया. यह भारत में व्याप्त उस समय की अकर्मण्यता का ही दोष था. यह ऐसी मनोवृत्ति का ही परिणाम था कि भारत 200 वर्षों से अधिक विदेशियों की गुलामी या दासता में बंधा रहा.

यदि राष्ट्र के क्रियाशील नेताओं ने और उनसे पहले सन् 1857 में बहादुर सैनिकों ने अकर्मण्यता को दूर फेंककर परिवर्तन करना होगा, का नारा न लगाया होता तो शायद कई शताब्दियों तक और आगे भारत गुलामी में ही जकड़ा रहता. यथास्थितिवाद निश्चय ही भयानक मनोवृत्ति है. यह प्रकृति के नियम के विपरीत है. चलता है वैसे ही चल नहीं सकता. परिवर्तन तो अवश्यंभावी है.

अब परिवर्तन कैसा हो, यही आपको–हमको सोचना, करना है. मान लो, एक घोड़ागाड़ी आप चला रहे हैं, घोड़ा बिदक गया, घबड़ाया हुआ ज़ोर से दौड़ने लगा. आगे बड़ा गड्ढा है. निश्चय ही वह उसमें गिर पड़ेगा और आपको जीवन के लाले पड़ जाएंगे.आप कहेंगे कि हम क्या कर सकते हैं, जो लिखा होगा सो होगा. ऐसी परिस्थिति में हम कर ही क्या सकते हैं? बड़ी भूल की बात है, यह निष्क्रियता की मनोवृत्ति निश्चय ही गड्ढे में गिराकर प्राणांत कर देगी. आपको प्रयत्न करके घोड़े को शांत करना होगा या जब तक शांत नहीं होता, गाड़ी को उस गड्ढे के किनारे–किनारे चलाकर दुर्घटना बचानी होगी. व्यापार में भी यही परिस्थिति है. राष्ट्र को गड्ढे में पड़ने से बचाने के लिए आवश्यक है कि राष्ट्र का व्यापार जनहित की दृष्टि से चले. सरकार को व्यापार नहीं करना चाहिए, ऐसा अभिप्राय उन्हीं रूढ़िवादी लोगों का है. व्यापार में अगर सरकार हस्तक्षेप करने लगी है, तो व्यापार कैसे चले? इत्यादि, उन लोगों की शिकायतें हैं. दूसरे शब्दों में वे चाहते हैं कि हम किसी भी तरकीब से, उचित–अनुचित, वाजिब–ग़ैरवाजिब तरीक़े से धनोपार्जन करते रहें. बाक़ी प्रजा को चाहे पेट भर खाने को भी न मिले, पर सरकार हमें किसी प्रकार की बाधा न दे. यही तो है यथास्थितिवाद. क्या आप समझते हैं कि यह प्रणाली ठीक है? कदापि नहीं.

ഇ●ര

-: 13 :-

आय का समान वितरण ही समाजवाद है

अब सिर्फ़ आख़िरी योजना यानी समाजवादी वित्त-वितरण की योजना का परीक्षण ही शेष रहा. आपको ध्यान होगा कि यह बात इस विषय पर विचारणीय हुई कि धन का बंटवारा किस ढंग पर संतोषप्रद या उपादेय हो सकता है. इस सिलसिले में जब हमने यह विचार किया कि हर आदमी को उतना ही मिले, जितना वह अर्जन करता है, बिना अर्जन किए नहीं मिले तो यह तरीक़ा बिल्कुल मूर्खतापूर्ण सिद्ध हुआ. जब हमने यह विचार किया कि जो जितने का पात्र है, उतना उसे मिले तो वह मार्ग भी जंचा नहीं. जब हमने यह विचार किया कि जो शक्तिशाली हो, वह ही ले तो यह रास्ता भी बिल्कुल ग़लत लगा. जब यह सोचा कि जैसा चलता है, वैसा चलने दिया जाए तो मालूम हुआ कि ऐसा हो नहीं सकता, चलता है वैसे चल नहीं सकता. अब विचार यही करना है आख़िर किस तरह का बंटवारा ठीक रहेगा.

यह सोचने से पहले यह निर्णय करना होगा कि ग़रीबी या दरिद्रता क्या चीज़ है? किसी वस्तु का किसी के पास अभाव होना दरिद्रता है. यह ज़रूरी नहीं है कि ग़रीब आदमी दुःखी ही हो और धनवान आदमी सुखी ही हो. जहां तक रोटी-कपड़े का प्रश्न है, वहां तक वह प्राप्त हो जाए तो उसके बाद भी धनवान-निर्धन होना सुख-दुःख का पैमाना कदापि नहीं है. आदमी इतना दरिद्र हो कि भूख मिटाने के लिए रोटी न जुटा सके या शरीर की रक्षा के लिए कपड़ा भी न जुटा सके तो उस हद की दरिद्रता तो निश्चय ही दुःखमूलक है, अशांतिमूलक है. पर जीवन की ये उपयोगी वस्तुएं उपलब्ध होने के बाद आदमी के पास कम या ज़्यादा रुपये हों तो वे उसी अनुपात से दुःख या सुख के द्योतक नहीं हैं. आपने ऐसे व्यक्ति देखे होंगे, जिनके पास जब वे 25 वर्ष की उम्र के थे, तब जो

धनराशि थी उससे 10 गुना से भी अधिक हो गई, जब वे 60 वर्ष के हुए. पर वे दस गुने सुखी नहीं हुए. बहुत से धनिक अधिकतर निर्धनों से अपने आपको ज़्यादा दुःखी मानते हैं और हैं भी. दुःख या सुख आत्मानुभूति का विषय है. इसका भौतिक अर्थ से ख़ास सरोकार नहीं है. रुपया आपकी भूख मिटा सकता है, शरीर को ढंकने के लिए वस्त्र दिला सकता है, पर आत्मिक शांति या सुख पैदा नहीं कर सकता.

ग़रीबी मानव जाति का सर्वमान्य सबसे बड़ा अभिशाप है. कोई भी व्यक्ति दरिद्र या ग़रीब नहीं होना चाहता, पर हर व्यक्ति की ग़रीबी की व्याख्या अलग-अलग है. कल के राजा-महाराजा जो सालाना करोड़ों रुपयों की आय की रियासतें भोगते थे, उनके पास आज 10-5 लाख सालाना आमदनी रह गई है. वे अब अपने आपको ग़रीब या दरिद्र महसूस करते हैं. और कल के किसान जिनके घर-द्वार या खेत-खलिहान लगान न चुका सकने के कारण नीलाम होते थे, आज उन्हें चैन से खाने को मिलता है या 100-200 रुपये माहवार आमदनी होने लग गई है तो वे अपने आपको समृद्ध या धनिक महसूस करने लगे हैं. अतएव यह सिद्ध हो गया कि धनवान या ग़रीब मानव को मापने के लिए कोई निश्चित मापदंड नहीं हो सकता. मानव अपने आपको न देखकर दूसरों को देखने का, अनुकरण या अनुसरण करने का आदी है. अतः यह भ्रांति या कल्पना कि उसे किसी चीज़ की कमी है, दूसरों को देखकर उसे उपजती है. एक व्यक्ति 200 रुपये मासिक उपार्जन करके बहुत संतोष या सुख से रहता था, पर जब अपने पड़ोसी के यहां रेडियो, ग्रामोफोन या रेफ्रिजरेटर उसने देखे तो उसे भी उन चीज़ों को अपनाने की आकांक्षा पैदा हुई. आकांक्षा पैदा होना और वह चीज़ प्राप्त न होना ही कमी महसूस करना हो जाता है, उसी मायने में वह ग़रीब है.

ग़रीबी अपने आप में उतनी बुरी नहीं, जितना आप-हम उससे डरते हैं. ग़रीबी में जो सबसे बड़ा अवगुण है, वह मानव को चरित्रभ्रष्ट या पथभ्रष्ट कर देने की प्रवृत्ति है. निश्चय ही जब किसी चीज़ की कमी महसूस होती है तो मानव उसे प्राप्त करने की कोशिश करता है और अगर न्यायोचित मार्ग से उसे उपलब्ध करने में समर्थ नहीं हुआ तो वह दूसरे अवैध मार्ग अपनाने लगता है. चोरी करना, जुआ खेलना इत्यादि व्यसन इन्हीं मनोवृत्तियों की वजह से पैदा होते हैं. जब एक स्त्री देखती है कि वह दिन भर मज़दूरी करके 2 रुपये, 4 रुपये मुश्किल से कमा सकती है और ये रुपये उसकी च्छित वस्तुएं प्राप्त करने की क्षमता नहीं रखते तो फिर यदि वह अनाचार का मार्ग अनुसरण कर लेती है तो 100-100 रुपये या 50-50 रुपये दैनिक पाप की कमाई कर लेती है. फिर वह सब इच्छित वस्तुएं प्राप्त कर सकती है. इस तरह से मानव की मनोवृत्ति दूषित होती है, पतित होती है, पथभ्रष्ट होती है. यह आवश्यक नहीं कि ये दोष सिर्फ़ ग़रीब आदमियों में ही हों और धनिकों में न हों. धनिकों में भी ये दोष पाए जाते हैं. पर जैसा कि मैंने कहा ग़रीबी की व्याख्या न्यूनता है, अतएव न्यूनता महसूस करने वाले धनिकों को भी आप ग़रीबी की कोटि में ही समझिए. दरिद्रता चरित्र निर्माण में सबसे बड़ी बाधा उत्पन्न करती है. आर्थिक स्थिति इतनी विषम हो जाने से कि रोटी-कपड़े का भी प्रबंध मानव न कर सके तो संपूर्ण

जमात की जमात जरायम पेशा बन जाती है. भारत में आज भी लाखों व्यक्ति ऐसे हैं, जो जरायम पेशा हैं. सरकार स्थिति से अवगत है, अब धीरे-धीरे उन जातियों को, उन व्यक्तियों का पुनर्वास कराया जा रहा है.

हर आदमी को रोटी, कपड़ा देना सरकार की ज़िम्मेदारी है. भारत के संविधान में यह उत्तरदायित्व कल्याणकारी राज्य के नाते सरकार ने ले लिया है और इस दिशा में कुछ प्रगति भी हो रही है. ख़ैर, अगर समाज का एक बड़ा हिस्सा इस तरह ग़रीबी या दरिद्रता की वजह से चरित्र भ्रष्ट हो तो बाक़ी का समृद्ध समाज भी उस छूत से अपने को बचा नहीं सकता, छूत लगती ही है. एक मोहल्ले में संक्रामक रोग फैलता है तो आप कितने ही उपाय करें, आपके मोहल्ले में भी यह रोग आएगा ही, क्योंकि आपके नौकर या निम्न श्रेणी के काम करने वाले उसी मोहल्ले के वासी हैं, जिसमें रोग फैला हुआ है. अतएव अपने आपको आप बिल्कुल अलग रख नहीं सकते. अगर मानसिक विकास के लिए विद्या या शिक्षा उनके बालकों को ग़लत तरीक़े से दी जा रही हो तो आप अपने बालकों को भले ही उनके साथ हिलने-मिलने या खेलने-फिरने की मनाही कर दें (इस मनाही का असर भी उन अपरिपक्व मस्तिष्कों पर उल्टा ही पड़ता है) पर वे रह नहीं सकते. छिपकर या चोरी से यह हेल-मेल चलता ही रहता है और उनके गुण-दोष आपस में संक्रमित होते ही रहते हैं. अगर उस मोहल्ले की स्त्रियां यौन संबंधों में स्वच्छंद हैं तो निश्चय ही कालांतर में वे किसी भी प्रकार की शारीरिक व्याधि के रूप में आपके द्वारा या आपके इष्टजनों द्वारा आपके मोहल्ले में भी पदार्पण कर ही जाएंगी, आप अपने को क़तई अलग नहीं रख सकते. इसलिए आवश्यक है कि समाज में कोई इस तरह का ग़रीब न रहे, जिससे चरित्र निर्माण में बाधा उत्पन्न हो या जो पथभ्रष्ट करने की प्रवृत्ति दे. यह आपका उतना ही उत्तरदायित्व है, जितना हर दूसरे प्राणी का.

तो अब प्रश्न उठता है कि वित्त-वितरण में किसको कितना मिले, कितना किसके लिए पर्याप्त है, जिससे कि मानव की मनोवृत्ति दूषित न होने पाए. ग़रीबी तो बुरी चीज़ है, यह तो ख़ैर सही है. ग़रीबी ख़ास करके अत्यंत ग़रीबी का माप भी सहज है. किसी व्यक्ति के पास पेट भर खाने को न हो या तन ढांपने को कपड़ा न हो तो उसे अत्यंत ग़रीब कह सकते हैं. पर क्या अमीरी अच्छी चीज़ है? उसका माप भी विशेष मुश्किल नहीं. जिस व्यक्ति के पास अपनी ज़रूरत से ज़्यादा फ़िज़ूल ख़र्च करने के लिए धन हो, वही तो अमीरी है. यह भी स्थिति उतनी ही ख़राब है, जितनी ग़रीबी. इस रोग का रोगी दिन-रात चिंता में व्यथित रहता है. उनको पहले तो अपने शारीरिक स्वास्थ्य के संबंध में कल्पित बीमारियों के अंदेशों की वजह से बेचैनी रहती है. फिर उनका धन कोई अपहरण न कर ले, इसलिए व्यथित रहते हैं. कामकाज में मुनीम-नौकर इत्यादि ग़फ़लत करके नुक़सान न पहुंचा दें, इस चिंता में घुले रहते हैं. नतीजा यह होता है कि उनको मानसिक चिंताएं बराबर घेरे रहती हैं और अपने स्त्री-बच्चों के लिए वे पर्याप्त व्यवस्था नहीं कर पाते. अगर एक धनिक के पास कुल 50 लाख की संपत्ति है और उसके 5 लड़के हैं तो उसे यही फ़िक्र सताती है कि 1-1 लड़के को कुल 10-10 लाख ही हिस्से में मिलेंगे.

ख़र्च की आदत कुछ इस तरह की पड़ी होती है कि कालांतर में ये 10–10 लाख से होने वाली आय से अपना गुज़र–बसर चला नहीं सकते. वे व्यसनों के आदी हो जाते हैं और बहुत जल्दी ही उनकी रही–सही संपत्ति भी चली जाती है.

ऐसे भी धनिक आपने देखे होंगे, जो बड़े क़ायदे से ख़र्च करते हैं. वे आय–व्यय का ब्यौरा इस तरह रखते हैं कि किसी से भी भयभीत होने की उनको ज़रूरत नहीं. ज़्यादातर उन्हें चिंता भी नहीं सताती. ऐसे धनिकों का रहन–सहन सही मायने में मध्यम वर्ग वाले व्यक्तियों जैसा है. धनिकों को समाज में अपना स्थान या कल्पित पोजीशन बनाए रखने के लिए कई स्वांग रचने पड़ते हैं. कला, नाटक, विनोद जिनमें शायद उनको कोई दिलचस्पी नहीं, उनमें उन्हें भाग लेना पड़ता है, क्योंकि समाज के सब धनिक व्यक्ति या गणमान्य व्यक्ति उनमें भाग लेते हैं. अच्छे संगीत, शास्त्रीय संगीत से भले ही वे ऊब जाते हों, पर 3–3, 4–4 घंटे महिफ़लों में बैठकर वे सिर धुनेंगे ही और हज़ारों रुपये का चंदा भी उनको उनके सहायतार्थ देना ही होगा. इसी तरह विज्ञान, कला, संगीत, खेलकूद, वाद–विवाद प्रतियोगिता, वेद–वेदांत, धर्मशास्त्र, कथा–वार्ता आदि समाज के हर एक कार्य में उनको आगे रहना ही पड़ता है, ख़र्च करना ही पड़ता है. भले ही वे उसका एक अक्षर भी न समझते हों. इसी तरह धन का एक जगह जाकर उद्देश्य सिर्फ़ लोक संग्रह या अधिकार संग्रह ही रह जाता है. एक आदमी को कितना पर्याप्त है, यह प्रश्न इसी के मूल में निहित है. हर आदमी की महत्वाकांक्षाएं या प्रवृत्तियां भिन्न–भिन्न होती हैं, इसलिए उन सबको, एक तरह की धनराशि पर्याप्त हो नहीं सकती. जैसे जीवनक्रम या जीवन प्रवाह में जो व्यक्ति आदी या अभ्यस्त हो गया है, उसको उसमें ख़र्च होने वाली रक़म पर्याप्त है. पर मानव–मानव के इस तरह के अभ्यस्त जीवनक्रम में सैकड़ों गुना फ़र्क़ है. तो फिर अगर इच्छित वस्तु प्राप्त न हो सकने को ग़रीबी या दरिद्रता कहें तो संसार में एक भी ऐसा व्यक्ति नहीं है, जो दरिद्रता की कोटि में न आ जाए, क्योंकि मानव स्वयं अपूर्ण है. वह किसी न किसी वस्तु की कमी अवश्य महसूस करता है. पूर्णता तो सिर्फ़ जगदीश्वर में ही विद्यमान है.

इसी तथ्य को ध्यान में रखते हुए प्राचीन महर्षियों ने उपदेश दिया था कि भौतिक पदार्थों की लिप्सा कभी न मिट सकने वाली प्यास है. इसमें सुख की अनुभूति नहीं हो सकती. मदिरा के नशे में मानव अपनी वेदना भूलने का प्रयास भले ही कर ले, पर यह उसकी चिकित्सा नहीं है. मदिरा पीते चले जाइए, पीने की तृष्णा शांत नहीं होगी. ज्यों–ज्यों पीते जाएंगे, प्यास बढ़ती ही जाएगी. इसीलिए प्राचीन महर्षियों ने कहा था कि सच्चा सुख त्याग या वैराग्य में है. इसी मूल भित्ति पर बौद्धों और जैनों ने अपने–अपने मतों का प्रचार करके विशुद्ध शून्यवाद या निस्सारवाद का प्रसार–प्रचार किया, जो भारत में आज भी किसी न किसी रूप में विद्यमान है. प्रश्न यह है कि क्या त्याग या वैराग्य से सुख की प्राप्ति होती है? तत्वार्थ में त्यागी या वैरागी सुखी है, ऐसा समझने को हम तो तैयार नहीं हैं. अगर ऐसा कोई मिल भी जाए, जो त्याग की सर्वोच्च महिमा को अपनाकर सुखी है तो वह मार्ग सर्वसाधारण के अनुसरण करने का तो कदापि नहीं है. तो फिर

इसका क्या समाधान? किसको कितना मिलना चाहिए. समाजवादी अर्थव्यवस्था का सैद्धांतिक आशय है कि सबको बराबर–बराबर बांट दो. आप कहेंगे भाई, यह न तो संभव है, न होगा. आप चाहे कितने ही सैद्धांतिक बनें, बराबर–बराबर बंटवारा होना नहीं है, संभव नहीं है, क्यों व्यर्थ झंझट में पड़ रहे हैं? ठीक है. पर अब देख लिया कोई दूसरा अच्छा रास्ता ही नहीं है तो क्यों न इसकी भी पूर्ण परीक्षा कर ली जाए. बराबर–बराबर बंटने में क्या फायदे हैं, बंट सकना संभव है कि नहीं, समान बंटवारा न होने में क्या–क्या खतरे हैं, यही तो आपको–हमको समझना है. अतएव समान बंटवारा ही आवश्यक है.

-: 14 :-

समाज का अभिशाप, अमीरों का शौक़

एक संयुक्त परिवार को ले लीजिए. आप परिवार के बड़े हैं. कई बच्चे हैं. रुपये आपके पास मान लीजिए 500 हैं. सबसे पहला प्रश्न उठेगा कि पहले-पहल क्या चीज़ ख़रीदी जाए, उसके बाद क्या? इस तरह परिवार की ज़रूरत की चीज़ों की सूची बनेगी और आप वस्तुएं उपलब्ध कर लेंगे. मान लीजिए, खाने के लिए घर में अन्न नहीं है. स्वाभाविक तौर पर पहले-पहल आप अन्न ख़रीदने की व्यवस्था करेंगे, बाद में सबके लिए कपड़े की व्यवस्था करनी होगी. फिर मान लीजिए, जिस मकान में आप रहते हैं, उसका किराया देना है. अगर वह मकान आपके घर का है तो उसके टैक्स वग़ैरह, टूट-फूट, साफ़-सफ़ाई का ख़र्च देना होगा. फिर कुछ रुपये बचेंगे तो आप बच्चों के लिए खिलौने, स्त्री के लिए ज़ेवर या इत्र की शीशियां ख़रीदेंगे. मान लीजिए, ऐसे ही परिवार के एक मुखिया हैं, उनको पहले क्या चाहिए, इसका अर्थात उन्हें प्राथमिकता का समुचित ज्ञान नहीं है. पहले वे रुपयों से इत्र-सेंट या अन्य श्रृंगार के प्रसाधन ख़रीदते हैं, बढ़िया सोने के नेकलेस ख़रीदते हैं. आप यही कहेंगे कि वह अजीब मूर्ख आदमी है, घर में खाने को दाना भी नहीं है, इत्र या ज़ेवर ख़रीदने में व्यर्थ रक़म डुबोता है. आप जानते हैं कि इत्र या ज़ेवर ख़रीदने में रक़म बर्बाद नहीं होती, फिर भी उसको प्राथमिकता का समुचित ज्ञान नहीं होने से उसके कार्य को मूर्खतापूर्ण कहा जाएगा. बच्चों को भूख लगी है, दूध चाहिए या रोटी चाहिए. उसके बदले में आप सुंदर जिल्द वाली रामायण या गीता की पुस्तक ला दें तो क्या होगा? रामायण या गीता में रुपया ख़र्च करना ग़लत नहीं है, पर बच्चों के लिए दूध या रोटी का प्रबंध करना उसका प्रथम कर्तव्य था. रामायण या गीता की पुस्तक, बाद में कुछ बचता तो वह ख़रीद सकता था, अन्यथा नहीं. मान लीजिए, परिवार के कई

सदस्यों को उसी संयुक्त कोष या धन में से ख़र्च करने का अधिकार है. उनमें से एक भाई सेंट, लवंडर इत्र में ख़र्च करता है, एक भाई को मुर्ग़े लड़ाने का शौक़ है. अतएव बढ़िया से बढ़िया क़िस्म के, नस्ल के मुर्ग़े ख़रीदता है. परिणाम यह होता है कि दूसरे दो भाइयों के लिए, बच्चों के लिए, स्त्रियों के लिए खाने या पहनने के लिए पर्याप्त साधन नहीं रहता. अब होगा संघर्ष. संयुक्त परिवार भंग होगा, लोग उन भाइयों को धिक्कारेंगे, जो इत्र या मुर्ग़ों में रुपये ख़र्च करते थे.

मान लीजिए, सारा राष्ट्र ही एक बड़ा संयुक्त परिवार है और इसमें रहने वाले इस बड़े परिवार के बालिग़ या नाबालिग़ सदस्य हैं. अब आप देखते हैं कि देश में सैकड़ों, हज़ारों, लाखों की तादाद में ऐसे आदमी हैं जिन्हें दो जून पूरा खाने को भी उपलब्ध नहीं होता और वे फटे चिथड़े पहनते हैं. कुछ ऐसे व्यक्ति हैं जिनके पास इतना खाने को है कि उन्हें बदहज़मी हो जाती है. डॉक्टर–वैद्य रोज़ाना बुलाने पड़ते हैं. घुड़दौड़ में घोड़े दौड़ाते हैं, अच्छी से अच्छी नस्ल के घोड़े ख़रीदने में लाखों रुपये ख़र्च करते हैं. बढ़िया विलायती शराब पीते हैं. फिर भी काफ़ी फ़िज़ूल रुपया उनके पास बच जाता है तो साल में दो बार विदेश भ्रमण करने चले जाते हैं, वहां अपने ऐश–ओ–आराम के लिए लाखों रुपये ख़र्च कर आते हैं. कितनी विषम परिस्थिति है यह! देश के इतने आदमी खाने को तरसते हैं और कुछ आदमी इतना ज़्यादा फ़िज़ूल ख़र्च करते हैं कि जिसकी इंतहा नहीं. अब आप क्या करेंगे? परिवार का तो, संघर्ष हो जाने पर, विभाजन हो जाता है. पर जब सारे राष्ट्र में यह बीमारी हो तो क्या करें, किस तरह इसको रोका जाए, यही तो प्रश्न आपके, हमारे, सबके दिमाग़ में आएगा.

माना कि हीरे–मोती भी विश्व के लिए आवश्यक हैं, अच्छे घोड़ों की नस्ल क़ायम रहना भी बड़ा सुंदर है, रेशमी वस्त्र परिधानों को प्रोत्साहन भी समुचित है, डॉक्टर–वैद्य भी काम में लगे रहने चाहिए. यह सब ठीक है, पर इन सबसे ज़्यादा ज़रूरी है, पेट भर सबको खाना मिले, तन ढापने को कपड़ा मिले, रहने को स्थान–घरबार मिले. तो फिर शायद मौज–शौक़ भी कुछ अंशों में क्षम्य हो सकता है. इन लोगों का दावा है कि हम अपने शौक़ से कितने आदमियों को रोज़ी दे रहे हैं. आपने इसका भी ख्याल किया है क्या? सैकड़ों–हज़ारों आदमी काम पर लगे हुए हैं, जो बढ़िया कपड़े हम पहनते हैं उनको बनाने में. जो घोड़ों का शौक़ हम करते हैं उनकी देखभाल करने में. जो हीरे–मोती हम संग्रह करते हैं, उनको प्राप्त करने में समुद्र के गोताख़ोरों से लेकर, खानों में काम करने वालों से लेकर, मशीनों पर पालिश वग़ैरह करने वाले जाने कितने ही हज़ारों आदमी काम पर लगे रहते हैं. हम उन्हें रोज़ी देते हैं. क्या अजीब दावा है. शायद यह ठीक भी हो. पर क्या इसी तरह का दावा वे ख़ूनी या डाकू नहीं कर सकते? हत्या या लूट के अपराधी, वे भी कह सकते हैं कि हम कितने ही आदमियों को रोज़ी देते हैं. पुलिस फोर्स सारा का सारा, फिर डॉक्टर–सर्जन श्मशान घाट पर लकड़ी देने वाला, लकड़ी काटकर लाने वाला लकड़हारा, कफ़न के लिए कपड़ा बनाने वाला इत्यादि सैकड़ों आदमी काम पर लगे हुए हैं, वे रोज़ी पाते हैं. वे ख़ूनी हैं या लुटेरे हैं, पर वे कहते हैं कि अगर हम लुटेरे या ख़ूनी न हों तो इतने सब आदमी बेकार हो जाएंगे. क्या ख़ूब दलील है. उन दोनों विभिन्न मतों में मुझे विशेष फ़र्क़ नज़र नहीं आता.

इसलिए जिस रुपये से धनिक अपने शौक़ों को पूरा करने के लिए जो ग़लत तरीक़े से रोज़गार उत्पन्न करते हैं, वे ही रुपये अगर समान भाग से सबको बंटवारा करके मिल जाएं तो वे ही रोज़गार सही अर्थ में उत्पन्न होंगे. राष्ट्र के पास खाने के लिए ज़्यादा अन्न होगा, पहनने के लिए ज़्यादा कपड़ा होगा, रहने के लिए ज़्यादा घर होंगे, कला और विज्ञान को बाद में समुचित प्रोत्साहन मिलेगा ही.

-: 15 :-

सामाजिक विषमता मानव नस्ल का नासूर

हां, आप पूछ सकते हैं कि भाई, जिन आदमियों के पास खाने को पर्याप्त रोटी नहीं है, पहनने के लिए कपड़ा नहीं है, उन सबको समान बंटवारा कर देने से क्या सब ठीक हो जाएगा? क्या आप मानते हैं कि वे उस प्राप्त धन का दुरुपयोग नहीं करेंगे? क्या उन्हें प्राथमिकता का ज्ञान या ध्यान रहेगा? वे लोग मिली हुई धनराशि जुए या अन्य किसी दुर्व्यसन में ख़र्च करके फिर उसी तरह रोटी-कपड़े के मोहताज नहीं बन जाएंगे? यह हालत तो बहुत बुरी होगी, इसकी क्या गारंटी है कि वे लोग सही रास्ते पर ही रहेंगे. समान बंटवारा हो जाने पर आप कैसे कह सकते हैं कि नए रोज़गार ग़लत तरीक़े के नहीं होंगे? प्रश्न आपका बड़ा उचित है, उत्तर सहज नहीं. जब मानव का धरातल ही दूषित हो गया हो, पृष्ठभूमि ही बिगड़ गई हो तो कोई ज़िम्मेदारी नहीं ले सकता. कह नहीं सकते, इन सबसे वांछित फल होगा भी क्या? पर इसके लिए मार्ग है ख़ानदानी आदमी पैदा करना, शिक्षा-दीक्षा के अलावा इंसान की नस्ल सुधारना.

मानव की विचारधारा सही और वैध मार्ग पर ही चले, इसके लिए वातावरण बनाना होता है. नस्ल सुधारने की भी ख़ूब ही कही. ये कोई घोड़े, सांड, मुर्ग़े या सुग्गे तो हैं नहीं कि जिन जोड़ों के संयोग से अच्छे पशु-पक्षी पैदा कर लें. वे भी अच्छे इसी माने में कि तेज़ दौड़ सकते हों, बोझा ढोने में बलवान हों या लड़ाकू हों. उनमें बुद्धि का विकास तो होता नहीं है. अतएव नस्ल की और कोई क़िस्म देखने की ज़रूरत नहीं रहती. मानव की नस्ल तो आप बना या बिगाड़ सकते नहीं हैं. कारण किसी भी जोड़े का यौन संयोग आप स्वेच्छा से नहीं कर सकते और पुत्रोत्पत्ति या संतानोत्पत्ति का नियमन नहीं कर सकते. विवाह एक ऐसी प्रथा है, जिसके द्वारा आप पति-पत्नी को अमुक क़िस्म के ही बच्चे पैदा

करने पर बाध्य नहीं कर सकते. फिर मां–बाप जैसे हों, वैसे ही बच्चे भी हों, ज़रूरी नहीं है. प्राचीन भारत में नस्ल शुद्धि यहां तक विद्यमान थी कि एक ही मनुष्य के पुत्र और उसके पुत्र और उनके पुत्र, इस तरह से परंपरागत सैक़डों–हज़ारों वर्षों तक उन्हीं गुण–दोषों की पीढ़ी–दर–पीढ़ी बन जाती थी. महर्षि वशिष्ठ, जाबालि या भारद्वाज किन्हीं को ले लीजिए. यह नाम किसी एक व्यक्ति विशेष का न होकर एक परिवार का था, पिता के बाद पुत्र उसी नाम से प्रख्यात होता था और हर माने में वह पिता अपने पुत्र के शरीर में ज़िंदा या विद्यमान था.

यह संतति या नियमन या स्वेच्छा कंट्रोल आज भारत से लुप्तप्राय हो गया है, पर फिर भी दूसरे देशों की तुलना में यहां आज भी किसी सीमा तक मौजूद है. आज भी भारत के एक लोहार का लड़का जितना अच्छा लोहार होगा, उतना अच्छा अन्य शिक्षित बलवान युवक भी नहीं होगा. दर्ज़ी का लड़का जितना अच्छा कपड़ा सिलने का काम करेगा, उतना दूसरा न कर पाएगा इत्यादि, इत्यादि. कई बातें मिलती हैं, जिनसे नस्ल की पवित्रता भारत में दिखाई देती है. कारण स्पष्ट है, यहां विवाह प्रथा को अभी भी संस्कार माना जाता है. विवाह लड़के–लड़कियों के माता–पिता निश्चित कर देते हैं, वे स्वयं स्वेच्छा से विवाह नहीं कर पाते. अतएव रूढ़िवादी नस्ल क़ायम रहती है. विवाह प्रथा में व्यक्ति स्वातंत्र्य भारत में बहुत कम है. सामाजिक स्थिति में अपने समान आर्थिक या सामाजिक स्थिति वाले लड़के–लड़कियों का संबंध ही होता है. अतएव जो अलगाव हमेशा से सामाजिक श्रेणियों में होता रहा है, वह होता रहेगा. आज एक मज़दूर किसी धनी सेठ की लड़की से विवाह कर सकने का स्वप्न नहीं देख सकता, न ही एक धनिक सेठ का लड़का किसी रास्ते चलते मज़दूर की लड़की से वैवाहिक संबंध करने की सोच सकता है. नतीजा यही हुआ कि नस्ल सुधरे तो कैसे सुधरे? प्रधान कारण मनोवृत्ति दूषित होने का है, जो मैंने पहले बतलाया था वह है. निर्धनता या मानव मात्र की आवश्यकताओं का पूर्ण न होना. अगर एक बार इस वृत्ति का इलाज हो गया तो नस्ल भारत में इतनी बिगड़ी नहीं है कि इलाज ही न हो पाए. यह घातक मनोवृत्ति कि हम धनिक या ओहदेदार हमेशा सत्य बोलते हैं और हमारे नौकर या मोटर ड्राइवर झूठ बोलते हैं, उनका कथन हमारे जितना विश्वसनीय नहीं है, यह भेद मिटाए बिना पिछड़े हुए वर्ग की नस्ल सुधारने की बात करना ही व्यर्थ है. पहले तो बड़ों की नस्ल सुधारने की आवश्यकता है, जिन्हें धन मद या सत्ता मद हो गया है. उनके दिमाग़ से अहंकार की भावना की बू निकालनी होगी, तब कहीं कालांतर में दूसरी, तीसरी या चौथी श्रेणियों की नस्ल सुधर पाएगी.

असल में नस्ल सुधारने की यह बात ही व्यर्थ है. असमान द्रव्य वितरण ही प्रधान कारण है, जिससे प्रजा की नस्ल बनने नहीं पा रही है. हर एक प्राणी का आर्थिक धरातल अगर समाज में समान या लगभग समान हो जाए और वैचारिक संबंधों के लिए श्रेणी विभाजन न रहे तो संभव है, कालांतर में नस्ल एक तरह की या लगभग एक तरह की हो जाए. भारत में जाति प्रथा या वर्ण व्यवस्था इस भेदभाव को क़ायम रखने के लिए ज़्यादा उत्तरदायी है. संभवत: किसी समय में वर्ण व्यवस्था या जातिवाद बहुत ही उपयोगी रहा

हो. अगर इस वर्ण व्यवस्था को तत्वमूलक मानकर आज भी उसके मूल आदर्श को समझ कर उपयोग में लाया जाए तो शायद बहुत उपयोगी हो, पर वह समय गया. आज का युग विशुद्ध भौतिकवाद का युग है. इसमें तत्वान्वेषण करने के बाद उस गली-सड़ी रूढ़िवादी जाति प्रथा या वर्ण व्यवस्था को फिर से कौन दोहराए, जिसका अंतिम स्वरूप भ्रष्ट रूप में हमारे सामने उपस्थित है. मानव जाति की नस्ल को न सुधरने देने का उत्तरदायित्व भी असमान वित्त वितरण व्यवस्था पर ही है.

-: 16 :-

क़ानूनी विधान

- न्याय चक्र धनिकों द्वारा संचालित
- विधानसभाओं में जनता का प्रतिनिधित्व

न्यायालयों में न्याय होता है. कहा जाता है न्याय तो अंधा है, उसके लिए धनी-निर्धन सब बराबर हैं. न्याय के सामने किसी में भेदभाव नहीं होगा, पर वस्तुतः क्या यह सत्य है? पुस्तकों में जो भी क़ानून हैं वे ज़रूर सारे देश के लिए समान रूप से लागू हैं, पर उनका संचालन या नियमन किस ढंग से होता है, ज़रा ग़ौर कीजिए.

आपकी थोड़ी-सी ज़मीन है. आपके पड़ोसी ने मनमानी करके उसका कुछ हिस्सा दबा लिया है. अब आपको न्यायालय में पुकार करनी होगी. कोर्ट फीस भर कर आपने दावा दायर किया. वकील या बैरिस्टर को अच्छी फीस देकर आपने उसे आपकी तरफ़ से दलील करने को तैनात किया. आप या आपके कई पड़ोसियों ने आपकी बात साबित करने के लिए महीनों दौड़-धूप की, कचहरी के चक्कर लगाए. आख़िर साल, दो साल या दस साल बाद मान लीजिए कि न्याय ही हुआ तो, आपकी ज़मीन जो आपके पड़ोसी ने दबा ली थी, वह आपको वापस मिल गई. इस सौदे में आपको जितनी हैरानी या परेशानी उठानी पड़ी वह तो अलग, पर कोर्ट-फी, वकील बैरिस्टर-फी और कचहरी आने-जाने के ख़र्च में आपको शायद ज़मीन की कुल क़ीमत से दुगुना ख़र्च कर देना पड़ा. अब आप ही बतलाइए, अगर आपके पास इतने साधन नहीं हैं कि आप यह ख़र्च कर सकें तो आपको मन मारकर बैठ जाना पड़ेगा. या हो सकता है मुक़दमा दायर करने के बाद भी विपक्षी के वकील बैरिस्टर जो तगड़ी फीस से तैनात किए हुए हैं, इतने ज़्यादा क़ाबिल हैं कि आपका सच्चा मुक़दमा भी झूठा साबित हो जाए. शायद नतीजा यही हो कि वह ज़मीन शुरू से ही आपके पड़ोसी की थी. आपकी कभी रही ही नहीं. आप व्यर्थ ही बकवास करते हैं. कहिए, असल कार्यरूप में आपसे आपका पड़ोसी, जो शायद

आपकी तुलना में ज़्यादा समृद्ध है, एक टका ऊंचा रहा कि नहीं? इस उदाहरण में क्या न्याय समान रूप से मिल सका या मिल सकेगा?

अगर आपने सकारण या अकारण किसी समृद्ध या धनिक को नाराज़ कर दिया तो वह फ़ौरन आपको वकील से नोटिस दिलाकर कोर्ट में आपके विरुद्ध दावा दायर कर देगा. नतीजा होगा आप अपने काम धंधे से गए. ख़र्च होगा सो अलग. मजबूरन आप उसी धनिक के पास हाथ-पांव जोड़कर सुलह कर लेंगे. ऐसी है सामाजिक परिस्थिति, जिसमें न्याय का अधिकार सबको समान रूप से होते हुए भी सबको समान न्याय मिल नहीं रहा है.

मेरा अनुभव है, ऐसे महानुभाव भी मौजूद हैं, जो असल में देनदार हैं, पर झूठे झगड़े झंझट डालकर विपक्षी को मुक़दमा दायर करने पर बाध्य कर देते हैं, और फिर बड़े गर्व से कहते हैं- क्या हुआ, अभी 10 वर्ष तो मुक़दमेबाज़ी चलेगी. बाद में आख़िर डिग्री हो भी गई तो रुपये की अठन्नी भी उसके घर में आने वाली नहीं. अब ग़ौर कीजिए, एक-एक मुक़दमे को दस-दस वर्ष तक आदमी अपनी चालाकियों से चला सकता है तो उसके बाद न्याय मिला भी तो किस काम का? सब जगह अच्छे वकील बैरिस्टर, जो तगड़ी फीस लेते हैं, और जिसे कि सिर्फ़ धनिक वर्ग ही देने में समर्थ है, न्याय की मशीन को तेज़ या धीरे चला सकते हैं.

ये सब तो दीवानी मुक़दमों की बात हुई. जिस देश में ग़रीबी इतनी ज़्यादा व्याप्त हो उसमें आश्चर्य नहीं है कि मजिस्ट्रेट या हाकिम थोड़े से प्रलोभन में न आ जाए. क़ानून की दृष्टि से वैसा प्रलोभन शायद अवैध न भी माना जाए, पर निश्चित ही वह ग़लत है. देखा गया है कि मजिस्ट्रेट के लड़के को, वे धनिक जिनके मुक़दमे उनके पास हैं, अच्छी ख़ासी तनख्वाह पर रख लेते हैं या उन्हीं मजिस्ट्रेट को ओहदे से रिटायर होने पर उम्र भर तक अच्छी नौकरी देने का वचन या आश्वासन दे देते हैं. फिर क्यों न उस हाकिम की कचहरी में फ़ैसला उनके अनुकूल हो? ऐसा बहुधा होता है. दुर्भाग्य से ये सब सुविधाएं एक ग़रीब को प्राप्त नहीं. उसे तो अपने अपराध से या कई बार तो बिना किसी अपराध के भी दंडित होना ही पड़ता है. ग़र्ज़ यही कि न्याय समान रूप से नहीं मिल पा रहा है और उसका नियमन हो नहीं सकेगा, जब तक कि संपूर्ण स्थिति वित्त वितरण की समानता की योजना द्वारा कार्यान्वित न हो जाए.

इसके अलावा यह भी कुछ अंशों में सत्य है कि क़ानून बनाने वाली संस्थाएं भी तो धनिकों या समृद्धों द्वारा ही नियंत्रित की जा रही हैं. संसद या लोकसभा को लीजिए. चुनाव होता है, एक मेंबर को चुनाव में पहले 500 रुपये तो डिपोजिट देने पड़ते हैं, बाद में कम से कम 15-20 हज़ार एक सीट के लिए ख़र्च हो ही जाते हैं. एक मेंबर साढ़े सात लाख नागरिकों का प्रतिनिधित्व करता है, लिहाज़ा इससे कम ख़र्च होने का सवाल ही नहीं है. इसी तरह राज्य विधान सभाओं की मेंबरी के चुनावों के लिए भी कम से कम 5 हज़ार रुपये तो ख़र्च होते ही हैं. (आजकल यह ख़र्च लाखों में होता है.)

अगर चुनाव में हार हो गई तो सब व्यर्थ ही है. जीत होने पर भी मेंबरों को जो मासिक भत्ता वग़ैरह मिलता है, वह मुश्किल से अपना ख़र्च वग़ैरह चलाने के लिए पर्याप्त हो पाता है. ऐसी परिस्थितियों में धनिकों या समृद्धों के सिवाय चुनाव लड़ने का साहस ही कौन कर सकता है? इन्हीं चुने हुए व्यक्तियों की लोकसभा या विधानसभा क़ानून बनाती है. स्वाभाविक है कि उनकी व्यक्तिगत आर्थिक परिस्थिति देश की आर्थिक परिस्थिति का प्रतिनिधित्व नहीं कर सकती. उनके विचार, धारणा एवं निश्चय ही भिन्न प्रकार के होंगे. भारत में यह तो ठीक है कि चुनाव ज़्यादातर पार्टी के आधार पर होते हैं, इसलिए अपने क्षेत्र में कोई व्यक्ति लोकप्रिय हो और नितांत निर्धन हो, तो भी उसको चुनाव में चुने जाने का अवसर मिल सकता है. क्योंकि ख़र्च उसके बंदले में वह पार्टी करती है जिसके द्वारा उसको नामज़द किया जाता है. कांग्रेस पार्टी या प्रजा-समाजवादी पार्टी, किसी को भी लीजिए, वही हाल उस पार्टी के अंदर के चुनावों का है. पार्टी में से अपने का नामज़द करा सकने में जो ख़र्च हैं उसे वहन करने की क्षमता ग़रीबों में शायद ही हो. घूम फिर कर नतीजा यही हुआ कि अगर क़ानून बनाने वाली संस्थाएं लोकसभा, विधानसभा इत्यादि को सही मायने में प्रतिनिधि संस्था बनाना है तो केवल बालिग़ मताधिकार दे देने से काम नहीं चलेगा. उन सब में समान वित्त-वितरण हो जाने पर ही वे सही अर्थ में चुनावों में भाग ले सकेंगे.

संप्रति भारत में बालिग़ मताधिकार, ख़ासकर जब बहुसंख्यक प्रजा अनपढ़ या अनभिज्ञ है, कोई विशेष मायने नहीं रखता. यह तो अंधेरे में मारी हुई छलांग है. किसी पार्टी का नामज़द किया हुआ व्यक्ति ज़्यादा से ज़्यादा प्रचार करता है. जो इन अनपढ़ या अनभिज्ञ आदमियों को बहकाने में समर्थ होता है वही ज़्यादा वोट पाता है. पार्टी-पार्टी में भी फूट है. पार्टी ने एक व्यक्ति को नामज़द किया. पार्टी के कुछ दूसरे कार्यकर्ता किसी दूसरे व्यक्ति को नामज़द करना चाहते थे. तो अब शिष्टाचार तो यह रह गया है कि पार्टी के अंदर ही वे दूसरे व्यक्ति, चुनाव में उस नामज़द व्यक्ति का खुलेआम विरोध करते हैं.

इस देश में अनुशासन भंग इतने अनुपात में बढ़ गए हैं कि उसकी सीमा ही नहीं, और उसका मूल कारण वही असमान-वित्त-वितरण ही है.

ဢ●လ

-: 17 :-

कर्म मूल्यांकन

- कर्म, अकर्म और दुष्कर्म
- वित्त-वितरण के साथ श्रम-वितरण आवश्यक

धनिक या समृद्ध व्यक्ति क्या निठल्ला रहता है या आलस्य में कुछ काम करता ही नहीं? अगर वह मेहनत करता है, काम करता है तो फिर धनिक या समृद्ध होने से आप उसे बुरा क्यों कहते हैं? काम करने वाले किसी भी व्यक्ति को बुरा कहने का अधिकार किसी को नहीं है, बशर्ते कि वह काम करता हो देश के लिए, समाज के लिए या अपने परिवार के लिए कुछ भी उपार्जन करने वाले कामों को ही हम काम कहेंगे. ज़्यादा खाने से बदहज़मी हो गई, उसको दुरुस्त करने के लिए डॉक्टर ने रोज़ाना 4 मील घूमना बतलाया. अब सुबह-शाम 4 मील घूम रहे हैं, बड़ा परिश्रम हो रहा है, टेनिस खेलने गए, घुड़दौड़ देखने गए, सिनेमा, नाटक देखने गए. कहां तक गिनाएं, इन धनिकों को दिन-रात 24 घंटों में अवकाश का तो एक क्षण भी नहीं मिलता. दिन-रात परिश्रम करते रहते हैं, कार्यरत रहते हैं, ज़रा भी तो फुर्सत नहीं. पर तो भी, चूंकि वे कुछ उपार्जन नहीं कर रहे हैं, इसलिए यह सब काम नहीं कहा जाएगा.

कर्म की व्याख्या का भगवान श्रीकृष्ण ने गीता में अच्छी तरह प्रतिपादन किया है. जिस कर्म के करने से किसी को कुछ फल प्राप्त न हो या जो कुछ भी अर्जन या हासिल न कर सके, उसको अकर्म कहते हैं. कर्म के बाद दुष्कर्म भी कुछ मायने में ग्रहण किया जाता है. दुष्कर्म से किन्हीं थोड़े आदमियों को लाभ पहुंचता है, ज़्यादा व्यक्तियों को नुक़सान पहुंचता है. पर अकर्म तो निष्क्रियवाद का ही प्रतीक है. धनिकों या श्रेष्ठि-वर्ग के ये काम करने के हौसले, जिनको करके वे स्वयं अपनी शारीरिक स्थिति को कुछ न करने के लिए फिट रखने में इस्तेमाल करते हैं, अजीब है. यह दोष धनिकों या समृद्धों को ही क्यों दिया जाए, क्या दूसरे आम आदमी इस तरह आलस्य में दिन नहीं बिताते?

बिताते हैं. कभी–कभी तो मध्यम वर्ग या ग़रीब वर्ग के व्यक्ति इतने आलसी हो जाते हैं कि उनसे दिन–रात सोने या खाने के सिवाय कुछ करते नहीं बन पड़ता. पर यह दोष उसी व्यवस्था का है. समान वित्त वितरण के साथ समान श्रम वितरण भी तो बंधा हुआ है.

-: 18 :-

शिक्षा दोषपूर्ण

- समृद्ध पुरुष उपास्य
- अनाचार और अविद्या का ज़हर

स्कूलों को लीजिए, शिक्षा के लिए आप अपने बच्चों को स्कूल भेजते हैं. जो शिक्षा उन्हें वहां प्राप्त होती है, क्या वह ठीक है? क्या आपने कभी विचार किया कि जिन अध्यापकों के मस्तिष्क में भूख की वजह से, दरिद्रता की वजह से ज्ञान राशियां पनपने नहीं पाई हैं, वे कैसे बालकों को उचित कर्तव्य की शिक्षा दे पाएंगे? स्कूल अधिकतर या तो नगरपालिका द्वारा संचालित हैं या सरकारी शिक्षा विभाग द्वारा चलाई जाती हैं. बहुत से स्कूल धनिकों द्वारा किए गए चंदे से बनाए हुए हैं या उन्हीं द्वारा संचालित हैं. उन स्कूलों के अध्यापक बच्चों को समान अधिकार या समान वित्त वितरण की शिक्षा का पाठ पढ़ाना तो दूर रहा, उसका ज़िक्र भी नहीं कर सकते. बहुधा वे धनी या समृद्ध पुरुष उपास्य बन जाते हैं और भारत के आदर्श महानुभावों के रूप में बतलाए जाते हैं. अध्यापकों को मुश्किल से अपना गुज़ारा चलाने जितना वेतन मिलता है. हर वक़्त उन्हें भय रहता है कि कहीं नौकरी न छूट जाए. उनकी योग्यता का मापदंड परीक्षाफलों से माना जाता है. इसलिए अध्यापक वर्ग और विद्यार्थी वर्ग दोनों की तमन्ना एकमात्र यही रहती है कि किस तरह से ज़्यादा से ज़्यादा संख्या में पास हो जाएं.

परीक्षा के जो कुछ भी स्तर हैं, उनको जाने दीजिए, जो भी हैं. उन्हें भी सही-सही तरीक़ों से प्राप्त करने में बालक सफल नहीं होते. अतः प्रयत्न करते हैं कि किसी तरह परीक्षा के परचे बनाने वाले अध्यापकों का पता लगाकर उनसे पहले ही परचे प्राप्त कर लें या जब परीक्षण के लिए उनके पास कापियां गई होती हैं तो किसी तरह पता लगाकर उन पर प्रभाव डालकर ज़्यादा नंबर ले लें, जिससे पास हो जाएं. जहां परीक्षाफल निकला, अध्यापक समझ लेते हैं कि उन्होंने अपना कर्तव्य निभा दिया. विद्यार्थी समझते

हैं कि वे अब शिक्षित नागरिक बन गए. शिक्षा के रूप में अनाचार का, अविद्या का या गुलामी का मीठा ज़हर जो अपने बच्चों को पीना पड़ रहा है, उसका फल क्या होगा? इसका निर्णय आप स्वयं कर लें.

आज भी इतिहास के पृष्ठों से भूतकाल में किए गए त्याग का गौरव गाया जाता है. सेवक स्वामी का इस हद तक नमक हलाल होता था कि अपना सर्वस्व देकर या खोकर भी स्वामी के पसीने की जगह अपना ख़ून बहाने को तैयार रहता था. उनकी गौरव गाथा बड़े प्रेम और उत्साह से पढ़ाई जाती है, पढ़ी जाती है, मनन की जाती है. आज भी स्कूलों में हमें यही बताया जाता है कि धनिक होना या निर्धन होना भगवान की मर्ज़ी की बात है, आदमी का चारा ही क्या है? 400 वर्ष पहले उस समय में प्रचलित किंवदंतियों के आधार पर बनी कहावतों को वेद वाक्य या ईश वाक्य मान लिया जाता है. जब धनिकों या समृद्धों की श्रेष्ठता इस तरह बचपन से ही सिखाई जाती है तो आगे चलकर यही बच्चे हीनभावना अनुभव करने लगते हैं और निर्विवाद मान लेते हैं कि धनिक वर्ग उनसे श्रेष्ठ है.

स्कूलों में आज अब यह शिक्षा भी दी जाने लगी है कि भारत का हर बच्चा समान अधिकार रखता है और ये आर्थिक व्यवस्थाएं भगवान की बनाई हुई नहीं हैं, अपनी निज की ही बनाई हुई हैं. इस व्यवस्था को चाहे जब बदला जा सकता है. ऐसा कहने वाले अध्यापक को वह प्रभावशाली धनिक वर्ग यथाशीघ्र स्कूल से अलग कर देगा. निश्चय ही आपने देखा होगा कि स्कूलों में बहुधा धनिकों के बालकों के प्रति पक्षपात होता है. कुछ पाठशालाओं को छोड़ दीजिए, पर बहुसंख्यक पाठशालाएं आज़ भी किसी धनिक बालक पर अनुशासनिक कार्रवाई करने की हिम्मत नहीं कर सकतीं, जबकि उसी अपराध पर साधारण आदमी का बालक स्कूल से निकाल दिया जाता है या अन्य रूप से दंडित होता है. परीक्षा के परचे बनाने वाले अध्यापक भी बहुधा प्रलोभन से ही परचे पहले दे देते हैं और अधिकतर ये प्रलोभन देने वाले या दे सकने वाले बालक उन धनिकों के ही होते हैं. इसी तरह से पास होने के लिए नंबर बढ़ा लेने का प्रयत्न करने में भी ज़्यादातर उसी वर्ग के बालक देखे जाते हैं. जहां मैं धनिक शब्द का प्रयोग कर रहा हूं, वहां उसी सिलसिले में आपको खाता-पीता समृद्ध आदमी समझ लेना चाहिए.

-: 19 :-

नीति प्रचार

- समाचार पत्रों की विकृति
- धर्म चर्चा के प्राचीन उदाहरण

आज के युग में स्कूलों के सिवाय मानव मस्तिष्क पर सबसे ज़्यादा असर पड़ता है समाचार पत्रों का. आपने ग़ौर किया होगा कि भारत में जितने भी समाचार पत्र पढ़े जाते हैं, शहरों में, देहातों में या गांवों में, उनमें से 80–90 फ़ीसदी वे समाचार पत्र हैं, जिनके मालिक करोड़पति हैं. पत्रकारिता का सारा व्यवसाय आज इन्हीं करोड़पतियों के हाथ में है. भला ये कैसे धनिकों के ख़िलाफ़ आवाज़ उठा सकते हैं? जब सरकार द्वारा किया हुआ कोई ग़ैर क़ानूनी काम सामने आता है तो ये हाहाकार मचा देते हैं, आकाश–पाताल एक कर देते हैं, सरकार को चैन नहीं लेने देते. पर जब धनिक समाज का एक अंग, चाहे वे कपड़े की मिलों के उद्योगपति हों, चाहे वे चीनी की मिलों के मालिक हों, चाहे वे जूट की मिलों के मालिक हों या रासायनिक व्यवसाय के लोग हों, कोई ग़ैर क़ानूनी कार्यवाही करने लगते हैं, प्रजा उनकी करतूतों से संत्रस्त हो जाती है, तब इन समाचार पत्रों के संपादकों के कान पर जूं तक नहीं रेंगती. जब कहीं रेलवे दुर्घटना हो गई, उसमें कुछ व्यक्ति मर गए तो प्रजा की ओर से एक बुलंद आवाज़ उठेगी.

समाचार पत्र लिखेंगे कि दुर्घटना होना बहुत बुरी बात है, लंबे–लंबे शब्दों या संदेशों में सहानुभूति प्रगट करेंगे. पर जब इन दुर्घटनाओं के कारणों का पता लगाकर सरकार यह घोषणा करे कि रेलवे कर्मचारियों का वेतन बढ़ाना होगा, उनके काम करने के समय की अवधि में कमी करनी होगी और घाटे की पूर्ति करने के लिए भाड़ा, महसूल या टिकट की दरें बढ़ाई जाएंगी तो फिर यही समाचार पत्र वाले हल्ला मचाएंगे कि यह बड़ा अनुचित हो रहा है, अत्याचार हो रहा है, इत्यादि.

मानव मस्तिष्क पर स्कूल की शिक्षा का या समाचार पत्र निरंतर पढ़ते रहने का जो प्रभाव पड़ता है, वह प्रतिकूल ही है. उसको आप ठीक रास्ते पर ला नहीं सकते.

कारण–स्कूल, शिक्षा विभाग और समाचार पत्र, ये सब धनिक समाज द्वारा नियंत्रित हैं, उन्हीं द्वारा संचालित हैं या उन्हीं के दिए हुए विज्ञापनों पर जीवित हैं. अतएव उनका पक्षपात होना स्वाभाविक ही है. गांवों–देहातों में तीसरी चीज़ जो मानव दिमाग़ पर असर करती है, वह है मंदिर में जाना, भगवद्चर्चा या धर्मगोष्ठी. गांव के लोग रात को या शाम को चौपाल पर या मंदिर के प्रांगण में इकट्ठे होकर आपस में बातचीत करते हैं, उनमें अधिकतर इन्हीं धनिकों के गुणगान का बखान होता है या भारत के प्राचीन इतिहास में राजाओं ने प्रजा का पालन किस तरह किया, उसका विशद वर्णन. रामराज्य की कल्पना बहुत ही अच्छी कल्पना मान ली जाती है, जो विशुद्ध बुर्जुआ सामंतवाद था. भारत हमेशा से ही वीर पूजक रहा है. मानव के व्यक्तिगत गुणों की महत्ता को ध्यान में रखते हुए यहां का नागरिक उसी व्यक्ति की पूजा करने लगता है. राम, कृष्ण, बुद्ध, राणा प्रताप, शिवाजी, लोकमान्य तिलक, गांधी जी, पंडित नेहरू एवं सरदार पटेल इत्यादि अनेक महापुरुष हुए हैं, जिनके निजी गुणों से मुग्ध होकर भारत की प्रजा उन्हें चिरकाल के लिए पूज्य मान रही है. मतलब यह नहीं कि वे महापुरुष किसी भी मायने में पूजा के या प्रशंसा के पात्र नहीं, मैं सिर्फ़ यही कहना चाहता हूं कि सर्वसाधारण मानव की आर्थिक स्थिति के संबंध में इनमें से किन–किन महानुभावों ने क्या–क्या किया. वर्ग विभाजन को, चाहे वह वर्ण व्यवस्था के आधार पर हो, चाहे ज्ञान शिला पर आधारित हो, चाहे संग्रह मूलक हो, क़रीब–क़रीब सबने ही प्रोत्साहन दिया. गांव की चौपाल में बैठकर आज भी शाम को रामायण की कथा होती है, सभी श्रोता आनंद विभोर होकर राम का यशोगान और रामराज्य की प्रशंसा करते हैं. उनमें से किसी के मन में यह प्रश्न नहीं उठता कि आख़िर ऐसी कौन सी वस्तु थी, जिसे इतना ऊंचा आदर्श माना जाए? उसी रामराज्य में एक ब्राह्मण बालक की असामयिक मृत्यु हो जाने पर जब उसके पिता ने आकर राम के दरबार में दुहाई दी तो राजा राम ने अपना धनुष–बाण उठाकर जंगल में तपस्या कर रहे शूद्र शंबूक का वध कर डाला और तब सब ही एक मत से उनकी भूरि–भूरि प्रशंसा करने में लग गए. मान भी लिया जाए कि शंबूक का तपस्या करना तत्कालीन क़ानून के अनुसार अवैध था, तो भी क्या यह कथा यह ज़ाहिर नहीं करती कि मानव–मानव में कितना भारी फ़र्क़ था. रामराज्य कैसा आदर्श था, यह अगर शंबूक के माता–पिता या परिवार वालों से पूछा जाए तो पता चले? कहने का तात्पर्य है कि स्कूल, समाचार पत्र या धर्म चर्चा ये तीन प्रधान साधन, जो जनता की राय क़ायम करने में सहायक होते हैं, तीनों पर धनिकों का प्रत्यक्ष या अप्रत्यक्ष प्रभाव पड़ा हुआ है. समान अर्थ वितरण का प्रश्न इन कारणों से सामने खड़ा ही नहीं हो पाता.

भारत में सबसे बड़ी समस्या जो शताब्दियों से चल रही है, वह है जातिवाद या वर्ण व्यवस्था. इन जातियों के हिसाब से आदमी अपने आप अपने को छोटा या बड़ा मानने लग गया है और यह भावना अपने रक्त में इस तरह समा गई है कि हम आज के प्रगतिशील युग में भी मन से इसको निकाल नहीं पा रहे हैं. आज भी सबसे ज़्यादा ताक़तवर नारा जाति का ही है. चुनावों में भी खुलेआम इसका प्रयोग होता है. हालांकि भारतीय संविधान के अनुसार देश धर्मनिरपेक्ष राज्य घोषित हो चुका है. तो भी बनिए–

बनिए आपस में वोट देंगे, जाट-जाट आपस में मेल रखेंगे. दक्षिण भारत में ब्राह्मण चूंकि अल्पसंख्यक हैं, अब्राह्मणों का वोट न मिलने से वे चुने नहीं जा सकते. इसी तरह की बीमारी सारे राष्ट्र में आज भी फैली हुई है. जहां नेताओं का यह उपदेश है कि अस्पृश्यता का उन्मूलन करना ही होगा, जात-पांत का भेदभाव मिटाना ही होगा, वहां वे ही हर राज्य सरकार में, हर कमेटी में, हर नौकरी में यह ख्याल रखते हैं कि अमुक जाति का प्रतिनिधित्व हुआ कि नहीं. मिनिस्ट्री में राजपूत 1 ही क्यों है? जाट 3 क्यों हैं, ब्राह्मण 1 ही है, हरिजन 2 हैं. इस जातिवाद का प्रतिनिधित्व अनुपात से हो, यह फ़िक्र बनी रहती है. तो बताइए श्रेणी विभाजन की यह मानसिक भावनाएं बदलें तो कैसे बदलें? मान लीजिए, अगर सबके पास समान वित्त हो तो क्या स्कूल केअध्यापक इस तरह कायर हो सकते थे? क्या समाचार पत्र इस तरह से ईमानदारी को अलग ताक़ पर रख सकते थे? क्या इन मंदिरों, मस्जिदों, धर्म गोष्ठियों या गांवों की चौपाल गोष्ठियों में राजा का, महाराजाओं या सेठों का यशोगान हो सकता था? कदापि नहीं, ये सब उसी हीन भावना के प्रतीक हैं, जो आप में, हम में, सब में समा गई है.

-: 20 :-

राहत का नशा

- ग़रीबों के हितैषी होने का भ्रम
- विद्रोह की जड़ पर कुठाराघात

सवाल उठता है कि धनिकों का प्रभाव जब इस तरह से प्रजा के दिमाग़ पर ठोक-पीटकर बैठाया जाता है और वह अवांछनीय भी है तो लोग इसे बर्दाश्त क्यों करते हैं? क्यों न इसके विरुद्ध विद्रोह खड़ा होता है? ठीक है, पर यह पूंजीवादी ज़हर आपको, हमको इस तरह पिलाया जा रहा है और हम ख़ुशी-ख़ुशी पी लेते हैं और कि हम यह महसूस भी नहीं कर पाते कि इसमें उन धनिकों का कुछ दोष भी है. मनुष्य ज़्यादातर प्रत्यक्ष से प्रभावित होता है, परिणाम को सोचने-समझने का प्रयत्न बहुत कम आदमी करते हैं. प्रत्यक्ष में ये समृद्ध व्यक्ति देवता स्वरूप रहते हैं. जहां कहीं बाढ़ पीड़ितों को सहायता पहुंचानी है तो सर्वप्रथम दान देने के लिए ये लोग हाज़िर रहेंगे. महामारी या अन्य कोई भी दैवीय विपत्ति आई कि इन लोगों की तरफ़ से राहत का कार्य चालू हो जाएगा. यूं भी दवाख़ाने, कुएं, बावड़ी, धर्मशाला, स्कूल एवं अस्पताल आदि सार्वजनिक कार्य या संस्थाएं ये धनिक अपने धन का कुछ अंश ख़र्च करके चलाते ही रहते हैं. इनकी इस उदारता से प्रत्यक्ष में प्रभावित होकर जनता सहर्ष इनको अपना हितैषी मान लेती है और इनके विरुद्ध विद्रोह की बात तो अलग, उल्टे इनके गुणगान जगह-जगह होते रहते हैं.

ये लोग नहीं जानते कि आख़िर प्लेग या महामारी होती क्यों है, दवाख़ाने या अस्पताल क्यों चाहिए, धर्मशालाओं की आवश्यकता ही क्या है, इन सबका मूल कारण है इन्हीं के द्वारा ग़रीब जनता का शोषण. यह शोषण कई तरीक़ों से होता रहता है. ग़रीब प्रजा को पेट भर अच्छा भोजन खाने को न मिले, बच्चों को दूध न मिले तो स्वाभाविक ही है, उनकी शरीर क्षमता धीरे-धीरे क्षीण होती जाएगी और भारी से भारी संख्या में लोग क्षय जैसे भयानक रोग से पीड़ित होंगे. जब इन ग़रीबों को अपनी गुज़र-बसर लायक़

वेतन या मज़दूरी न मिले और ये रोगों के शिकार बनते रहें, फिर भी धनिकों की कोशिश रहती है कि जरा भी वेतन या मज़दूरी न बढ़ने पाए. अपने शौक़ को पूरा करने के लिए एक धनिक अपनी स्त्री के लिए या अपनी प्रेयसी के लिए 500 रुपये की बनारसी साड़ी ख़रीद देगा या हीरे का नेकलेस 10 हज़ार में ला देगा. वह कभी नहीं सोचेगा कि यही धन 10 या 20 ग़रीब बालकों को असामयिक मृत्यु के मुख में जाने से बचा सकता था. आप शायद समझते होंगे कि मृत्यु तो भगवान के हाथ में है. जस, अपजस, जीवन-मरण विधि हाथ, यह गोस्वामी जी की चौपाई हर आदमी की ज़ुबानी सुनी होगी. आम जनता की यही धारणा है कि आदमी की उम्र की सांसें या दिन भगवान के यहां से उसके तक़दीर में लिखे आते हैं, उसमें कोई एक मिनट या घंटा घटा-बढ़ा नहीं सकता. मन को आश्वासन देने का यह बड़ा अजीब ढंग है. जब बात बीत चुकी है, झट कह दिया जाता है, यही लिखा था-विधाता के लेख को कौन मिटा सकता था. बड़ी ही पराजय की भाषा है. आज के युग में यह सिद्ध हो गया है कि मानव अपने जीपन चक्र या प्रवाह को अच्छी तरह आयोजित कर ले तो जीवन और मरण दोनों पर बहुत हद तक क़ाबू पाया जाना संभव है.

शहरों या गांवों में हर जगह जहां अत्यंत दरिद्रता का वातावरण हो, वहां बाल मृत्यु दर बहुत ज़्यादा पाई जाती है, जबकि अच्छे मोहल्लों में जहां खान-पान, साफ़-सफ़ाई का बहुत ध्यान रखा जाता है, बाल मृत्यु दर क़रीब-क़रीब नहीं के बराबर है. जिन देशों में या देश के उन हिस्सों में जहां बहुत ज़्यादा दरिद्रता विद्यमान है, आदमी की औसत उम्र बहुत कम रहती है. जैसे-जैसे देश की आर्थिक स्थिति सुधरती है, मनुष्य का जीवन स्तर थोड़ा-थोड़ा ऊंचा होता है और औसत उम्र बढ़ती जाती है. आज से 30 वर्ष पहले भारत में मानव की औसत उम्र 27 वर्ष की मानी जाती थी. सारे भारतवर्ष की जनगणना के आंकड़े सिद्ध करते हैं कि जितनी बाल और युवा मृत्यु उस समय होती थी, उसके फलस्वरूप यह औसत उम्र इतनी कम 27 वर्ष की ही गिनी गई थी. औसत आयु का यह स्तर संसार के किसी दूसरे देश में शायद नहीं था. मूल कारण था आर्थिक पराधीनता, जीवन स्तर एकदम निम्न कोटि का होना, खान-पान के लिए कोई उचित व्यवस्था का न होना इत्यादि. आज 30 वर्ष में इतना फ़र्क़ हो गया है कि औसत उम्र 36 वर्ष की गिनी जा रही है. हालांकि अनाज की क़ीमत चौगुनी से भी ज़्यादा हो गई है, अन्य आवश्यक चीज़ों की क़ीमतें भी बहुत बढ़ी हुई हैं, फिर भी चूंकि जीवन स्तर कुछ-कुछ सुधर रहा है, मानव की औसत उम्र बढ़ गई है. क्या विधाता ने यही निश्चय किया था कि सन् 1960 के बाद 36 वर्ष की औसत उम्र भारतवासियों की रहेगी और 30 वर्ष पहले 27 वर्ष की ही रहनी थी?

ये बीमारियां, महामारी या भुखमरी सब इन्हीं धनिकों की कृपा है. अगर वित्त वितरण समानता का कुछ भी ढंग इन्हें स्वीकार होता तो ऐसी परिस्थिति शायद कभी पैदा ही न होने पाती. इसी तरह से धर्मशालाओं की क्या ज़रूरत है? मानव को मुफ्त में ठहरने के लिए या रहने के लिए कुछ स्थान का, जो अधिकतर गंदा और हल्के प्रकार का ही होता है, ये धनिक बंदोबस्त कर देते हैं. शहरों या क़स्बों में इनकी बनाई हुई धर्मशालाएं या

सराएं मौजूद हैं, यात्री वहां 2–4 दिन मुफ्त में ठहर सकता है. कई स्थानों पर इन्हीं धनिकों ने अन्न क्षेत्र भी खुलवा रखे हैं, जहां लोगों को मुफ्त में खाने को मिल जाता है. ऐसी अनेक छोटी–छोटी सुविधाएं इन धनिक लोगों ने कई स्थानों पर आम जनता के लिए बना रखी हैं. इनका प्रत्यक्ष असर लोगों के दिमाग़ पर यही होता है कि ये बड़े उदार और भले व्यक्ति हैं. तभी उनके यशोगान होने लगते हैं. असल तथ्य पर कोई विचार नहीं करता कि अगर कहीं धर्मशाला न हो तो यात्री अपने आप कहीं होटल में या किसी घर में उचित भाड़ा देकर ठहरेगा. अगर अन्न क्षेत्र न हों तो वह अपने आप किसी वासे में जाकर या किसी हलवाई की दुकान से क़ीमत देकर खाद्य वस्तु प्राप्त करके खाएगा. ऐसा करने में उसे जो व्यय होगा, उसका प्रबंध करने के लिए वह काम करेगा, संघर्षजीवी बनेगा, देश के लिए एक उपादेय वस्तु बन जाएगा, जबकि इसके विरुद्ध उसके आलसी और अकर्मण्य बन जाने की संभावनाएं ज़्यादा हैं. यह सब इन धनिकों की तथाकथित उदारता की बदौलत ही है.

इसी तरह जो छोटी–छोटी उदारता ये समृद्ध लोग प्रत्यक्ष में करते हैं, उसके पीछे उनका घोर स्वार्थ छिपा रहता है और जिसके बल पर ये लौकेषण प्राप्त करते हैं. असल में प्रजा पर यह भयंकर भ्रम पैदा हो जाता है कि ये बड़े भले आदमी हैं. नतीजा यह होता है कि इन सबके विरुद्ध विद्रोह की भावना किसी के दिमाग़ में भी नहीं आती. इन धनिकों या समृद्धों में कई अच्छे व्यक्ति भी हैं, पर उन्हें यह मालूम ही नहीं होता कि उनके द्वारा किए गए तथाकथित दान–पुण्य या उदार कर्मों का वास्तविक असर जनता पर क्या पड़ता है? अगर उन्हें मालूम हो तो शायद ये परिणामजनक अच्छे कार्य भले ही करें, पर इन जघन्य कामों को तो नहीं करें. असल में ये व्यक्ति व्यक्तिगत रूप से बुरे नहीं हैं, इनकी यह पूंजीवादी प्रथा ही बुरी चीज है, जिसके संबंध में मैंने यह सब कहा है.

समृद्धों या धनिकों की देखादेखी अन्य साधारण व्यक्ति भी ऐसा करना चाहते हैं. अगर वे अपनी स्त्री को 500 रुपये की साड़ी पहनाते हैं तो तमन्ना इनकी भी कुछ ऐसी ही होती है. रुपया प्राप्त करने के लिए वे कोई सरल या सहज तरीक़ा ढूंढते हैं. जो सीधा मार्ग उनकी समझ में आता है, वह है जुआ. हर शहर में, हर गांव में आंकफरक, वर्षा, बादल या अन्य किसी न किसी प्रकार का जुआ चलता ही रहता है. इन सब जुओं में साधारण व्यक्ति हमेशा नुक़सान ही उठाता है. दैनिक मज़दूरी करने वाला मज़दूर या वेतनभोगी कार्यकर्ता इस लत में पड़कर हर महीने 10–20 रुपये या कम–ज़्यादा क्षति उठाता ही है. कदाचित किसी एक व्यक्ति को हज़ार–पांच सौ रुपये प्राप्त हो जाएं. ऐसी ही आशा में तो लोग हमेशा आंकफरक या अन्य जुआ खेलते ही रहते हैं. जो मध्यवर्गीय समृद्ध पुरुष या धनिक लोग बेट लेते हैं, वे हमेशा फ़ायदे में रहते हैं. यह भी एक व्यसन है, जिसके परिणामस्वरूप ग़रीब और अधिक ग़रीब होता जाता है और धनिक और अधिक धनवान होता है.

भगवान ने बुद्धि का परिमाण शायद बहुत से ग़रीब बालकों को भी उतना ही दिया है, जितना धनिक या समृद्धों को. फिर भी अवसर न मिल सकने की वजह से ग़रीब की बुद्धि पूर्ण विकसित नहीं हो पाती और शिक्षा अधूरी रह जाने की वजह से देश की होने वाली

इस एक महान संपत्ति या धरोहर से समाज वंचित रह जाता है. धनिक बालक उच्च शिक्षा प्राप्त करके अपनी बुद्धि के विकास का अवसर प्राप्त कर लेता है, उसे चमकते देर नहीं लगती. पर धनिकों या समृद्धों में भी उसी अनुपात से मूर्ख या ठंठ बालक भी होते हैं जो अवसर मिलने पर भी न तो शिक्षा ही पूरी पा सकते हैं, न उनकी बुद्धि ही विकसित होती है, क्योंकि उनमें नैसर्गिक त्रुटियां होती हैं. ऐसी ही त्रुटि वाले बालक ग़रीब वर्ग में भी होते हैं, उनको तो ख़ैर कोई पूछता ही नहीं, पर जो बुद्धि या प्रखर प्रज्ञा वाले बालक ग़रीब वर्ग में होते हैं, उन्हें अवसर न मिल सकने की वजह से पिछड़ जाना पड़ता है. अगर समान वित्त वितरण हो सकता तो देश की यह परोक्ष संपत्ति या धरोहर ख़ूब पनपती, पुष्पित या पल्लवित होती, यों बेकार नष्ट न हो पाती.

-: 21 :-

धन की सत्ता

- समान वित्त-वितरण की प्रस्तुत रूपरेखा
- धनवान बनने के लोभ का कारण

असमान वित्त वितरण से पैदा हुए अनेक ख़तरे हैं. खाली व्यापार-धंधों में ही नहीं, बल्कि फ़ौज में या सेना में कहीं भी देख लीजिए, एक सिपाही की जितनी आमदनी होती है, उसके अफ़सर को उससे कई गुना ज़्यादा होती है. परिणामस्वरूप काफ़ी असंतोष होता है. इसी तरह न्यायालय में, विद्यालयों में, सरकारी दफ्तरों में, हर जगह असमान वित्त वितरण की वजह से घोर असंतोष फैला हुआ है और मानव अपनी बुद्धि या योग्यता के अनुसार कार्य नहीं कर पाता. समान वित्त वितरण आज़माई हुई चीज़ है, कोई नई बात नहीं. यह पूर्ण रूप से संभव है. आज यह कुछ अंशों में वर्गों के बीच विद्यमान भी है, पर व्यक्तियों में नहीं है. एक राज या बढ़ई को अगर 8 रुपये या 10 रुपये रोज़ाना मज़दूरी मिलती है तो दूसरे राज या बढ़ई को भी लगभग उतनी ही मिलती होगी. भारत के समस्त राज या बढ़ई इसी तरह क़रीब-क़रीब समान आय वाले होंगे. समस्त पोस्टमैन भी क़रीब-क़रीब समान आय वाले होंगे, पर एक पोस्टमैन या एक अध्यापक से एक डॉक्टर, वकील या व्यापारी की आय कई गुना ज़्यादा है. अतः यह असमान वित्त वितरण दुखदायी हो जाता है. अब अगर इस समान आय की पद्धति का सब वर्गों में विस्तार किया जा सके तो पहेली सुलझ सकती है.

हो सकता है कि कोई व्यक्ति अद्भुत प्रतिभा वाला निकल आए और अपनी श्रेणी के दूसरे कार्यकर्ता से कई गुना ज़्यादा कमा भी सके और शायद कोई इस ढंग का भी निकल आए, जो अपनी श्रेणी के दूसरे कार्यकर्ता से आधा भी न कमा सके, पर ये बहुत अल्प संख्या के ही प्राणी होंगे. ज़्यादातर तो औसत योग्यता या प्रतिभा के ही व्यक्ति मिलेंगे. समान वित्त वितरण किसी उद्योग में काम करते मज़दूरों में या सार्वजनिक सेवा में लगे

सरकारी नौकरों में लागू कर दिया जाए तो बहुत अंशों में यह प्रथा सफल भी हो सकती है. आप पूछ सकते हैं कि भाई, जब आपको समान मिलेगा तो भी यह तो संभव है ही कि कई लोग तो बचाकर धीरे-धीरे धनिक बन जाएंगे और कई लोग धीरे-धीरे ज़्यादा ग़रीब बन जाएंगे. क्या फायदा है, एक बार आपने समान बंटवारा कर भी दिया तो? मानव की योग्यता या बुद्धि का तो आप समान बंटवारा कर नहीं सकते, फिर यह बहस फ़िज़ूल हो जाती है. मानव जैसा है, वैसा ही रहेगा, उसकी स्थिति को बदल सकना कैसे संभव होगा?

शायद आप ठीक कहते हों, पर मैं समझता हूं, जब समान वित्त वितरण हो जाएगा और कोई धनिक या कोई दरिद्र ही नहीं रहेगा, तो धनिक बनने में आज जो विशेष आकर्षण है, वह भी न रहेगा. बचा सकने की बात तो ख़ैर निर्मूल है ही, पर किसी भी उपाय से अगर मानव धनिक बन सकता है, वह भी बनने में उसे कुछ विशेष फायदा या अधिकार नहीं मिल पाए तो उसे धनिक बनने का प्रयत्न करने में कोई आकर्षण नहीं रहेगा. मानव अपनी योग्यता, बुद्धि या प्रतिभा का पूरा-पूरा उपयोग करके सुख प्राप्त करने का प्रयास ज़रूर करेगा और वह समान वित्त वितरण हो जाने से सबको ही उपलब्ध भी होगा. समान वित्त वितरण संभव है और इसके स्थायी रूप से चल सकने में कोई कठिनाई नहीं है. किसको कितना मिलना चाहिए, इस विवाद का भी अंत हो जाएगा. सब अपनी-अपनी प्रतिभा द्वारा ज़्यादा से ज़्यादा प्रयत्न कर सकें, इसके लिए बहुत बड़ा क्षेत्र मिलेगा.

-: 22 :-

सामान आय वितरण का भय

- हम अभ्यस्त नहीं हैं
- श्रम भी किसी में केंद्रित न हो
- दरिद्रता पर किसी का अधिकार नहीं

प्रश्न उठता है कि जब समान रूप से ही बंटवारा होना है तो अपनी अपनी योग्यता या प्रतिभा के अनुसार ज़्यादा से ज़्यादा प्राप्त कर सकने का विस्तृत क्षेत्र मिलने का क्या अर्थ? लोग अपनी योग्यता या प्रतिभा का उपयोग ही क्यों करेंगे? जब एक कम अक्ल वाले आदमी को या ज़्यादा प्रतिभाशाली व्यक्ति को समान ही मिलना है तो क्यों कोई व्यर्थ काम करेगा? क्यों दिमाग़ लगाएगा? शंका सही है. मानव-मानव की संपत्ति में, आय में जो फर्क़ है, उसे शायद प्रयत्न से समाप्त किया जा सकता है, पर योग्यता या प्रतिभा कभी छिप नहीं सकती. बहुत ही योग्य या प्रतिभाशाली व्यक्ति पूर्ण श्रम करते हुए भी भारत में आज क़रीब-क़रीब भूखों मरते हैं, जबकि कम अक्ल या बिल्कुल मूर्ख, निर्दयी-स्थायी या धूर्त करोड़पति बने बैठे हैं. कुछ काम न करके भी निठल्ले बैठे-बैठे भी इनके करोड़ों रुपयों में श्रीवृद्धि ही होती रहती.

मान लीजिए, देश के एक महान वैज्ञानिक ने कोई मानवोपयोगी नया यंत्र आविष्कृत किया और आपकी संसद या सरकार ने प्रसन्न होकर उस वैज्ञानिक को 2 लाख रुपया पारितोषिक दे दिया (यह होना भारत में तो असंभव सा ही है) तो भी वह वैज्ञानिक उन चालाक व्यापारियों के सामने बिल्कुल दरिद्र या निर्धन ही है, जिन्होंने गेहूं का सारा स्टॉक ख़रीद कर गोदामों में भर लिया है और बहुत ऊंचे भाव में बेचा है या जो असली घी के बदले में वनस्पति घी देते हैं या जो कपड़े के ताने-बाने में सूत के बदले सिर्फ़ मांडी ही भर देते हैं या जो दवाइयों या खानपान की तमाम चीज़ों में मिलावट करके बेचते हैं या जो रुई की फ़सल कम होगी, यह जानकारी पहले से हासिल कर लेते हैं या जो झूठे विज्ञापनों से प्राप्त धन से अपने समाचार पत्रों को समृद्ध बनाए हुए हैं या जो अनेक घृणित

कार्यों से करोड़ों–अरबों रुपये इकट्ठा किए हुए हैं. जबकि बहुशिक्षित, होनहार आदर्श आदमी, जो मानवीय ज्ञान शक्ति बढ़ाने में प्रयत्नशील है, उसे बहुत ही कम धन प्राप्त हो पाता है. इसलिए गुणों की अपेक्षा धन की महत्ता ज़्यादा होती है और समाज में हर जगह धनवान का समादर गुणवान की अपेक्षा ज़्यादा होता है. अगर धन का समान वितरण हो जाए तो गुणी पुरुष अपने आप अपने गुणों के कारण चमक उठेगा. वही सबसे आगे मान्य होगा. उसको आदर्श मानकर बाक़ी दूसरे आदमी भी उसका अनुसरण करने का प्रयत्न करेंगे. बिना गुणज्ञान या प्रतिभा के धन का महत्व ही क्या है?

समाज की वर्तमान प्रचलित भावनाएं बदलनी होंगी. वित्त वितरण समान होने के बाद मानव का श्रेणी विभाजन उनकी प्रतिभा, सदाचार या गुणों पर ही आधारित होगा, वही तो उत्तम समाज होगा. मनुष्यों में फिर भी बड़े, मध्यम और छोटे लोगों की श्रेणी होगी ही, पर उनका मापदंड उनका धन न होकर उनकी बुद्धि, प्रतिभा या गुण ही होंगे. जो देश के लिए कला, विज्ञान या शिल्प में आदर्श स्थापित करेंगे, वे ही बड़े और महान माने जाएंगे. जो लोग देश के और अपने हित में जनसाधारण की तरह ही अपना–अपना कार्य समुचित ढंग से करते रहेंगे, वे ही मध्यम श्रेणी के या भले आदमी कहे जाएंगे और जो शठ, मूर्ख, धूर्त लोग अपने स्वार्थ साधन के लिए बड़े या मध्यम लोगों के काम में रोड़ा अटकाएंगे, वे ही निम्न कोटि के छोटे आदमी माने जाएंगे. मापदंड तथ्यपूर्ण होगा, उस दिन रुपये की महत्ता घट जाएगी. सदाचार या गुणों की या नैसर्गिक प्रतिभा की ही ज़्यादा क़ीमत होगी, उनका ही समादर होगा. वही समाज ज़्यादा उपादेय, ज़्यादा पूज्य और आदरणीय होगा.

-: 23 :-

प्रत्येक काम की मर्यादा

- निम्न कोटि का काम करेगा कौन?
- काम कोई हीन है ही नहीं
- रुपये से ज़्यादा आकर्षक अवकाश

समान वित्त–वितरण की योजना में क्या कमी है? इस योजना पर जब विचार किया जाता है, तो जो आपत्तियां बताई जाती हैं या ध्यान में आती हैं, वे इसी कौटि में हैं कि यह चीज नई है, हम और आप इसके अभ्यस्त नहीं है. इसीलिए यह चलेगा कैसे? क्या होगा? इस भय से संत्रस्त हैं. अब जो मुख्य प्रश्न या आपत्ति बाक़ी रह जाती है, वह यह है कि अगर किसी को अधिक श्रम करने का या कठिन मेहनत करने का कुछ पुरस्कार विशेष न मिले तो वह क्यों परिश्रम करेगा? किसी काम के लिए उसे प्रलोभन कौन सा है? इसका एक उत्तर तो यह है कि राष्ट्रीय काम में किसी को भी दूसरों से ज़्यादा श्रम या कठिन मेहनत करने की आवश्यकता नहीं है. कौन कहता है कि आप देश के लिए दूसरों से ज़्यादा श्रम कीजिए? उल्टा यही वांछनीय है कि देश के वित्त के साथ–साथ राष्ट्र का काम भी उसी तरह समान रूप से वितरित हो. कई लोग ऐसे होते हैं, जिनको तब तक शांति या सुख नहीं मिलता, जब तक कि वे बहुत काम में व्यस्त न हों और ज़्यादा से ज़्यादा श्रम या कठिन से कठिन मेहनत न करें. ऐसे व्यक्तियों के लिए यही जवाब है कि आप अपने मन की तुष्टि के लिए ज़्यादा श्रम करते हैं, इसका भार समाज पर क्यों लादते हैं? स्वान्तः सुखाय, आप जो काम करें, उसके लिए यह बहाना बनाने की ज़रूरत ही क्या है कि हम राष्ट्र के लिए दूसरों से ज़्यादा काम कर रहे हैं?

कई लोग ऐसे भी होते हैं, जो काम करना बिल्कुल पसंद नहीं करते, आलस्य में ही रहना चाहते हैं. इन्हें उक्त सामाजिक आदर्श के अनुसार अपराधी क़रार कर दिया जाना चाहिए. जिस तरह राष्ट्र की कोई भी चीज, सार्वजनिक काम में आने वाली कोई भी वस्तु, यदि कोई आदमी चुरा ले तो चोरी के अपराध में वह सज़ा पाने योग्य है, उसी तरह

कामचोर या अपने हिस्से का काम न करने वाला आदमी भी अपराधी है और उसे दंडित होना ही चाहिए. कुछ व्यक्ति यह कहेंगे कि हम तो काम कम ही करेंगे, भले हम ग़रीब बने रहें, हमसे ज़्यादा काम न होगा. हम अपनी दरिद्रता में ही सुखी हैं, आप क्यों हमें फिजूल परेशान करते हैं. राष्ट्र का कोई भी व्यक्ति स्वेच्छा से ग़रीब नहीं रह सकता.

पूंजीवादियों द्वारा जबरन लादी गई दरिद्रता या स्वेच्छा से स्वीकार की हुई दरिद्रता, दोनों समान ही घृणित और अनापेक्षित हैं. राष्ट्र के किसी भी व्यक्ति को यह अधिकार नहीं होना चाहिए कि वे चाहें तो भी मैले-कुचैले गली-मोहल्ले में ही रहें. हमें समृद्धि नहीं चाहिए, ऐसा कहने वालों को क़ानूनन बाध्य किया जाए, ताकि वे राष्ट्र के पुनर्निर्माण में अपने हिस्से का काम करें, हाथ बटाएं.

वर्तमान युग में व्यक्ति अपनी इच्छा से कम या ज़्यादा काम कर भी तो नहीं सकता. उसमें भी कई कठिनाइयां हैं. उद्योग में, फैक्ट्री-कारख़ानों में, सब जगह सामूहिक कार्य होते हैं. अगर फैक्ट्री में काम करने का समय 8 घंटे निर्धारित है तो कोई मज़दूर चाहकर भी 10 घंटे काम नहीं कर सकता. कारण, मशीन चलाने के लिए साथी श्रमिकों की ज़रूरत है. काम के अनेक प्रकार इस तरह से एक-दूसरे पर आधारित हैं कि एक, दो या पांच मज़दूर चाहें तो भी अपने नियत समय से ज़्यादा काम कर नहीं सकते. सारा राष्ट्र ज़्यादा काम करने के लिए यदि कटिबद्ध हो जाए तो उसका नतीजा ही दूसरा होगा. दुनिया में ऐसे भी कई उदाहरण हैं, जहां सारा का सारा राष्ट्र 12-12 या 16-16 घंटे प्रतिदिन काम करने को उद्यत हो गया और फलस्वरूप बड़े जटिल संघर्षों का सूत्रपात हुआ. ख़ैर, कहना यही है कि देश के हर व्यक्ति को अपने-अपने हिस्से का ही काम करना है. अब आप कहेंगे कि जब सब बराबर हैं, तब कौन सा काम कौन करे, इसका निर्णय कैसे होगा? हल्के, हल्के निम्न कोटि के या गंदे काम करने को कोई तैयार ही न होगा. सब लोग साफ़-सुथरा, इज़्ज़तदार या प्रतिष्ठा का काम ही करना चाहेंगे. जहां तक काम का सवाल है, कोई भी काम हल्का या गंदा नहीं है. काम हल्का या गंदा हम अपनी भावनाओं से बना लेते हैं.

उदाहरण स्वरूप डॉक्टर या सर्जन चीरफाड़, ऑपरेशन करते हैं, मरने के बाद लाशों को भी चीरफाड़ करके देखते हैं, मृत शरीर के हर एक अवयव का परीक्षण करते हैं. बहुत से डॉक्टर मल-मूत्र-रक्त इत्यादि सब चीज़ों का सूक्ष्म यंत्रों द्वारा गहन परीक्षण करते हैं. सैकड़ों आदमियों के मल-मूत्र दिन भर में वे अपनी आंखों से कुछ ही इंच दूर रखकर देखते हैं. फिर भी कोई यह नहीं कहता कि डॉक्टर-सर्जन निम्न कोटि का काम करता है. इसी तरह आप नर्सों को ले लीजिए. रोगी की परिचर्या में वे टट्टी-पेशाब सब साफ़ करती हैं, कपड़े बदलती हैं, रोगी को नहलाती-धुलाती हैं, साफ़-सफ़ाई करती हैं, फिर भी उनका पेशा ऑफिस में काम करती किसी टाइपिस्ट से या सेक्रेटरी से कम इज़्ज़त का या हैसियत का नहीं है. मल-मूत्र सफ़ाई का काम, पाखाने साफ़ करने का काम शताब्दियों से भंगी या मेहतर करते आए हैं, इसलिए इस काम को हल्का या नीचा काम मान लिया गया है. ये लोग काफ़ी दरिद्र या गंदे रहते हैं, इसलिए इस काम को इन लोगों से संबंधित और हेय मान लिया जाता है. बच्चों का पाख़ाना साफ़ करने का काम घर में माता-बहन

वग़ैरह करती हैं, तब कोई इस काम को गंदा या घृणित नहीं मानता. इस काम को करने में कोई आपत्ति भी नहीं करता. सिर्फ़ लोगों की मान्यता जो हो गई है कि यह काम निम्न कोटि का है, यही भावना बाधक है. आप अपने घर में झाड़ू-बुहारी देने में या बाथरूम साफ़ करने में ख़ास एतराज़ नहीं करेंगे, पर वही काम करते हुए मेहतर लोग जिस तरह झाड़ू-टोकरी लेकर सड़कों पर घूमते नज़र आते हैं, उस तरह से झाड़ू टोकरी उठाना आपको निश्चय ही बहुत बुरा लगेगा. इसके सिवाय ये सब काम जिन्हें निम्न कोटि का समझा जाता है, वे आधुनिक यांत्रिक युग में बिल्कुल मिटाए भी जा सकते हैं. शहरों में जहां-जहां स्वचालित फ्लश सिस्टम के पाख़ाने बने हुए हैं, मैला साफ़ करने केलिए कोई भंगी-मेहतर या आदमी की ज़रूरत ही नहीं पड़ती. इसी तरह और भी अनेक काम जिनको आज का मानव हल्का या घृणित मानता है, उन्हें मिटाने के आविष्कार मानव बुद्धि द्वारा संपादित हो ही रहे हैं और होंगे ही. मोटर गाड़ी को चलाने केलिए आज समाज का बहुत बड़ा आदमी या करोड़पति का लड़का भी कोई आपत्ति नहीं करता, बल्कि शौक़ से चलाता है. पर उसे कहा जाए कि मोटर ड्राइवर की वर्दी या टोपी पहन कर मोटर चलाए तो वह क़तई पसंद नहीं करेगा. तात्पर्य यही हुआ कि काम कोई हेय या बुरा नहीं है, पर वर्षों से जो आदमी उसको करते हैं, उन्हें समाज में निम्न कोटि का या हेय मान लिया गया है. अतएव कोई दूसरा व्यक्ति उसी काम को उसी रूप या परिस्थिति में करने में हिचकता है. अगर सबको समान रूप से ही वित्त मिलता है, कुछ भी ऊहापोह नहीं है तो स्वाभाविक ही है कि हर आदमी ऑफिस में क्लर्क-बाबू या इसी तरह का अन्य काम करना पसंद करेगा. पुस्तकालय में पुस्तकाध्यक्ष या स्कूल में अध्यापक बनना पसंद करेगा. कोई भी गटर साफ़ करने वाला या झाड़ू-बुहारी देने का काम करने वाला नहीं बनना चाहेगा. इसी तरह स्त्रियां भी ऑफिस में सेक्रेटरी या टाइपिस्ट या सिनेमा-अभिनेत्री ही बनना पसंद करेंगी, कोई भी स्त्री रसोई बनाने वाली नौकरी या आंगन साफ़ करने का काम करना नहीं चाहेगी. उन्हें क्या प्रलोभन है, जो वे इन कामों को करें? प्रश्न ज़रूर गंभीर है. रुपये के अलावा दूसरी चीज़ जो आदमी को बहुत ज़्यादा पसंद है, वह है अवकाश या फ़ुर्सत. अगर ऑफिस में या पुस्तकालय में कलम-काग़ज़ का काम करने वाले कारकुन को रोज़ाना 8 घंटे काम करना पड़े और सप्ताह में 1 दिन रविवार को छुट्टी मिले और झाड़ू-बुहारी देने वाले व्यक्ति को मान लें, सिर्फ़ 2 घंटे ही काम करने को कहा जाए और हफ्ते में सिर्फ़ 4 दिन की उसकी ड्यूटी हो तो आप निश्चित जानिए, लोग कारकुन न होकर साफ़-सफ़ाई करने वाला बनना ज़्यादा पसंद करेंगे.

जब वित्त वितरण समान है या आमदनी में कोई फ़र्क़ ही नहीं है तो दूसरा सबसे ज़्यादा प्रलोभन मानव को अवकाश का है. मान लीजिए, आप ऑफिस में काम करते हैं, 8 घंटे की आपकी ड्यूटी है. बाक़ी 16 घंटे में 8 घंटे आप सोएंगे या आराम करेंगे और 4 घंटे नहाने-धोने खाने-पीने इत्यादि में लग जाएंगे. आपके पास सिर्फ़ 4 घंटे का अवकाश ही दैनिक शेष रहेगा, जिसमें आप अपने शौक़ पूरे करना चाहेंगे या मौज करना पसंद करेंगे. आप वह समय घर पर स्त्री-बच्चों के साथ खेल-कूद, आमोद-प्रमोद में बिताने का विचार करते होंगे, जबकि आपकी पत्नी, जिन्हें ज़्यादा अवकाश प्राप्त है, चाहेंगी कि

आप उस अवकाश के समय को उनके साथ बाहर घूमने-फिरने, नाटक-सिनेमा इत्यादि मनोरंजन करने में बिताएं. आपके पास रविवार या सार्वजनिक छुट्टी ही इस काम के लिए अवशेष है. अगर कहीं आपको दिन में 2 या 4 घंटे ही काम करना पड़े तो बाक़ी समय अपने शौक पूरे करने लिए आपको सुलभ रहेगा.

कहीं ज़्यादा शारीरिक परिश्रम करने वाला लोहार भारी घण या हथौड़ा चलाता है, तप्त भट्टी के सामने मेहनत करता है. बोझा ढोने वाला कुली भारी बोझ लेकर मीलों चलता है. और कहीं बिजली के पंखे के नीचे बाबू या अफसर लोग काग़ज़ी कार्यवाही ही करते रहते हैं. निश्चय ही कामों के प्रकारों में भारी अंतर रहेगा. सब लोग आरामदेह, लोकप्रिय काम करना चाहेंगे और ज़्यादा श्रम वाला काम शायद कोई न चाहे, जब वित्त वितरण समान रूपेण है. आमदनी हर पेशे में लगभग एक सी है तो हर व्यक्ति लोकप्रिय काम ही करना क्यों न पसंद करे? जैसा कि मैंने ऊपर बताया, काम करने के टाइम में बेसी-कमी करके तज्जनित कमियों को दूर करना होगा.

जो लोकप्रिय धंधे हैं, उनको करने के लिए 8 घंटे रोज़ाना की ड्यूटी सप्ताह में 6 दिन की रहनी चाहिए और ज़्यादा परिश्रम के काम या निम्न कोटि के कामों के लिए अपेक्षाकृत कम घंटों की ड्यूटी और ज़्यादा छुट्टियां हों तो अपने आप सब काम लोकप्रिय बन जाएंगे. धन का विशेष आकर्षण है सापेक्षिक. अगर आपके पड़ोसी के पास या दूसरे जान-पहचान वाले के पास अथवा दुश्मन के पास लाखों रुपये हैं और आपके पास नहीं हैं तो स्वाभाविक रूप से आपकी तमन्ना होगी कि आपके पास भी लाखों रुपये हों. पर मान लीजिए, यह समान वित्त वितरण की योजना कार्यान्वित हो गई तो फिर धन संग्रह का कोई आकर्षण नहीं रह जाएगा. उस हालत में रुपयों से ज़्यादा आकर्षण अवकाश का या काम न करना पड़े, इसकी स्वतंत्रता का ही रह जाएगा. मानव स्वभाव से ही स्वच्छंदता प्रेमी है, किसी ज़िम्मेदारी से बंधना उसे कम ही बर्दाश्त होता है. इसलिए जो मेहनत के काम हैं या जो हल्के क़िस्म के काम हैं, उन्हें करने वालों को ज़्यादा से ज़्यादा स्वतंत्रता रहेगी.

-: 24 :-

कोई मालिक नहीं

- कर्तव्य पूर्ति के लिए किया गया काम
- अवकाश के समय शौक़-पूर्ति
- दासता-विहीन मुक्ति

प्रकृति का नियम है कि कुछ न कुछ काम आदमी को करना ही पड़ता है. काम न करने में भी एक विशेष क्रिया की प्रेरणा सन्निहित है. अगर एक आदमी काम नहीं कर रहा है तो उसके हिस्से का काम किसी दूसरे को करना ही पड़ेगा. अगर सारा राष्ट्र काम करना बंद कर दे या निष्क्रिय हो जाए तो अकाल और दुर्भिक्ष से मानव मात्र नष्ट हो जाएगा, मर-खप जाएगा. इसलिए काम करने का उत्तरदायित्व तो प्रकृति ने आपको, हमको, सबको दिया ही है. सिर्फ़ स्वतंत्रता है कि कौन कितना काम करे, यही विचारने की. काम का, उसकी लोकप्रियता के अनुपात पर अवकाश या फुर्सत से संबंध जोड़ दिया जाए तो समस्या हल हो जाती है. जिसे अवकाश या फुर्सत कहा जाता है, उसमें भी आदमी कुछ न कुछ काम करता ही है. मेहनत, मज़दूरी या अपनी ड्यूटी का काम करना ऐसा काम है, जिससे राष्ट्र को जो फ़ायदा पहुंचता है, सब उसका समान रूप से उपभोग करें.

अवकाश या फुर्सत में भी लोग अपने-अपने शौक़ का काम करते ही हैं. जैसे कई लोग बाग़वानी, साग-सब्ज़ी पैदा करने का शौक़ रखते हैं, कई लोग मुर्ग़ियां पालते हैं, अंडे पैदा करते हैं, कई लोग फुटबॉल या गोल्फ खेलते हैं, कई स्त्रियां सिलाई या बुनाई का काम शौक़ के लिए करती हैं. तात्पर्य यह है कि जो अवकाश या फुर्सत में स्वेच्छा से अपने मन का शौक़ पूरा करने के लिए काम किए जाते हैं, वे भी तो देश का धन बढ़ाने में सहायक होते हैं. अवकाश का समय मानव आराम में गुज़ारता है. आराम शरीर की थकान को मिटाने के लिए अत्यंत आवश्यक है, हालांकि आराम से कोई धन पैदा नहीं होता. पर अगर मानव आराम न करे तो दूसरे ही दिन उसकी ड्यूटी पर काम करने की कार्यक्षमता नष्ट हो जाएगी और स्वेच्छा से अवकाश में भी काम नहीं कर सकेगा. मानव

दिन भर में तीन तरह का कार्य करता है–(1) कर्तव्य को निभाने के लिए निश्चित ड्यूटी का काम, (2) अवकाश के समय स्वेच्छा से अपने मनपसंद के काम और (3) शरीर की थकान मिटाने के लिए आराम.

प्रकृति ने जो काम मानव पर लाद दिए हैं, उनमें इन तीनों का समावेश हो जाता है. काम करने में, दास की तरह या बैल की तरह जुटे रहने में हमें आपत्ति क्यों है? इसलिए न कि कोई दूसरा व्यक्ति मालिक बनकर अपने से काम ले रहा है. इससे आत्मा विद्रोह करने लगती है. क्या अधिकार है, एक आदमी दूसरे मनुष्य को दासता के बंधन में जकड़े? पर समान वित्त वितरण हो जाने से सब कार्य स्वांतः सुखाय ही रह जाएंगे. प्रकृति की हुकूमत को कोई बुरा नहीं कहता. नैसर्गिक नियमों को मानते रहने के लिए प्रत्येक व्यक्ति सहर्ष तैयार है. सिर्फ़ दूसरों की गुलामी बर्दाश्त नहीं होती. काम करने की भी एक लत हो जाती है, फिर वह आदमी कभी 5 मिनट के लिए भी निठल्ला बैठ ही नहीं सकता. काम में अपने आप आनंदानुभूति होने लगती है और अपने आनंद के लिए ही मानव काम में संलग्न रहता है. पर यह संभव तब ही है, जब ऊपर कोई दूसरा मानव हुकूमत करने वाला न हो और स्वेच्छा से आपको, हमको, सबको काम करने दिया जाए. समान वित्त वितरण हो जाने से न कोई हुकूमत कर सकेगा, न किसी की दासता ही रहेगी. सब उसी प्रकृति या नियति के विधान में अपना–अपना काम करते रहेंगे.

-: 25 :-

विकराल जनसंख्या

- जनसंख्या की सीमाहीन वृद्धि
- प्रकृति संतुलन के रूप
- संतति नियमन आवश्यक

समान वित्त वितरण व्यवस्था में अब कठिन समस्या है जनसंख्या की. एक दंपत्ति के दस बच्चे हैं, यह परिवार उपार्जन तो बहुत कम करता है और हिस्सा बराबर-बराबर करा लेता है, जबकि दूसरे दंपत्ति के एक ही बच्चा है या है ही नहीं. मानव की मानसिक भावनाएं वात्सल्यपूर्ण होती हैं. हर माता-पिता अपने बच्चों को सुखी और समृद्ध देखना चाहता है. समान वित्त वितरण योजना के विरोधियों का यह कहना है कि बिना काम किए या बहुत थोड़ा किए भी उनके 10 बच्चे सुख से पुष्पित-पल्लवित होंगे, जबकि हमारा तो सिर्फ़ एक ही बच्चा उस राष्ट्रीय धन से पाला-पोसा जाएगा. अगर यही भावना सब नागरिकों में व्याप्त हो गई तो जनसंख्या इतनी ज़्यादा हो जाएगी कि सारी पृथ्वी में उनके खाने के लिए अन्न उपजाने की शक्ति ही न रहेगी.

वे नहीं जानते कि प्रकृति हमेशा से अपना संतुलन बराबर रखती है. कोई मानव जाति अपने आपको मिटाने पर तुली हो तो वह उसे मिटने नहीं देती. भयंकर रूप से जनसंख्या बढ़ाकर संसार को ओतप्रोत करने का प्रयत्न सफल नहीं हो सकता. प्रकृति के नियम विचित्र हैं. इन्हें पूर्ण रूप से समझने में अभी तक कोई समर्थ नहीं हुआ. भारत की जनसंख्या 40 करोड़ की है, जबकि आज से बीस वर्ष पूर्व भारत और पाकिस्तान की मिलकर 33 करोड़ की जनसंख्या मानी जाती थी. किसी भी नगर या शहर में रहने के लिए मकान प्राप्त नहीं हो सकते. खाने के लिए अन्न की समस्या विकट है. प्रकृति का नियम इस तरह से तकलीफ पहुंचा कर, दुःखी करके भारतीय जनता को नष्ट करना ही है तो बाज़ आएं हम नियति के इस नियम से. इसको ठीक करने का ज़रूर कुछ न कुछ उपाय होना ही चाहिए.

यह ठीक है कि साधारण नियम हमेशा लागू हो नहीं सकता. जनसंख्या में वृद्धि होना जहां बहुत बड़ा अभिशाप है तो दूसरी ओर बहुत बड़ा वरदान भी है. जितने ज़्यादा आदमी काम करने वाले होंगे, राष्ट्रीय धन उतना ही ज़्यादा बढ़ेगा. असल मायने में मानव की कार्यशक्ति ही तो धन है. जिस राष्ट्र के पास यह धन ज़्यादा से ज़्यादा परिमाण में है, वह राष्ट्र ज़्यादा से ज़्यादा धनी है. प्रकृति के संतुलन की बात तो यों है कि अगर दंपत्ति के पैदा हुए ज़्यादा से ज़्यादा संख्या के सफल प्राणी जीवित रहें तो उनकी संख्या 400 वर्षों में 2 करोड़ के लगभग हो जाती है. यह संभव नहीं है. एक काड मछली एक साथ लाखों अंडे देती है या एक मधुमक्खी एक साथ हज़ारों मधुमक्खियों को जन्म देती है, पर उनका नाश भी उसी हिसाब से होता ही रहता है. जिस प्राणी की जितनी खपत है, उसी अनुपात से उसकी पैदावार होती है. यही प्राकृतिक नियम है. इसे ही प्रकृति का संतुलन कहते हैं. गंदी बस्तियों या मोहल्लों में, ख़ानाबदोश या जरायम पेशा जातियों में जहां स्वास्थ्य ठीक रहने का कोई साधन नहीं है, वहां बच्चे सबसे ज़्यादा पैदा होते हैं और उसी अनुपात से उन्हीं मोहल्लों या जातियों में सबसे ज़्यादा बाल मृत्यु भी होती है. जिस देश में अत्यधिक ग़रीबी है, आर्थिक स्थिति ज़्यादा से ज़्यादा निर्बल है, वहीं ज़्यादा से ज़्यादा बच्चे पैदा होते हैं और मरते हैं. जाति बिल्कुल मिट न जाए, इसलिए प्रकृति ज़्यादा संख्या में जन्म कर देती है, जिससे कि पर्याप्त मरण के बाद भी उपयुक्त संख्या में लोग बच जाते हैं.

प्रकृति के इस नैसर्गिक नियम पर ही अवलंबित रहकर प्रस्तुत विकट प्रश्न की उपेक्षा नहीं की जा सकती. इसलिए संतति नियमन अनिवार्य होना ही चाहिए, दंपत्ति को 2 या 3 बच्चों से ज़्यादा पैदा करने का अधिकार नहीं होना चाहिए. क़ानून द्वारा उसके बाद उन्हें बाध्य कर दिया जाए कि पुरुष या स्त्री का ऑपरेशन करा ही देना चाहिए. या अन्य आधुनिक तरीक़ों से स्त्री संग को हर मानव नियमित और नियंत्रित बनाए और बाहरी उपकरणों का सहारा ले. इस तरह का क़ानून बनाकर निश्चय ही इस बढ़ती हुई जनसंख्या का इलाज किया जाना आवश्यक है. आप कहेंगे कि बड़ी विपरीत बात है. एक ओर तो कहा जाता है कि जिस राष्ट्र के पास ज़्यादा से ज़्यादा मानव धन है, वह देश ज़्यादा से ज़्यादा धनी है. दूसरी तरफ़ बढ़ती हुई जनसंख्या को रोकने के लिए आप क़ानून बनाने की बात करते हैं.

बढ़ी हुई जनसंख्या निश्चय ही देश का धन है, पर कब और किस हालत में? ज़रा ग़ौर कीजिए. एक दंपत्ति समृद्ध हैं, अपनी परिचर्या के लिए दो नौकर रखे हुए हैं, सब काम उनके वे दोनों नौकर आराम से कर लेते हैं. एक दूसरे दंपत्ति ने अपनी परिचर्या के लिए, अलग-अलग कामों के लिए 9 नौकर तैनात किए हैं. काम इनका भी आराम से हो जाता है. अब बताइए, वे 9 आदमी विशेष काम करते हैं क्या? नहीं. काम अपने आप बढ़ता है या घटता है. असल में वे 9 आदमी उस दंपत्ति के दो आदमियों का ही काम नहीं करते, बल्कि 9 और 2 कुल 11 का काम करते हैं. कुल 11 का काम करने के लिए फिर भी उनको असुविधा सी होने लगती है तो 1 या 2 और नौकर उन्हें चाहिए. घरेलू कामों के अलावा ऑफिसों में या सरकारी दफ्तरों में भी यही स्थिति है. जितने ज़्यादा आदमी हों, उतना ज़्यादा काम नहीं होता, बल्कि काम में रुकावट पैदा होती है. हर एक काम को

करने के लिए निर्धारित मज़दूरी की ज़रूरत है. उससे ज़्यादा होने में भी काम कम होता है. यही बात फैक्ट्रियों में या कारख़ानों में काम करने वाले मजदूरों के संबंध में सही है. भारतवर्ष में इस तरह फ़ालतू मज़दूर बहुत ज़्यादा परिमाण में हर काम या धंधे में पाए जाते हैं. अतएव वे अपने हिस्से का द्रव्य उपार्जन करने के बदले में दूसरों को अपने हिस्से का उपार्जन करने में कुछ अटकाते ही हैं. फालतू श्रमिक का उदाहरण ले–लेकर ज़्यादातर आदमी आलसी होता जाता है और परिणामस्वरूप जनसंख्या की अभिवृद्धि अभिशाप बनकर रह जाती है.

एक दूसरा देश, जो भारत से जनसंख्या में ज़्यादा है, वह है चीन. आज से 20 वर्ष पहले चीन की हालत भारत की हालत से कहीं ज़्यादा गई–गुज़री थी. बाद में क्रांति होकर सोवियत रूस का साम्यवाद वहां प्रसाद पा गया. इससे मानव की कार्यक्षमता को बराबर काम पर लगाकर राष्ट्र में आज जनसंख्या को वरदान सा बना लिया गया है. चीन की आर्थिक या राजनीतिक नीति से मैं क़तई सहमत नहीं हूं और न आपको उस प्रवाह में बहना ही चाहिए. वह तो दूसरे ढंग का कड़ा सामंतवाद है, जिसमें दासों को या गुलामों को (हर नागरिक दास या गुलाम ही है) बोलने का या कष्ट हो तो रोने तक का अधिकार नहीं है. अगर हर नागरिक अपने–अपने हिस्से का कार्य करे, उपार्जन करे तो निश्चय ही जनसंख्या वृद्धि अभिशाप नहीं है. हां, हर चीज की सीमा ज़रूर होती है. अगर इतनी जनसंख्या बढ़ जाए कि उनको जीवित रखने के लिए पर्याप्त खाद्य वस्तुओं का प्रबंध भी राष्ट्र न कर सके और वे भूखों मरें तो उससे अच्छा यही है कि वे पैदा ही न हों. भारत की आज की जनसंख्या लगभग ऐसी ही स्थिति में पहुंच चुकी है. कहीं भी किसी भी नगर या शहर में रहने को घर नहीं मिलते, खाने को पर्याप्त अन्न उपलब्ध नहीं होता. बाहर विदेशों से अन्न मंगा–मंगाकर कितने वर्षों तक जी सकते हैं? यह भी एक पहेली है. अतएव आज तो यहां आवश्यक है कि संतति नियमन अनिवार्य कर दिया जाए. क़ानून बना दिया जाए कि कोई भी दंपत्ति 2 या 3 बच्चों से ज़्यादा पैदा ही न करें. आप कहेंगे कि यह धैर्य पर आघात है, शताब्दियों से चले आए हमारे नैतिक धरातल को नीचे गिरा देने का प्रयास है. वेदों में, उपनिषदों में स्पष्ट लिखा है कि कभी भी प्रजातंतु का उच्छेद मत करो, यह स्वयं भगवान की आज्ञा है. तैत्तरीय उपनिषद में कहा गया है, प्रजातंतु मा व्यवच्छेतसि इत्यादि. कई जगह धर्मशास्त्रों में साफ़–साफ़ शब्दों में प्रजनन शक्ति का निरोध करने की मनाही है. ठीक है, वैदिक काल में जनसंख्या इतनी कम थी कि इन सब उपदेशों की, वचनों की आवश्यकता थी. उस समय भ्रूण हत्या को महान पातक माना जाता था. भ्रूण हत्या आज भी क़ानूनी और नैतिक दृष्टि से जघन्य अपराध ही है. मनुष्य के पैदा होने के बाद ही सामाजिक उत्तरदायित्वों की मीमांसा होगी, लेकिन जनसंख्या के बढ़ते हुए विकराल रूप को रोकने के प्रति भी आगामी मानव कल्याण हेतु हमारा एक निश्चित उत्तरदायित्व है. सो ग़ौर करने की बात यह है कि बच्चे पैदा करने के बाद उन्हें भूख–शीत–आतप से तड़पा कर मारना अच्छा है या उन्हें पैदा ही न होने देना अच्छा है? दोनों में पाप कौन से काम में कम या ज़्यादा है? जो कुछ भगवान ने भाग्य में लिखा होगा, सो ही होगा, कहकर आप यथार्थ से विमुख नहीं हो सकते. यह निश्चित है कि

जितने ज़्यादा बच्चे पैदा होते हैं, उतनों का पालन पोषण या उनके स्वास्थ्य की देखरेख आप कर नहीं सकते.

राजस्थान में किन्हीं जातियों में बच्चों को, ख़ासकर लड़कियों को जन्म के थोड़े ही समय बाद माता-पिता जानबूझ कर मार डालते थे. अगर जानबूझ कर हत्या जैसे घृणित अपराध को आप न भी करें तो भी अगर आप बच्चों के खानपान, साफ़-सफ़ाई और बीमारियों से बचाने की व्यवस्था न कर सकते हों, तो यह भी परोक्ष रूप में हत्या के बराबर ही पाप है. आज कितने माता-पिता ईमानदारी से यह कह सकते हैं कि उन्होंने सब बच्चों की पूरी हिफ़ाज़त कर रखी है? बच्चे पैदा होते हैं, बढ़ते हैं और मरते जाते हैं. जो बच जाते हैं, वे बड़े होते हैं. अपने आप ही होते हैं, माता-पिता या अभिभावकों को इसका श्रेय बहुत ही कम है. मन को झूठे भुलावे में रखने से कोई फायदा नहीं. यह निश्चित है कि जिन बच्चों को आप खिला-पिला नहीं सकते या जिनकी उचित देखभाल नहीं कर सकते तो उनको पैदा करने का आपको क्या अधिकार है?

प्रश्न फिर भी शेष रह जाता है कि जब राष्ट्र का सारा धन समान रूप से ही वितरित होने वाला है तो जिनके जितने बच्चे होंगे, उन्हें उसी अनुपात से ज़्यादा मिलेगा. उन्हें वात्सल्य सुख भी मिलेगा. जिन्हें बच्चे हैं ही नहीं, उनकी यह भूख भी शांत न होगी. इसलिए समान वित्त वितरण ठीक नहीं. इसका जवाब यही है कि अलग- अलग काम करने के लिए राष्ट्रीय संपत्ति चाहिए. उदाहरण स्वरूप एक रुई धुनने वाला है, उसे दिन भर में 100 या 200 रुपये की रुई धुनने को मिलती है और एक वायुयान चालक है, जो क़रीब 1 करोड़ की क़ीमत का विमान चलाता है. दोनों की ही वह निज की संपत्ति नहीं है. न तो वह रुई ही उस धुनिया की है और न वह वायुयान उस चालक का है. संपत्ति तो राष्ट्र की है. कार्यकर्ता उस समय के लिए उस संपत्ति के ट्रस्टी की हैसियत से काम करते हैं. बच्चों की देखभाल या सार-संभाल भी इसी तरह राष्ट्र का कर्तव्य होना चाहिए. समान वित्त वितरण में बच्चों को भले ही हिस्सा न मिले, पर अगर उनके पालन-पोषण, शिक्षा-दीक्षा और स्वास्थ्य के लिए राष्ट्र उत्तरदायित्व ले ले तो किसी को समान वित्त वितरण के संबंध में शिकायत नहीं रहेगी.

भारत में कुछ ही अंशों में आयकर में, विवाहित को या बच्चों के माता-पिता को छूट मिलती है, यह पर्याप्त नहीं है. बच्चों पर जितना ख़र्च उचित और वाजिब लगना चाहिए, उतने रुपये कर मुक्त होने ही चाहिए. उनकी शिक्षा-दीक्षा पर जो ख़र्च लगे, वह भी उसी प्रकार कर मुक्त करना चाहिए. इस तरह की कई योजनाओं द्वारा बच्चों का लालन-पालन हो, यही राष्ट्र की ज़िम्मेदारी बनाने का प्रस्ताव है. बच्चे जो देश के भावी नागरिक हैं, देश की धरोहर हैं, देश का धन हैं, उन्हें संभालने का उत्तरदायित्व देश पर ही है.

-: 26 :-

वर्तमान अर्थव्यवस्था से संत्रस्त सृष्टि

- जियो और जीने दो
- स्वर्ग की कल्पना
- असली समाजवाद

अब आपको ज्ञात हो गया होगा कि समान वित्त वितरण में कोई कठिनाई नहीं है. यह योजना शाश्वत चल सकने वाली और संभव है. आपने देख लिया होगा कि वर्तमान अर्थव्यवस्था से किसी को भी संतोष नहीं है. समाजवाद शब्द की व्याख्या किए बिना ही या मतलब समझे बिना ही आपको जंच गया होगा कि समान रूप से सबको धन का बंटवारा हो जाए तो वह ही अति उत्तम मार्ग है. अगर आपको यह नहीं जंचा है तो कोई भी दूसरा मार्ग जो अच्छा और संतोषप्रद हो, आप ही सुझाइए. शायद आपका बताया मार्ग ज़्यादा ठीक हो. अगर आपके पास कोई मार्ग नहीं है तो फिर आप भी समाजवादी बन जाइए. जो समाजवादी राजनीतिक पार्टी है, उससे और इस विचारधारा से कोई लाग-लगाव नहीं है. उस राजनीतिक पार्टी में सब तरह के व्यक्ति हैं, जैसे सब पार्टियों में हुआ करते हैं. उनमें ऐसे भी हैं जो लंबी-लंबी तक़रीरें झाड़ते हैं और अगर कहीं आप अपने घर उन्हें दावत पर बुला लें तो शायद आपके जूते चोरी कर ले जाएं. अच्छे हैं, उनमें से काफी लोग अच्छे भी हैं. जब उनको आप कहेंगे कि भाई हमने समाजवाद का जो तथ्य समझा है, उसके हिसाब से राष्ट्र के संपूर्ण धन का समान बंटवारा करना है. चाहे वृद्ध हो या युवा, स्त्री हो या पुरुष, चोर, डाकू, धोबी, मोची, कुम्हार, शराबी, जुआरी सबके लिए समान रूप से वित्त वितरण करना होगा. आपकी बात सुनकर वह सिर्फ़ हंसेगा, मानो आपने बहुत नादानी की या मूर्खतापूर्ण बात कह दी हो.

फिर आप उनसे पूछिए कि भाई आप समाजवादी हैं, आप बताइए, आप कैसा समाजवाद चाहते हैं? तो उनका जवाब जो नपा-तुला है, वह यह है कि हर मानव को समान अवसर मिले, यही समाजवाद है. उनका कहना है कि अगर पूंजीवादी भी हो तो

बुरा नहीं, पर पूंजीवादी बनने का सबको समान अवसर मिलना चाहिए. आप कहेंगे, भाई यह संभव कैसे है, बिना समान अवसर वित्त के समान अवसर कैसे बन पड़ेगा? इसका जवाब अधिकतर समाजवादी दे नहीं पाते हैं. आपने कई पुस्तकें पढ़ी होंगी, नहीं तो देखिए कौटिल्य का अर्थशास्त्र या महाभारत काल की अर्थव्यवस्था, वहां समाजवाद का चित्रण सुलभ है. कार्ल मार्क्स की पुस्तक दास कैपिटल पढ़ने लायक़ महत्वपूर्ण पुस्तक है. वर्तमान अर्थव्यवस्था से संत्रस्त होकर कतिपय नेताओं ने जो अलग-अलग आवाज़ें उठाईं, उसी में समूहवाद, आतंकवाद, अराजकतावाद, राष्ट्रवाद या साम्यवाद, कई तरह के वाद आ गए. वस्तुत: समाजवाद को समाजवाद केरूप में व्यवस्थित चलाने के लिए उनमें एक भी वाद संसार में कहीं भी सफल नहीं हो पाया. यों तो सृष्टि के आदि से ही वैदिक काल में समाजवाद जीवित रहो और जीने दो के सिद्धांत में निहित है. भगवान से वैदिक प्रार्थना है, सर्वे संतु: निरामया: यानी सारी प्रजा सुखी रहे, किसी तरह की कमी या कष्ट महसूस न करे. इस भावना का बाद में अनेक ऋषियों या दार्शनिकों ने भी ख़ूब प्रतिपादन किया. महर्षि अरस्तु और सुकरात या प्लेटो ने घोषणा की कि सबको भगवान ने समान बनाया है, समान ही जीने का अधिकार है. गीता में भगवान कृष्ण भी कहते हैं, मानव ही नहीं, प्राणी मात्र इस माने में समान हैं.

विद्या विनय संपन्ने ब्राह्मणे गवि हस्तिनी,
शुनि चैव श्वपा के च, पंडिता: समदर्शिन:.

अर्थात पढ़ा-लिखा ब्राह्मण हो, गाय हो, हाथी हो, कुत्ता हो या अंत्यज हो, इन सबको विद्वान लोग समान दृष्टि से देखते हैं, यही तो समाजवाद का उद्गम है, उस समय का समाजवाद यही तो था.

पृथ्वी पर स्वर्ग उतार लाने का स्वप्न इसी बात से ज़ाहिर है कि भौतिक पदार्थ जितने भी हैं, वे सब बराबर-बराबर उपभोग किए जाएं. स्वर्ग की कल्पना भी ऐसा ही कुछ बतलाती है. जिसने यह जान लिया कि भौतिक पदार्थों का बराबर-बराबर बंटवारा होना चाहिए, वही सच्चा समाजवादी है. चाहे इस निर्णय पर पहुंचने केलिए उसे किसी भी मार्ग का अनुसरण करना पड़ा हो. और जो यह नहीं जानता, वह समाजवादी नहीं है. वह चाहे कितने ही जोर से समाजवाद का नारा लगाए, चाहे हिमालय की चोटी से घोषणा करे कि मैं समाजवादी हूं और ऐसा करने में वह शहीद भी हो जाए, तो भी वह दरअसल में समाजवादी है नहीं. आपने जान लिया होगा कि तथाकथित समाजवादियों में और असली समाजवाद में कितना अंतर है. राजनीतिक पक्ष को प्रबल करने के लिए अलग-अलग पार्टियां अलग-अलग प्रचार करती हैं, पर तथ्यपूर्ण समाजवाद की स्थापना के लिए सच्चे मन से प्रयास कौन कर रहा है, यह विचारणीय है.

-: 27 :-

पर उपदेश कुशल बहुतेरे

- पुण्यार्थ दान उपचार नहीं
- भिक्षा के नए रूप
- अनुशासन के साथ क़ानून बदलें

अब अगर आपको यह निश्चय हो गया हो कि समान वित्त वितरण बहुत ही अच्छी चीज़ और उसका होना ज़रूरी है तो भी यदि आप धनिक हैं, समृद्ध हैं या उच्च वर्ग के मध्यवर्गीय हैं तो आप अपना धन जनता में बांट नहीं डालेंगे, यह तो पूरा भरोसा है. क्योंकि, अगर इसी तरह बातों से प्रभावित होकर आप अपना धन दे डालते तो आप धनिक या समृद्ध हो ही कैसे सकते थे? दिन भर में पचासों मौक़े ऐसे आते हैं, जहां आपकी भावुकता को विलोड़ित किया जाता है. अगर आप निर्धन हैं तो निश्चय ही आप चाहेंगे कि झटपट यह वितरण हो और हमें कुछ मिले. आप में से कुछ लोग आपस में यह भी कहेंगे कि भाई, लेखक ने इतना सब लिख डाला, समान वित्त वितरण का ज़ोरदार समर्थन कर दिया, पर सोचने की बात है, जब वे स्वयं इतनी संपत्ति के मालिक बने बैठे हैं तो फिर क्यों न अपने रुपये बांटकर यह शुरुआत करें. गोस्वामी जी की चौपाई कि पर उपदेश कुशल बहुतेरे, जो आचरहिं ते नर न घनेरे हमारे ऊपर फिट बैठा देंगे. सही है, समान वित्त वितरण की योजना आवश्यक है और आपने भी शायद समझ लिया होगा कि वर्तमान आर्थिक समस्या को संतोषप्रद बनाने का एकमात्र इलाज यही है, पर समस्या है कि यह कार्यान्वित कैसे हो? किसी व्यक्ति विशेष, कुछ आदमियों के या समस्त धनिक वर्ग के करने का कार्य नहीं है यह. वे लोग तो ज़्यादा से ज़्यादा यही कर सकते हैं कि अपना धन दे दें. अगर वे दें तो यह दान होगा, जिसका मतलब भारतीय दृष्टिकोण से पुण्य कार्य होगा और जिसका फल, देने वाले के लिए बैकुंठ या स्वर्ग में सीट रिजर्व हो जाने की सुनिश्चितता है. नियम है कि देने वाले का दर्जा पाने वाले से ऊंचा रहता है. स्वाभाविक है कि यह भावना आ ही जाएगी कि देने वाले ने उपकार किया है. फिर बिना

किसी काम या बदले के लेना तो नैतिक अपराध है. इस तरह के लेने को भिक्षा या भीख के सिवाय और कह ही क्या सकते हैं? जिस देश में दाताओं से भिखारियों की संख्या कई गुनी हो जाए, उस देश का उत्थान तो दूर रहा, उसकी किसी भी योजना पर विचार करना अत्यंत कठिन है.

भिक्षावृत्ति से काम चलाना मानव जाति का सबसे बड़ा पाप है. आज ही नहीं, बल्कि हज़ारों वर्ष पहले से इस संबंध में यहां के समाजशास्त्रियों ने कठिन नियम बना दिए थे, जिनके द्वारा यह घोषणा थी कि स्नातक ब्रह्मचारी या वीतराग संन्यासी के सिवाय अगर कोई भिक्षावृत्ति करता है तो वह चोर है और जिस राज्य में चौरवृत्ति होती है और वहां का राजा इस तरह के कारनामों को नहीं रोकता तो वह राजा चोर भक्त है, उसे राज्य करने का अधिकार नहीं:

येन भैक्ष्यचरा द्विजा.

चौर भक्त प्रदौ दि सः.

इस शास्त्रीय वचन से सिद्ध होता है कि भिक्षा लेना या देना नैतिक अपराध है. अब भी है, हालांकि आजकल भिक्षा लेने के कई नए-नए तरीक़े चले हुए हैं. क़ानून के फंदे में न फंसने पर भी तो यह नैतिक पतन तो है ही. तो फिर समान वित्त वितरण हो कैसे? अगर यों किसी रुपये वाले को धमका कर लूट लिया जाए या जिसकी जेब भारी है, उसकी जेब काट ली जाए, तो यह भी अपराध है. आप यह कर नहीं सकते. फौरन पुलिस गिरफ्तार करके हवालात में डाल देगी और समान वित्त वितरण की यह मीमांसा यों ही धरी रह जाएगी. इसका सिर्फ़ एक ही उपाय है. आपको अपनी पसंद द्वारा, केंद्रीय सरकार द्वारा और राज्य सरकारों द्वारा सैकड़ों नए-नए क़ानून बनवाने होंगे. साथ ही सैकड़ों पुराने चालू क़ानूनों को निरस्त या रद्द कराना होगा. यह प्रक्रिया कई महीनों या वर्षों तक चलेगी. हर एक क़ानून के अमल में आने के परिणामस्वरूप धनिकों की संपत्ति या आय में कुछ न्यूनता होगी और ग़रीबों या निर्धनों की संपत्ति या आय में वृद्धि होगी. हर क़ानून हर पहलू को ध्यान में रखते हुए कि संतुलन कहीं बिगड़ न जाए, आदर्श क़ानून पुंज बनेंगे, जिसके परिणामस्वरूप सबको समान वित्त वितरण या यों कहें समान अवसर प्राप्त होता जाएगा.

सभ्यता का प्रथम अनिवार्य नियम यही है कि राष्ट्र का हर नागरिक क़ानूनपरस्त बने. जहां क़ानून का उल्लंघन होता है, हर व्यक्ति मनमानी करता है, वहां कितने ही आदर्श पुरुष क्यों न हों, पाशविकता छा जाएगी और मानवता शीघ्र ही नष्ट हो जाएगी. अगर कोई व्यक्ति आपके किसी प्रियजन का ख़ून कर डाले तो क़ानूनन उस ख़ूनी व्यक्ति को उस अपराध में मृत्युदंड प्राप्त होगा, पर आप यह नहीं कह सकते कि उसने हमारे प्रियजन को मार डाला है, सो हम उसे मार डालते हैं. ऐसा कर डालने में आपको उसी मुसीबत में पड़ना होगा, जिसमें वह ख़ूनी पड़ा है. कोई व्यक्ति अत्यंत आलसी है, कुछ भी काम नहीं करता, पड़ा-पड़ा खाता है, समाज के लिए वह कलंक है. निश्चय ही आपको क्रोध

आएगा, पर अगर आवेश में आकर उसे आप भला–बुरा कहें या चांटा रसीद कर दें तो आपको कष्टप्रद परिणाम भुगतना ही पड़ेगा. तात्पर्य यही है कि समाज में कोई भी व्यक्ति कुछ ग़लती करे, अपराध करे, आपका बिगाड़ करे तो आप क़ानूनी कार्यवाही ही कर सकते हैं, क़ानून अपने हाथ में कतई नहीं ले सकते. ऐसा करने से आप स्वयं अपराधी हो जाएंगे. सभ्यता की मूल भित्ति ही क़ायदे–क़ानून या अनुशासन का पालन है.

समाजवादी हो जाने या समाजवादी अर्थव्यवस्था का असर हो जाने से कोई दुनिया बदल जाने वाली नहीं है. आम क़ानूनों में या उनके प्रतिपालन में कोई फ़र्क़ नहीं पड़ने वाला है. जो अपराध सामाजिक, नैतिक या वैयक्तिक आज हैं, वे वैसे ही रहेंगे. न्यायालय उसी तरह न्याय करते रहेंगे. समाजवाद हो जाने के बाद डॉक्टर या वकील को फीस नहीं देनी पड़ेगी, रेलवे की टिकट नहीं लगेगी, दुकानों में चीज़ें मुफ्त मिलने लगेंगी, हर आदमी अपना–अपना उत्तरदायित्व समझ कर यों ही बिना शुल्क काम कर देगा, समाजवादी मंत्री मोटर में नहीं बैठेंगे पैदल ही चलेंगे, समाजवादी मकान मालिक रहने वालों से मकानों का किराया नहीं लेंगे आदि–आदि सैकड़ों ग़लत धारणाएं लोगों ने समाजवाद के संबंध में बना रखी हैं. दुर्भाग्य है कि वे समाजवाद को ज़रा भी समझ नहीं पाए हैं. बल्कि मेरा तो मानना है कि ऐसा करने वाले या मानने वाले किसी भी वाद को, यहां तक कि सभ्यता या मानवता को भी नहीं समझ रहे हैं.

-: 28 :-

व्यक्तिगत और निजी संपत्ति

- दोनों में अंतर
- वास्तविक स्वरूप
- निजी संपत्ति समाप्त हो

समाजवादी अर्थव्यवस्था की प्रतिष्ठा से पहले इसे ठीक से समझना होगा. जब तक इसके विपरीत पक्ष पूंजीवाद को हम सही मायनों में समझ नहीं लेते, तब तक समाजवाद का तात्विक अर्थ समझना कठिन है. राष्ट्र में समाजवाद लागू करने से पहले यह जानना आवश्यक है कि यह पूंजीवादी अर्थव्यवस्था क्या है, जिसे मिटाकर समाजवादी अर्थव्यवस्था की स्थापना करने की हम सोच रहे हैं. समाजवाद का अर्थ पूंजी को नष्ट कर डालना या मिटा देना कदापि नहीं है. जो लोग समाजवाद का यह मंतव्य बताते हैं, वे ग़लती करते हैं. असल में पूंजीवादी लोग यह प्रचार करते हैं कि समाजवादी तो देश की पूंजी नष्ट करने पर तुले हुए हैं. व्यक्तिगत संपत्ति का समाजवादी अर्थव्यवस्था में उतना ही स्थान है, जितना पूंजीवादी अर्थव्यवस्था में, बल्कि उससे भी कहीं ज़्यादा है.

व्यक्तिगत संपत्ति और निजी संपत्ति में बड़ा अंतर है. उदाहरण यों समझिए, आपके पास एक छाता है, यह आपकी व्यक्तिगत संपत्ति है. आपके सामने जो भोजन परोसा गया है या जो कपड़ा आप पहने हुए हैं, ये सब आपकी व्यक्तिगत संपत्ति है. पर जिस खेत में अनाज पैदा होता है, वह खेत आपके पुरखों से आपके परिवार में चला आता है, उसकी लगान चाहे रुपयों में, चाहे अनाज के रूप में आप जोतने वाले व्यक्ति से हर साल पाते रहे हैं, वह खेत आपकी निजी संपत्ति है. जो मकान आपने किराए पर दे रखा है, आपने अपने रुपये ख़र्च करके उसे बनाया था, हर माह उसका किराया आप वसूल करते हैं, वह आपकी निजी संपत्ति है. जिस कारख़ाने को आपने लगाया, अपने रुपये ख़र्च करके मशीनरी लगाई, उस मशीनरी को चलाने के लिए अपने मज़दूर–नौकर रखे तो वह मिल या फैक्ट्री आपकी निजी संपत्ति है. आपने 10 लाख रुपये इसी तरह व्यवसायों से

कमाकर कई लोगों को उधार दे दिए, उनसे आपने हुंडियां या प्रोनोट लिखवा रखे हैं या उनकी ज़मीन–जायदाद रेहन रख रखे हैं, वे रुपये आपकी निजी संपत्ति हैं.

चालू भाषा में व्यक्तिगत संपत्ति या निजी संपत्ति में बहुत ही कम फ़र्क़ मालूम पड़ रहा है, पर असल में यही तो सारे उपद्रव की जड़ है. यहीं तो समाजवाद और पूंजीवाद का पृथक्करण होता है. इसलिए कुछ उदाहरणों से आपको बताया है कि किसे व्यक्तिगत संपत्ति कहते हैं और किसे निजी संपत्ति कहते हैं. इसलिए संक्षेप में पूंजीवाद का अर्थ यह समझिए कि यह ऐसी व्यवस्था है, जिसके द्वारा देश की सारी ज़मीन कुछ व्यक्तियों के अधिकार में चली जाए, राष्ट्र के अधिकार में नहीं और वे उसका उपयोग स्वेच्छा से करें. आपको उस पर रहने की अनुमति वे सिर्फ़ अपनी शर्तों पर ही दें. ऐसे व्यक्तियों को ज़मींदार, जागीरदार, मालिक, ठाकुर, लैंडलॉर्ड इत्यादि अनेक नामों से संबोधित किया जाता है.

क़ानूनवेत्ता कहते हैं कि ज़मीन किसी व्यक्ति विशेष की कभी नहीं होती, सारी ज़मीन राज्य की है. कोई भी राज्य चलाने वाला हो, उसे कभी भी उसे ले लेने का, अपने क़ब्ज़े में कर लेने का हमेशा अधिकार है. शायद यही क़ानूनी स्थिति है और सही है. राज्य या राज्यकर्ता वस्तुत: लेते नहीं हैं और इसलिए यह ज़मीन लोगों की निजी संपत्ति बनी रहती है, बनी हुई है. उस ज़मीन से पैदावार होती है. यह पैदावार उन व्यक्तियों के पास संग्रह होती रहती है. यह संग्रहीत संपत्ति ही पूंजी कहलाती है. यह पूंजी भी निजी संपत्ति बन जाती है. फलस्वरूप जितने भी उद्योग या कारख़ाने हैं, जिनकी स्थापित करने के लिए ज़मीन और पूंजी दोनों ही अपेक्षित हैं, वे सब निजी संपत्ति बन जाते हैं. अब चूंकि फैक्ट्री–कारख़ाने बिना मज़दूरों के चल नहीं सकते, वे मालिक लोग उन आदमियों को रोज़ी देते हैं, जो मज़दूर कहलाते हैं और जो मालिक नहीं हैं. वे उनको इतना ही वेतन देते हैं, जिससे वे ज़िंदा रहें और काम करें. बच्चे ज़्यादा पैदा होते हैं और वे मज़दूर बनते रहते हैं, ताकि उनकी फैक्ट्रियां या कारख़ाने हमेशा चालू रहें. इसी स्वार्थ के वशीभूत होकर वे मालिक लोग अपना कर्तव्य समझते हैं कि कम से कम वेतन उन मज़दूरों को दिया जाए और उनसे शारीरिक श्रम इतना लिया जाए कि क्षीण होकर वे काल के गाल में चले जाएं. यह सब ही जानकर लोग स्वीकार करेंगे कि इस तरह वित्त की असमानता उत्तरोत्तर बढ़ती ही जाती है. वह मज़दूर या सेवक दिनोंदिन ज़्यादा से ज़्यादा ग़रीब बनता जाता है और वह मालिक उसी अनुपात से दिनोंदिन धनिक बनता जाता है. नितांत स्वार्थपरता का अत्याचार इतना बढ़ जाता है कि असंतोष, दु:ख, दारिद्रय, जरायम पेशा और भयंकर रोग फैलते हैं और अंततोगत्वा भयानक विद्रोह फूट निकलता है. इस विद्रोह को दबाने या कुचल डालने के लिए सरकार को पुलिस, हथियारबंद सिपाही या सैनिक रखने पड़ते हैं, जो शांति को बनाए रखें. इसी व्यवस्था को पूंजीवादी व्यवस्था कहते हैं. इसमें सरकार का यह कर्तव्य है कि वह निजी संपत्ति की रक्षा करे, जो ज़मीनों में या पूंजी में निहित है. हमला करने वालों को पुलिस या सैनिकों द्वारा दंडित करे. अपनी निजी संपत्ति बढ़ाने के लिए दूसरों के साथ जो क़रारनामे हुए हैं, सरकार उनका उचित संरक्षण करती है.

उसके विपरीत समाजवादी व्यवस्था का उद्घोष है कि सरकार का पहला कर्तव्य यह होना चाहिए कि सबको समान वित्त का अधिकार मिले, किसी को भी निजी संपत्ति रखने का अधिकार न हो. हर करारनामा राष्ट्र का क़रारनामा समझा जाए, कोई भी व्यक्ति ऐसे क़रारनामे बर्दाश्त न करे, जिनके प्रभाव स्वरूप एक व्यक्ति तो दिन-रात काम करके हीनता अनुभव करता हुआ समय से पहले ही मृत्यु को प्राप्त हो जाए और दूसरा व्यक्ति आलस्य से दूसरों के श्रम पर घोर निद्रा में सोता रहे और फ़िज़ूलख़र्च करता रहे. यह है कि समाजवाद निजी संपत्ति का या मनमाने क़रारनामों का मूलोच्छेद कर देगा और अगर आपने लक्ष्य किया है तो इन 10-20 वर्षों में ही कुछ प्रगति इस दिशा में हो भी गई है. यही पूंजीवाद और समाजवाद का संघर्ष भारत में क़रीब एक शताब्दी से चल रहा है, जिसका बड़ा धक्का स्वतंत्रता के बाद ही मालूम पड़ रहा है. जनता के आक्रोश से यह पूंजीवाद धीरे-धीरे नरम पड़ रहा है और बहुत सी समाजवादी व्यवस्थाएं उसे अब सह्य भी हो गई हैं और क्रमशः प्रत्येक ख़ुराक इसके गले से उतर रही है. जैसे पहले कह चुका हूं, व्यक्तिगत संपत्ति और निजी संपत्ति में बहुत फ़र्क़ है. इन दोनों को पर्यायवाची शब्द समझने की भूल नहीं होनी चाहिए. जो उदाहरण दिया गया है, उसी का विश्लेषण इस तरह से है-छाता आपका है, आप उसका चाहे जैसे उपयोग कीजिए, पर उसका यह उपयोग आप नहीं कर सकते कि उठाकर उसको किसी के सिर पर दे मारें (शायद छातों का यह भी कई जगह आवश्यक उपयोग है). आप अपने मकान में से किसी किराएदार को वर्षा, आतप, शीत का विचार किए बिना उसके स्त्री-बच्चों सहित बाहर सड़क पर फिंकवा सकते हैं. पर आपके मकान के बाहर जो चबूतरा है, वह सड़क के यातायात में बाधा पहुंचा रहा है, उसको तोड़ देने से मार्ग सरल और सुगम हो सकता है, पर चूंकि आपके कुत्ते उस चबूतरे पर दोपहर में बैठे रहते हैं या आपको यह दृश्य पसंद है तो आप उसे नहीं तोड़ने देना चाहते. भले ही उससे सड़क पर चलने वाली गाड़ी, मोटर या पैदल चलने वालों को कितना ही कष्ट क्यों न हो या कितनी ही दुर्घटनाएं उसके कारण क्यों न हों. आपको अपने चबूतरे का तोड़ा जाना पसंद नहीं. ग़ौर करने लायक़ बात है कि सिर पर छाते से मार देने की अपेक्षा यह काम अपेक्षाकृत ज़्यादा जघन्य है. पर निजी संपत्ति का संरक्षण पूंजीवादी सरकार में निहित है. इसलिए आपको यह सब या इनसे भी ज़्यादा जघन्य कर्म करने का अधिकार है, पर व्यक्तिगत संपत्ति को चाहे जैसे उपयोग करने का अधिकार नहीं है. इसलिए अगर समाजवादी यह कहें कि जितनी जल्दी निजी संपत्ति को मिटाया जाए, उतनी जल्दी मिटा डालना चाहिए. तो, उनका यह कहना ठीक ही है.

पूंजीवादी और समाजवादी दोनों ही पक्ष यह दावा करते हैं कि मानव जाति के हित में वे ज़्यादा से ज़्यादा काम कर रहे हैं. दोनों ही अपने-अपने पक्ष की दलीलें पेश करते हैं. भारत में स्वतंत्रता मिलने के पहले तक तो पूंजीवाद का बोलबाला था. अंग्रेजों की छत्रछाया में मज़दूर वर्ग या निर्धन वर्ग आवाज़ उठाने की भी हिम्मत नहीं कर सकता था. जबसे अखिल भारतीय कांग्रेस ने विदेशियों के ख़िलाफ़ आवाज़ उठाई, साथ ही साथ जनता को उनकी दुर्दशा का ज्ञान कराया, तबसे जनता के दिमाग़ में पूंजीवाद ज़हर है, यह बात जंच गई. अतएव भारत के प्रधान पूंजीवादी भी या पूंजीवाद का समर्थन करने वाले

नेता भी आज खुलेआम यह नहीं कह सकते कि हम पूंजीवादी हैं. यह शब्द अब गाली के रूप में लिया जाने लगा है. इसका दूसरा स्वरूप जो शेष रह गया है, वह है दक्षिणपक्षीय और वामपक्षीय. दक्षिणपक्षीय लोग समझते हैं और कहते हैं कि उनकी व्यवस्था ज़्यादा कल्याणप्रद है. वामपक्षीय दल कहता है कि उसकी व्यवस्था अधिक संतोषप्रद है. दोनों ही दल अपने-अपने पक्ष का समर्थन करते हुए कहते हैं कि असल मायने में समाजवादी व्यवस्था हमारी ही है. जो भी हो, कौन सी समाजवादी व्यवस्था किस तरह बढ़िया है, यही परीक्षण तो हमारा उद्देश्य है. इसके लिए पहले हम पूंजीवाद का परीक्षण कर लें.

-: 29 :-

बढ़ती हुई पूंजी का अप्रत्यक्ष रूप

- प्रत्येक ख़रीद–फ़रोख्त में पूंजीवादियों का निश्चित हिस्सा
- निजी संपत्ति का राष्ट्रीयकरण
- राष्ट्र द्वारा संचालित कारोबार की गारंटी

आप अपने से पहला प्रश्न यह पूछिए कि दैनिक जीवन में यह असमान वित्त वितरण आपको खटकता कहां है? उत्तर स्पष्ट है. आप आवश्यक सामान ख़रीदने बाज़ार जाते हैं. वहां आप आटा, दाल, गोभी, मटर, घी, तेल इत्यादि खाने का सामान ख़रीदते हैं. कपड़ा, धोती, कोटिंग, शर्टिंग, टोपी इत्यादि पहनने के लिए ख़रीदते हैं. इसी तरह नाटक, सिनेमा की टिकटें मनोरंजन के लिए ख़रीदते हैं. या बीमार हो जाएं तो डॉक्टर को बुलाकर फीस देते हैं और इलाज कराते हैं. या क़ानूनी अड़चन आ जाए तो किसी वकील को फीस देते हैं, इत्यादि. अनेक चीज़ों में या कामों में आप ख़र्च करते हैं. आप विश्लेषण करके देखें तो ज्ञात होगा कि जो भी चीज़ें आपने ख़रीदी हैं या जिनकी भी सेवाओं का मूल्य आपने दिया है, उस रकम में से कुछ भाग आप किसी अन्य व्यक्ति को भी चुका रहे हैं, जिसने आपके लिए कुछ भी नहीं किया. अब आप मानेंगे कि कोई भी व्यक्ति किसी भी वस्तु की असली क़ीमत से ज़्यादा देने में प्रसन्न नहीं रहता और विश्लेषण से जब आपको पता चलता है कि आपको वे चीज़ें या सेवाएं अभीष्ट हैं तो उन–उन पूंजीपतियों के नफ़े का भाग आपको हर क़ीमत में और हर सेवा के बदले देना ही पड़ता है. यही पूंजीवादी प्रथा का आधार स्तंभ है. बिना कुछ किए ही उन पूंजीवादियों को हर चीज़ में, जो आपने ख़रीदी है और उसकी क़ीमत चुकाई है, उसमें उन्हें भाग मिल गया.

समाजवाद कहता है, इस तरह की प्रथा समाप्त कर देनी चाहिए. निजी संपत्ति नहीं रहने देनी चाहिए. सारी ज़मीन का, कारख़ाने का या पूंजी का राष्ट्रीयकरण हो जाना चाहिए. यानी सब कारख़ाने–फैक्ट्रियां इत्यादि किसी व्यक्ति विशेष की निजी संपत्ति न रहकर सारे राष्ट्र के हो जाएं. तो फिर जो भी क़ीमत आप वस्तुओं की चुकाएंगे, उसमें

किसी अन्य व्यक्ति का मुनाफ़ा जुड़ा हुआ नहीं होगा. इसमें आपत्ति उठाने वाले कहते हैं, ऐसा हो कैसे सकता है? सारे कारख़ाने, तमाम फैक्ट्रियां राष्ट्र चला कैसे सकेगा? और वह उपयुक्त रूप से चला सके, इसकी गारंटी क्या है? आप विचार कीजिए, ऐसा क्यों नहीं हो सकता? बहुत से उद्योग राष्ट्र चला ही रहा है. देखिए, वे ठीक चल रहे हैं कि नहीं? डाक तार विभाग राष्ट्र चला रहा है. रेलवे-ट्रेन राष्ट्र चला रहा है. फ़ौजें, नौसेना, वायुसेना, पुलिस, टेलीफोन, सड़कें, पुल, बिजली, गैस इत्यादि अनेक विभाग राष्ट्र के अधीन हैं. और आप या हम किसी भी प्रकार से दु:खी नहीं हैं. क्यों न राष्ट्र इसी तरह से अन्य उद्योग, कारख़ाने और सेवाएं भी अपने क़ब्ज़े में लेकर उनका यथोचित संचालन करे? राष्ट्र द्वारा चलाए हुए कार्यों में नफ़े या मुनाफ़े का उसूल नहीं रहता. डाक विभाग को ही लीजिए. 15 नए पैसे में आपका पत्र भारत के किसी भाग से किसी भी भाग में पहुंचा दिया जाता है. पोस्टकार्ड 5 नए पैसे में ही पहुंचा दिया जाएगा. बंबई से कलकत्ता या दिल्ली से त्रिवेंद्रम पत्र पहुंचाने में डाक विभाग का जो व्यय होता है, वह व्यय बंबई शहर में एक जगह से दूसरी जगह पत्र पहुंचाने के व्यय से कई गुना ज़्यादा है, तो भी सबका औसत निकाल कर 15 नए पैसे तय कर लिए गए. अब यही कार्य कोई निजी कंपनी करे तो शायद वह बंबई में एक स्थान से दूसरे स्थान तक पत्र पहुंचाने जैसा काम करे, जिसमें कि उसे एक नया पैसा फी पत्र भी ख़र्च न करना पड़े और सुदूर के पत्र पहुंचाने का काम न भी करे अथवा ज़्यादा शुल्क लेकर करे. कुछ भी हो, निजी कंपनी ठीक मुनाफ़ा लिए बिना कोई काम करेगी नहीं. परिणाम होगा औसत में 15 नए पैसे की जगह शायद आपको 16 नए पैसे या 20 नए पैसे अपने पत्र पहुंचाने में ख़र्च करने पड़ें.

जो आवश्यक उद्योग या सेवाएं राष्ट्र चलाए, उन्हें सफलतापूर्वक संचालित करने के लिए ज़रूरी हो जाता है कि ऐसे नियम-क़ानून बना दिए जाएं, जिनसे दूसरा कोई उस काम को न करे. क्योंकि मान लीजिए, अगर कोई प्राइवेट कंपनी भी पत्र पहुंचाने का काम करे तो वह 15 पैसे की जगह 10 या 8 पैसे में ही निकटस्थ तमाम स्थानों को पत्र पहुंचाने का काम कर लेगी. फिर दूर के पत्र पहुंचाने में राष्ट्र को ज़्यादा व्यय करना होगा, क्योंकि कम व्यय वाले पत्र प्राप्त न होने से परिणाम स्वरूप राष्ट्र को घाटा होगा. अतएव आवश्यक हो गया है कि हर उद्योग या सेवा, जिसे राष्ट्र चलाता है, उसे दूसरे किसी को चलाने न दिया जाए. ऐसा हो जाए तो इसी तरह दूसरी आवश्यक चीज़ें भी आपको एक मूल्य पर ही सब जगह प्राप्त होने लग जाएंगी. आप जो पहनते हैं वे कपड़े, जो खाते हैं वह अन्न या जहां रहते हैं वे मकान इत्यादि, सब चीजें अगर राष्ट्रीयकरण की हुई फैक्ट्री, कारख़ाने या खेतों से पैदा की हुई हों तो उसी औसत से कर देने वाले क़ानून के हिसाब से, हर आवश्यक वस्तु आपको उचित मूल्य में प्रत्येक स्थान पर मिलने लगे. पूंजीवादी प्रथा में यह सब होना संभव नहीं है.

-: 30 :-

करों द्वारा प्राप्त सरकारी आय

- कारों पर आधारित राज्य–व्यवस्था
- इसका बड़ा भाग वापस पूंजीपतियों की जेब में
- करों की अदायगी
- समाजवाद की ओर दृढ़ क़दम

बाज़ार से ली गई खाद्यादि सामग्रियों के सिवाय आप बहुत सा और दैनिक ख़र्च भी करते हैं. टेलीफोन का किराया, बिजली का चार्ज, पानी का चार्ज इत्यादि आप देते हैं. मकान भाड़े में नगरपालिका के कर आपको देने पड़ते हैं. बहुत से नागरिक इन करों को अनावश्यक और व्यर्थ समझते हैं और देने में बड़ी आनाकानी करते हैं अथवा दुःखी होते हैं. पर ग़ौर करने पर ज्ञात होगा कि नगरपालिका द्वारा लगाए गए टैक्स कितने उपयोगी हैं और आपको उसका कितना ज़्यादा मुआवज़ा मिलता है. सड़कें, उनके दोनों तरफ़ फुटपाथ, सड़क की बिजलियां, पानी केनल, गटर इत्यादि कितनी ही सुविधाएं नगरपालिका द्वारा संचालित हैं. यह सब आपके, हमारे द्वारा दिए गए हाउस टैक्स से ही संभव हो सकता है. ये सुविधाएं देखते ही टैक्स देने वालों को ज़रूर संतोष का अनुभव होता है. नगरपालिकाएं ये तमाम काम लागत क़ीमत पर ही करती हैं. कोई मुनाफ़ा अपने लिए नहीं रखतीं. इसी तरह आयकर इत्यादि जो कर दिए जाते हैं, उनके संबंध में भी कहा जा सकता है कि उनसे भी जनता को उसके मूल्य जितनी सुविधाएं मिल जाती हैं. ये सब देख–जानकर ज़रूर ही आपके मन में जाएगा कि अगले साल जब इनकम टैक्स ऑफिसर टैक्स का निर्धारण आदेश भेजेंगे तो आपको फ़ौरन टैक्स देने में आपत्ति नहीं होनी चाहिए. दुःख है, आपको इस स्थिति का संपूर्ण ज्ञान कराते हुए कि इन हाउस टैक्स या इनकम टैक्स इत्यादि टैक्सों में से भी, नगरपालिकाओं या सरकार से भी पूंजीवादी हमेशा अपना हिस्सा हड़प ही लेते हैं. आपको आश्चर्य होता होगा कि यह कैसे होता है? उसी तरह, जब ज़मीन और पूंजी निजी संपत्ति है तो सब नगर पालिकाओं को और सरकार को कुछ न कुछ ख़रीदना ही पड़ता है, जिसमें इन पूंजीपतियों के मुनाफ़े का भाग सम्मिलित होता

ही है. नगरपालिकाएं सड़कों पर रोशनी के लिए बिजली के बल्ब ख़रीदेंगी ही. वे उन्हीं निजी संपत्ति वालों से तो ख़रीदने पड़ेंगे. इसी तरह सैकड़ों हज़ारों चीज़ें नित्य नगरपालिकाओं और सरकार को ख़रीद भी करनी होती हैं और हर एक में उन पूंजीपतियों का साझा निश्चित है. इस तरह से हाउस टैक्स या अन्य टैक्सों में से भी बहुत बड़ा भाग इन पूंजीपतियों की जेब में चला ही जाता है.

इस व्यवस्था को ठीक करने के लिए सरकार धनिकों पर ज़्यादा दर पर टैक्स लगाती है, ग़रीबों पर कम दर पर या बिल्कुल नहीं. इन्हीं टैक्सों की वजह से अपनी कमाई का आधा या दो तिहाई हिस्सा धनिकों को हर साल सरकार के सुपुर्द कर देना पड़ता है. इसके बदले में इन धनिकों को कोई विशेष सुविधा सरकार या राष्ट्र नहीं देता तो भी सिर्फ़ उन धनिकों की आय का आधा या दो तिहाई भाग का एक प्रकार से राष्ट्रीयकरण ही है. शुरू-शुरू में इस तरह संपत्ति हड़प लेना इनको बहुत बुरा लगा था, पर अब तो यह व्यवस्था आदतन इतनी स्वाभाविक बन गई है कि कोई भी इसकी चर्चा नहीं करता. हर साल फरवरी के आख़िरी दिन वित्त मंत्री संसद में नया क़ानून बना देते हैं. उसके अनुसार, आयकर, सुपर कर या अन्य कई तरह के कर जनता से लिए जाते हैं. इस सालाना क़ानून का नाम है वित्तीय क़ानून. पर असल में है यह निर्धनीय क़ानून, क्योंकि इस क़ानून द्वारा हर साल जनता का वित्त उससे लिया जाता है. भारत के संविधान में या और किसी क़ानून अथवा किसी रिवाज में इस पर कोई प्रतिबंध नहीं है. यह आधा या दो तिहाई तक है. उसे 90 प्रतिशत, 99 प्रतिशत या पूरा का पूरा टैक्स कर दिया जाए तो भी कोई रोकने वाला नहीं है. सरकार की इच्छा पर निर्भर है कि कौन-कौन से व्यक्तियों पर कितना-कितना कर लगना चाहिए. सब लोगों पर समान दर से ही टैक्स लगाया जाए, यह कतई ज़रूरी नहीं है. यही एक तरीक़ा, जो राष्ट्र ने अपनाया है, समान वित्त वितरण की दिशा में पहला क़दम है. इन प्रत्यक्ष करों के अलावा परोक्ष कर भी हैं, जैसे बिक्री कर, ख़रीदी कर, उत्पाद शुल्क आदि. ये कर ग़रीब-अमीर सब पर समान रूप से लागू हैं. ये टैक्स विशेष सेवा के लिए नहीं होते, ये तो राष्ट्र की आय बनाने के साधन मात्र हैं. या यों कहें, सबसे सबके लिए कुछ ले लिया जाता है. यही साम्यवाद है.

करोड़ों या अरबों रुपये भारत सरकार इस तरह के टैक्सों से वसूल कर लेती है. आप आश्चर्य करेंगे कि क्या होता है इतनी बड़ी रकम का? सरकार इन्हीं के द्वारा आपकी, हमारी रक्षा के लिए सेना का ख़र्च चलाती है. फ़ौज, पलटन, नौसेना, वायुसेना, न्यायालय-कचहरियां इत्यादि जो-जो सुविधाएं आपको, हमको प्राप्त हैं, वे सब इन्हीं की तो बदौलत हैं. इस तरह इन क़ानूनों से सरकार सिर्फ़ वित्त का पुनर्वितरण करती है. धनिकों से कुछ अधिक लेती है, ग़रीबों से कम, बिल्कुल ग़रीबों से नहीं के बराबर लेती है और सबको समान रूप से बांट देती है. पाने वाले के गुण-दोष कुछ भी नहीं देखे जाते. सबको उचित रूप से प्राप्त हो जाता है. इस कार्य में भी कोई वैधानिक प्रतिबंध नहीं है. सरकार को अधिकार है कि वह किसी भी हद तक इस वितरण को या इसी तरह वित्त संग्रह को अमल में ला सकती है. आप वे दिन भूले नहीं होंगे, जब आयकर की दर

भारत में ज़्यादा से ज़्यादा रुपये में एक आना थी. ज़्यादा से ज़्यादा आय वाला व्यक्ति भी अपनी कमाई के सोलहवें हिस्से से ज़्यादा देने के लिए उत्तरदायी नहीं था. उस वक़्त कभी स्वप्न में भी यह नहीं सोचा गया था कि टैक्स का उद्देश्य किसी ज़माने में समान वित्त वितरण का क़दम हो जाएगा. इसके अलावा हर वर्ष राष्ट्र को बहुत बड़ी रक़म ब्याज़ के रूप में देनी पड़ती है. 10-20 या 50 वर्ष पहले जब-जब राष्ट्र पर महायुद्ध या ऐसी ही कोई विपत्ति आई होगी, तब-तब राष्ट्र ने जनता से उधार रुपया लिया था. आप जानते हैं उधार देने वाले वे ही पूंजीपति लोग होते हैं, जिनके पास अपनी ज़रूरत के अलावा कुछ बचा हुआ होता है. जब राष्ट्र ने रुपये उधार लिए थे, तब 3 या 4 प्रतिशत ब्याज़ देने का क़रार किया गया था. आज हर वर्ष सरकार जो टैक्स का संग्रह करती है, उसमें से एक बहुत बड़ा भाग इस ब्याज़ को चुकाने में लगता है. यह ब्याज़ इन्हीं धनिकों की जेबों या कोषों में जाता है. जब यह रक़म उधार ली गई थी, तब वे तमाम वस्तुएं भी इन पूंजीवादियों ने ही बेची थीं, जिनमें प्रत्येक का मुनाफ़ा सम्मिलित था. बाद में हर वर्ष ब्याज़ भी यही लोग लेते रहते हैं. कहने का तात्पर्य यही है कि निजी संपत्ति होने की वजह से आज भी टैक्स का अच्छा-ख़ासा भाग घूम-फिरकर फिर इन्हीं पूंजीपतियों के यहां चला जाता है.

-: 31 :-

नगरपालिका द्वारा लगाए गए कर

- जनता की आम सुविधा
- अतिरिक्त आय
- कम आय वालों का उत्तरदायित्व

इसी तरह नगरपालिकाओं द्वारा वसूल किए गए हाउस टैक्स आदि का भी कुछ न कुछ भाग पूंजीवादियों के ख़ज़ानों में चला ही जाता है. नगरपालिका कई स्कूल चलाती है, कई हॉस्पिटल चलाती है, सड़कें बनवाती है, सार्वजनिक बाग़ों का रखरखाव करती है. जनहित के बहुत से कार्य करती है. सड़कें इत्यादि तो उसी की ज़िम्मेदारी है. हाउस टैक्स का अनुपात हर घर के भाड़े से संबंधित है. जिस मकान का जितना किराया होगा, उसी अनुपात से उसका म्युनिसिपल टैक्स होगा. इस तरह हर मकान में रहने वाले हर किराएदार को उस टैक्स का कुछ भाग वहन करना ही होता है, चाहे वह अमीर हो या ग़रीब. वह इस स्थिति में हो या न हो. हाउस टैक्स साम्यवादी टैक्स है, जो सारी जनता पर समान रूप से लागू होता है. मान लीजिए, एक छोटी कोठरी में, जिसका भाड़ा 10 रुपये माहवार है, एक वृद्ध ग़रीब दंपत्ति रहते हैं. उनको दोनों जून खाने को भी मयस्सर नहीं हो पाता. वे कहते हैं, हमें क्या करना है इन सार्वजनिक बाग या पार्कों का, हमें यह टैक्स का भार क्यों वहन करना पड़े ? पर नहीं, यह आवश्यक है. जनता का हर व्यक्ति , इन हाउस टैक्स आदि नगरपालिका के टैक्सों को बर्दाश्त करता है. नगरपालिकाएं लाखों रुपयों का सामान हर वर्ष ख़रीदती हैं. बेचने वाले वे ही निजी संपत्ति के मालिक हैं. मुनाफ़ा उन्हीं के कोषों में जाता है. नगरपालिका को भी रुपये उधार लेने पड़ते हैं. देने वाले वे ही धनिक वर्ग के लोग हैं. उनको ब्याज़ की आय होती ही है. बहुत से ऐसी सेवाएं हैं, जिनसे राष्ट्र की आय ख़र्च से कहीं ज़्यादा होती है, जैसे डाक-तार विभाग से, बिजली विभाग से और रेलवे विभाग से. यह सब अधिक लाभ भारत के समेकित फंड में जमा हो जाता है. परिणामस्वरूप इनकम टैक्स, सुपर टैक्स इत्यादि कर ज़्यादा बढ़ाए जाने की ज़रूरत नहीं

पड़ती. इस तरह से नगरपालिका के टैक्स या सार्वजनिक सेवाओं के टैक्स जो हर व्यक्ति को समान रूप से देने पड़ते हैं, ज़्यादा वसूल हो जाते हैं, तो उपरोक्त रूप से सरकार की ज़िम्मेदारी कम करने में सहायक होते हैं.

-: 32 :-

सबै भूमि गोपाल की

- ज़र-ज़मीन किसकी?
- मुग़ल सम्राटों तथा अंग्रेज़ों द्वारा क़ानून घोषित मिल्कियत
- ज़मींदारी उन्मूलन: भारत का क्रांतिकारी क़दम

आप मकान का जो किराया या भाड़ा देते हैं, वह स्पष्ट सीधा तरीक़ा है, जिससे कि पूंजीवादी मकान मालिक आप से रुपया वसूल करता है. जैसा ऊपर बताया जा चुका है. इनकम टैक्स, हाउस टैक्स वग़ैरह तो वे परोक्ष तरीक़े हैं, जिनके द्वारा धनिक वर्ग या पूंजीवादी लोग बाक़ी प्रजा का शोषण करते हैं, पर मकान का किराया या ज़मीन का लगान या महसूल तो सीधा मार्ग है, जिससे वे आपका-हमारा शोषण करते रहे हैं. भारत में कौन सी ज़मीन किसकी है, इसके लिए कोई निश्चित काग़ज़ात या पट्टे नहीं थे. 10वीं या 11वीं शताब्दी तक तो यही नियम प्रचलित था, ज़र ज़मीन ज़ोर की, ज़ोर घटे तो और की. अपनी ताक़त के बल पर जो भी व्यक्ति किसी ज़मीन को दबाकर बैठ गया, उसका वही स्वामी बन बैठा. किसी स्वामी की ताक़त घटी, तब दूसरे बाहरी व्यक्ति या पड़ोसी ने आक्रमण करके उसकी ज़मीन हथिया ली. 16वीं शताब्दी में मुग़ल बादशाहों ने पहले पहल ज़मीन को क़ानूनी स्थायित्व प्रदान किया. ज़मीनों के पट्टे वग़ैरह आंशिक रूप से मालिकाना ढंग के बने. जगंह-जगह सैकड़ों-हज़ारों जागीरदार, ज़मींदार, राजा, ठाकुर इत्यादि हो गए.

जब अंग्रेजी हुकूमत ने 19वीं शताब्दी में अपनी जड़ अच्छी तरह जमा ली, तब बहुत से शासकों की ज़मीनें उन्होंने हड़प ली. साथ ही कई जागीरदारों, मिरासदारों, राजा-महाराजाओं और ज़मींदारों को उन्होंने आश्रय प्रदान कर दिया. परिणामस्वरूप जो ज़मीन न्यायत: या अन्यायत: जिसके पास थी, वह अगर अंग्रेजों का कृपापात्र था तो उसके पास रह गई. सौ या डेढ़ सौ वर्षों से ये जमींदार या ठाकुर लोग इन ज़मीनों के स्वामी बने रहे. ज़मीनों का मनमाना लगान या महसूल वसूल करते रहे और अनाप-शनाप धन

इकट्ठा करते रहे. बहुत से ज़मींदार अपनी मौज–शौक़ पर बेहिसाब रुपया ख़र्च या बर्बाद भी करते थे. इन ज़मीनों के स्वामी जब भी चाहें, अपने किराएदारों को निकाल बाहर करते थे. बेदख़ल कर डालते थे. हर ज़मींदार अपने कारिंदे रखते थे और लगान वसूल करने के लिए एक छोटी–मोटी सैनिक टुकड़ी रखते थे. ज़मीन कोई किसान जोतता–बोता था. वह अपने बाल–बच्चों सहित वहीं झोपड़ी बनाकर रहता था. अगर अचानक एक दिन ठाकुर साहब को सनक आई कि उस ज़मीन में गोल्फ या पोलो खेलने का मैदान बनेगा, तो फ़ौरन वह किसान बेघरवार कर दिया जाता था. वह कितना ही रोए, गिड़गिड़ाए, कोई सुनवाई नहीं थी. कहीं किसी ज़मींदार महाशय को स्कीम सूझी कि उनकी ज़मीन में अगर भेड़–बकरी पाली जाएं तो ज़्यादा मुनाफ़ा होगा तो तुरंत उसने वहीं हुक्म दे दिया कि वे मज़दूर या किसान, जो उस ज़मीन पर रहते हैं, बाहर निकाल दिए जाएं. वास्तव में वे निकाल दिए गए और उनकी जगह भेड़–बकरियां बसा ली गईं. उन आदमियों को कहीं सिर छिपाने को ठौर भी न मिली. ज़मीन का मनमाना लगान या महसूल ये जमींदार लोग लेते रहे. ये ही पूंजीवादी हैं, जिनके पास इस तरह से इकट्ठी की गई काफ़ी पूंजी है. ज़मीन जो भगवान ने बनाई है, भला किसी आदमी की निजी संपत्ति कैसे हो सकती है? क़ानूनन ज़मीन कभी भी किसी व्यक्ति विशेष की नहीं है. ज़मीन हमेशा राज्य की है. जो भी राज्य का शासक हो, सारी ज़मीन उसी के अधीन समझी जाएगी. सिर्फ़ उस पर रहने, बसने या काम करने का हक़ ही जनता को है. अंग्रेजों के राज्य में क़ानूनी दस्तावेज़ों के द्वारा यह हक़ लिया–बेचा जाने लगा, जो आगे चलकर उसी ज़मीन की मिल्कियत के रूप में बदल गया. आज भी क़ानूनन कोई भी ज़मीन निजी संपत्ति नहीं है. फिर भी राज्य ने किसी को उससे निकाल बाहर नहीं किया. अतएव उन जमींदारों या ज़मीनों के तथाकथित मालिकों ने ज़मीन दूसरे व्यक्तियों को बेची या पट्टे पर दी.

आज़ादी के बाद भारत में बड़ी से बड़ी क्रांति इस दिशा में हुई. जो ज़मीनों के मालिक बने बैठे थे और अंधाधुंध मनचाहा लगान वसूल करते थे, उन सबको लगान वसूल करने से मनाही कर दी गई. साथ ही ऐलान कर दिया गया कि जिस ज़मीन को जो व्यक्ति वर्षों से जोतता–बोता आया है, वह ज़मीन उसी की मानी जाएगी. यह इतना भारी परिवर्तन था कि सारा ख़ाका ही बदल गया. पूंजीवाद का आधार स्तंभ डगमगा गया. पूंजीवाद में, जैसा बताया जा चुका है, मुख्य रूप से दो प्रकार की निजी संपत्ति है, एक ज़मीन, दूसरी पूंजी. ज़मीन अधिकांशत: परिवर्तित क़ानून से पूंजीपतियों के हाथ से निकल गई. हालांकि उसका राष्ट्रीयकरण नहीं हुआ, पर कुछ अंशों में राष्ट्रीयकरण का हेतु सिद्ध हो गया. एक परिवार ज़्यादा से ज़्यादा कितनी ज़मीन रख सकता है, उसकी पाबंदी लगा दी गई और जितनी ज़्यादा ज़मीन उसके पास थी, उसे लेकर दूसरे भूमिहीनों को दे दी गई. अब इन ज़मीनों में ख़ासकर, शहरों, नगरों या क़स्बों की ज़मीनें अभी भी उन्हीं पूंजीवादियों के अधीन ही हैं. इन ज़मीनों पर वे मकान बनवा चुके हैं और उनकी क़ीमतें बहुत बढ़ी हुई हैं. बंबई, कलकत्ता जैसे नगरों में, ख़ासकर शहरी बाज़ारों के पास की ज़मीनों की क़ीमतें कई जगह तो 1–1 हज़ार रुपया वर्ग गज के हिसाब से आंकी जाती हैं. ज़मीनों पर मकान बनाकर किराए पर देते हैं. किराया मकान मालिक मनमाना लेते हैं. अब समान वित्त वितरण की योजना के क्रम से

सरकार ने क़ानून द्वारा किराए की दर में वृद्धि करने पर रोक लगा दी है. ज़मीन या मकान के समान अन्य निजी संपत्ति भी नहीं रहने देनी चाहिए, क्योंकि इससे पूंजी एक जगह इकट्ठी होगी और आगे चलकर समाजवाद में अड़चन आएगी.

फ़ालतू धन की माया

- मकान अथवा ज़मीन के अलावा रुपये का किराया
- बिना श्रम प्राप्त धन
- लागत पूंजी

ज़मीन या मकान ही ऐसी निजी संपत्ति नहीं थी जिसकी आय पर आदमी बिना कुछ करे घर बैठे खाता-पीता रहे. किराये के धन से भी कहीं ज़्यादा जो फ़ालतू धन लोगों के पास पड़ा है, उसका किराया पूंजीवादियों की दूसरी निजी संपत्ति है. फ़ालतू धन के किराये को हम ब्याज़ के नाम से पुकारते हैं.

कोई भी व्यक्ति अपने खाने-पीने, पहनने या रहने के ख़र्च से ज़्यादा कमाता है, तो वह कुछ बचा ही सकता है. पहले कहा जा चुका है कि असल धन रोटी, कपड़ा इत्यादि बचाकर रखा नहीं जा सकता. दूसरा धन है-सोना, चांदी, रुपये, नोट इत्यादि. ये सभी चीज़ें हैं, जो बचाई नहीं जा सकतीं. इनका मूल्य तब तक है, जब तक इनसे आप जीवन की आवश्यक सामग्री ख़रीद सकते हैं. अगर किसी कारणवश आप अपने रुपयों से या नोटों से दो सेर आटा न ख़रीद सकें तो फिर यह सब इकट्ठी की हुई या बचाई हुई रक़म किस काम की? सोना-चांदी ऐसी धातु हैं जिनकी क़ीमत शताब्दियों से कम-बेशी चली आ रही है. पर फिर भी इसको बचाकर रखा तो नहीं जा सकता. पूंजीवाद के सिद्धांत के अनुसार जिसके पास अपनी ज़रूरत से ज़्यादा सामग्री है, वह उसे ख़र्च नहीं कर सकता, बचाकर रख नहीं सकता, तो फिर क्या करे? वह उसे दूसरे किसी भी व्यक्ति को, जिसे उसकी इस वक़्त ज़रूरत है, उधार दे देता है और उसका कुछ किराया हर साल या हर माह लेता रहता है. इस तरह ये पूंजीवादी लोग ज़मीन या मकान के किराये के अलावा अपनी पूंजी का किराया भी वसूल करते हैं और यह सारी कमाई बिना श्रम किए अनार्जित आय कहलाती है. आपके पास मान लीजिए, थोड़ी बची हुई फ़ालतू रक़म है. उसे आप बचाकर रख नहीं सकते, क्योंकि अभी जितनी वह है शायद 10 साल बाद, 10 महीने

बाद या 10 मिनट बाद भी उतनी न रहे. कारण स्पष्ट है, पिछले 20 सालों से जो रक़म का मूल्य ह्रास हुआ है या यूं कहें आवश्यक वस्तुओं की महंगाई आई है, उसे देखते हुए क़तई नहीं कहा जा सकता कि रक़म का जो मूल्य आज है वही बाद में भी रहेगा. इसलिए रक़म को तुरंत ख़र्च कर देना आवश्यक है. ख़र्च करके भी उससे कुछ उपार्जन करते रहें– ऐसी तरकीब से ख़र्च करने को निवेश या लागत पूंजी कहते हैं.

-: 34 :-

लागत पूंजी के विभिन्न रूप

- अतिरिक्त रुपयों का किया क्या जाए
- निन्नानवे के फेर में भरोसा किसका?
- सबसे ज़्यादा ज़रूरत धनवानों को ही

आप भोजन कर चुके, उसकेबाद भी अगर आपकेपास भोजन बच जाए और वह भोजन आप किसी भूखे आदमी को दे दें जिस पर आप किसी कारणवर्श भरोसा करते हों कि वह एक साल बाद आपका वैसा ही उतना भोजन लौटा देगा, तो कह सकते हैं कि आपने अपना रुपया उसी वक़्त ख़र्च भी कर दिया और एक साल केलिए बचा भी लिया. यूं कहें कि आपकेपास जो ताज़ा भोजन था, वह आपने खा भी लिया और अगले साल में ताज़ा भोजन खा सकने की व्यवस्था भी कर ली.

आप तुरंत ही कह देंगे कि भोजन खाने वाले लाखों आदमी मिल जाएंगे, पर भरोसे का पात्र मिल सकना मुश्किल है कि साल भर बाद वह हमको भोजन खिला सके. भरोसा कैसे किया जाए? आज जो ख़ुद भूखे हैं, साल भर बाद वे अपने लिए भी कुछ जुटा पाएंगे कि नहीं, इसमें ही शंका है. हमें हमारा भोजन लौटाना दूर की बात है. इस कठिनाई का एक हल है. जो भूखे आदमी हैं उनमें से तो आप शायद भरोसा-पात्र नहीं पा सकें, पर आपके बैंक या आपके शेयरों के दलाल या आपके वकील ज़रूर ऐसे व्यक्तियों को ढूंढ देंगे जिनका भरोसा किया जा सकता है और बहुधा वे व्यक्ति काफ़ी धनी होंगे.

आप कहेंगे कि अगर वे धनी हैं तो उन्हें बचे हुए भोजन की आवश्यकता ही क्यों पड़ेगी? हां, उनका ख़ुद का तो पेट इतना भरा हुआ है कि उन्हें अपने लिए भोजन बिलकुल नहीं चाहिए, पर उन्हें बहुत बड़ी मात्रा में भोजन की आवश्यकता रहती है. क्योंकि वह भोजन उन भूखे आदमियों को खिलाना ज़रूरी है, जिनका विश्वास या भरोसा नहीं किया जा सकता कि अगले साल वे भोजन लौटा देंगे. वे भी उनका भरोसा नहीं करते. पर वे उन भूखों से भोजन केबदले कुछ काम करा लेते हैं, जो उनको बाद में

रुपये प्राप्त करा देता है. कोई भी बुद्धिमान या प्रतिभाशाली व्यक्ति आसानी से यह व्यापार कर सकता है. मान लीजिए देहात में आपका एक बड़ा खेत है और जो सड़क उसके पास से जाती है वह बड़ी ऊबड़-खाबड़ भूमि से गुज़रती है. अब आप उन लोगों से जिनको आप भोजन देते हैं, एक काम करवाते हैं कि वे आपके खेत के बीच से अच्छी सड़क बना डालें. सड़क बना लेने के बाद वे आदमी कोई दूसरा काम ढूंढें और किसी दूसरे व्यक्ति से भोजन प्राप्त करें.

आपने अपनी उस सड़क से आने-जाने वालों से कुछ कर या फीस लेना शुरू कर दिया. मान लीजिए अगर राहगीरों की संख्या बहुत है तो आप थोड़े ही दिनों में काफ़ी रुपया जमा कर लेंगे. जो रुपया या धन इस तरह से आपके पास इकट्ठा होगा, उससे भी उसी तरह से बचे हुए भोजन के रूप में आप भूखों को काम के एवज में भोजन करा देंगे और लीजिए उसी सड़क के आसपास कई मकान आप बनवा लें, उन मकानों को आप किराये पर दे दें, तो जो किराया इकट्ठा होगा उससे उसी तरह से फिर बचे हुए भोजन के रूप में आप अन्य भूखों को भोजन कराएंगे और अन्य दूसरे काम उनसे करवाते रहेंगे. इसी तरह आप मकान, फैक्ट्री, कारख़ाने बनवा लेंगे. हज़ारों आदमियों को फैक्ट्रियों में काम पर लगाकर और बदले में वही बचा हुआ भोजन देते जाएंगे. ज्यों-ज्यों काम करते जाएंगे त्यों-त्यों बचे हुए भोजन की मात्रा आपके पास बढ़ती ही चली जाएगी. इस तरह बचे हुए भोजन से आप अनेकानेक काम करवाते ही रहेंगे और इस व्यापार का अंत ही नहीं होगा.

इसी बचे हुए भोजन को आप अपने शेयर दलाल या बैंक के मार्फ़त जिस व्यक्ति को दे देते हैं वही तो पूंजीवादी उद्योगपति है और जो आप देते हैं, वही तो शेयर-कैपिटल है, जिससे कंपनियों के कारोबार चलते हैं. कभी-कभी ये योजनाएं निष्फल भी हो जाती हैं, पर फिर भी चूंकि आप अपना भोजन बचाकर रख नहीं सकते. आपको तो ख़र्च करना ही है. जिस पर भरोसा कर सकते हों, उसे देना ही है तो यह ख़तरा आपको उठाना ही पड़ेगा. हमेशा बड़े-बड़े उद्योगपतियों के लिए या उनकी कंपनियों के लिए बचा हुआ भोजन या शेयर कैपिटल प्राप्त होता ही रहता है. इसी तरह अजीब तरीक़े से वे बड़े धनिक आदमी निरंतर अधिक धनवान होते चले जाते हैं. देखते-देखते दुकानें, कारख़ाने, रेलवे, खानें, स्टीमर, अट्टालिकाएं, महल, टेलीफोन, हवाई जहाज़, मोटरें इत्यादि अनेक चीज़ें खड़ी हो जाती हैं.

इस बचत किए हुए भोजन का यह विस्तार इस तरह से जादू का सा काम करता है. बहुत से वे आलसी आदमी जिनके पास ज़मीन जायदाद है, पूंजी है, वे अत्यधिक धनवान हो जाते हैं और उन्हें पता भी नहीं लगता कि वे कैसे करोड़पति बन गए. उनके बच्चे जन्मते ही लखपति बन जाते हैं. जबकि वे मज़दूर या किसान जो यह सब करने में सहायक होते हैं या जिनके श्रम से यह सब हो पाता है, वे उसी भूख को मिटाने में उसी तरह काम की तलाश में भटकते फिरते हैं. वे अब भी वैसे ही दरिद्र रहते हैं जैसे पहले थे.

-: 35 :-

राष्ट्र और पूंजी

- पूंजीवादी अर्थव्यवस्था का ध्येय अधिक मुनाफ़ा
- राष्ट्र का हिताहित
- राष्ट्रीयकरण में पूंजीवादी मनोवृत्ति

ध्यान देने की बात यह है कि ये पूंजीवादी धनिक उन्हीं चीज़ों में अपने रुपये लगाते हैं या दूसरों से लेकर लगाते हैं, जहां इनको जल्दी से जल्दी ज़्यादा से ज़्यादा मुनाफ़ा नज़र आता है. देश के लिए क्या काम करना अच्छा है, इसमें इनकी तनिक भी आस्था नहीं.

मान लीजिए, समुद्रों में जहाज़ों को रास्ता दिखाने के लिए लाइट हाऊस की सख्त ज़रूरत है. आयात-निर्यात करने के लिए बंदरगाहों की अत्यंत आवश्यकता है. इसी तरह देश की उन्नति के लिए सैकड़ों ऐसी आवश्यक चीज़ें हैं. इन्हें बनाने में या तो जोखिम ज़्यादा है या इनसे उतनी आमदनी नहीं हो पाती, जितनी दूसरे ढंग के कारख़ानों से होती है, तो ये पूंजीवादी लोग कभी भी इन चीज़ों को बनाने में रुपये ख़र्च नहीं करेंगे. ये सब आवश्यक काम राष्ट्र को, सरकार को ही करने पड़ते हैं. हां, यदि सिगरेट का एक कारख़ाना लगाना हो तो फ़ौरन पूंजीवादी लोग तैयार होते हैं. वे ज़्यादा से ज़्यादा सिगरेटें बनाकर बड़े-बड़े इश्तिहारों या विज्ञापनों से घोषणा करेंगे कि सिगरेट पीना स्वास्थ्य के लिए बहुत ही लाभप्रद है और उनके कारख़ाने में बनी हुई स्पेशल क़िस्म की सिगरेट पीना तो एक प्रकार से धार्मिक पुण्य कार्य ही है. हालांकि यह सरासर झूठ है, पर ऐसी अनेक कंपनियां या फैक्ट्रियां खड़ी करने में, बनाने में इनको ज़रा भी संकोच नहीं होता.

दूसरी प्रधान बात यह है कि पूंजीवादी जल्दी से जल्दी ज़्यादा से ज़्यादा मुनाफ़ा कमाने की कोशिश करता है. मान लीजिए राष्ट्र के डाकतार विभाग से आप तार भेजते हैं. 10 नए पैसे प्रति शब्द की दर से आपको चार्ज देना होता है. अगर इसे घटाकर 2 नए पैसे प्रति शब्द कर दिए जाएं तो देश को आर्थिक हानि होगी या नहीं? अगर तार की दरें इतनी सस्ती हो जाएं तो स्वाभाविक है, तार भेजने वालों की संख्या बहुत ज़्यादा बढ़ जाएगी.

मान लें, चार्ज 1 रुपया प्रति शब्द कर दिया जाए तो संख्या उसी अनुपात से घट जाएगी, तो भी तार विभाग को उतना ही नफ़ा होने वाला है. क्योंकि चार्ज घटने-बढ़ने से तार भेजने वालों की संख्या अपने आप ज़्यादा या कम हो जाएगी.

किसी भी वस्तु या सेवा की क़ीमत कम या ज़्यादा कर लीजिए, उससे नफ़े पर फ़र्क़ कदाचित ही पड़ता है. वहीं तार विभाग यदि पूंजीवादियों की निजी संपत्ति होता तो यक़ीनन वे प्रति शब्द 1 रुपया ही चार्ज करते और जो उससे मुनाफ़ा होता, वह उन लोगों की जेबों में ही जाता. राष्ट्र जिन-जिन उद्योगों को चलाता है उसके चार्ज स्वाभाविक तौर पर नीचे या सस्ते होते ही हैं, क्योंकि उनमें नफ़ा करने की मंशा नहीं रहती. अगर नफ़ा होता भी है तो वह फिर राष्ट्र के हर व्यक्ति के उपयोग के लिए ख़र्च होता है. भारत में अभी तक जिन-जिन संस्थाओं का राष्ट्रीकरण हुआ है, वहां भी मनोवृत्ति अभी तक पूंजीवादी ही रही है. इसीलिए जनता को उसका पूरा लाभ हो नहीं पाया है. ऐसा हर जगह, जहां परिवर्तन होता है, वहां होता ही है. लोग काम करने की जिस परिपाटी के अभ्यस्त हो जाते हैं उनकी आदतें बदलते-बदलते ही बदलती हैं. आज का राष्ट्रीकरण दुर्भाग्य से सिर्फ़ पूंजीवादी सम्राट का बदलना मात्र हुआ है. जहां वे धनिक लोग, जिनकी निजी संपत्ति थी, मनमानी करते थे, उसके बदले में नए बने हुए ओहदेदार सरकारी नौकर या ऑफिसर उतनी ही, बल्कि उससे भी ज़्यादा मनमानी या अत्याचार कर रहे हैं. संतोष इतना ही है कि जहां वे अपने बल पर सतारूढ़ रह सकते हैं. प्रजामत ख़िलाफ़ होते ही बड़े से बड़े ओहदे का ऑफिसर भी कुछ ही क्षणों में या दिनों में धराशायी होता दिखाई देता है.

उदाहरण के रूप में बड़ी-बड़ी बिजली की कंपनियों की योजनाएं हैं, जो पूंजीवादी उद्योगपतियों के अधीन हैं, वहां मान लीजिए 10 नए पैसे की यूनिट चार्ज लगता है. बहुत सी जगह राष्ट्रीय बिजली कंपनियां भी हैं या राज्य विद्युत बोर्ड हैं, जहां बिजली पैदा करने का कुल ख़र्च मुश्किल से 2 या 3 नए पैसे प्रति यूनिट आता है तो भी वे ऑफिसर या ओहरेदार अपनी शान समझते हैं कि हम भी 10 नए पैसे या 12 नए पैसे की दर से बिजली बेचकर ज़्यादा मुनाफ़ा कमाकर दिखाएं कि निजी उद्योगपतियों की तरह हम भी व्यापार करना जानते हैं.

दुख है, वे राष्ट्रीकरण के मूल पहलू को जानते ही नहीं. जहां उन पुराने उद्योगपतियों के बिजली के कारख़ाने 1 करोड़ की लागत में बने थे, आज उसी प्रकार या साइज का नया कारख़ाना लगाने में सरकार को 10 गुना से भी अधिक ख़र्च करना पड़ता है, तो फिर आप उनसे प्रतियोगिता कैसे और क्यों करें? इसका प्रयत्न भी नहीं होना चाहिए. राष्ट्र को तो उत्पादन ख़र्च पर या कहीं-कहीं उससे भी सस्ती दरों में बिजली देनी ही चाहिए या उस श्रेणी के समस्त उद्योग का यानी सारी बिजली कंपनियों का राष्ट्रीकरण हो जाना चाहिए. भारत सरकार की आज की नीति जो करना भी चाहती है और नहीं भी करना चाहती, राष्ट्र को किंकर्तव्यविमूढ़ बना देती है और यह निश्चय ही अवांछनीय है.

जिन–जिन संस्थाओं का राष्ट्रीकरण हुआ है, उसकी व्यवस्था में जो पूंजीवादी मुनाफ़ा वृत्ति घुसी हुई है, उसका आमूल खंडन होना ही चाहिए. राष्ट्र की संपत्ति, राष्ट्र के हित के लिए, सर्वसाधारण की चीज़ है, उसे कोई भी ऑफिसर या ओहदेदार अपनी बपौती क्यों समझे? सरकारी अफ़सरों के भी आदर्श पूंजीवादी ढंग के ही हैं. उन्होंने भी अपने कारनामों द्वारा देश का शोषण करके करोड़ों रुपये इकट्ठे कर लिए हैं. आज वे भी यही समझते हैं कि मौक़ा हाथ आ गया, क्यों न हम भी करोड़पति बन जाएं? निश्चित ही है कि अवैध मार्गों का अनुसरण किए बिना नौकरशाही के लोग कभी करोड़पति बन नहीं सकते. परिणामस्वरूप भयंकर भ्रष्टाचार फैलता है. पूंजीवादियों या धनिकों की तरह पांचों अंगुली घी में वाली कहावत यहां भी चरितार्थ होती है.

-: 36 :-

सर्वोदय अर्थव्यवस्था

- पीछे लेटना संभव नहीं
- साधन सामग्री की बहुलता
- एक राष्ट्रीय आवश्यकता

राष्ट्रपिता महात्मा गांधी ने अपनी अर्थव्यवस्था का जो स्वरूप बतलाया था, उसे सर्वोदय अर्थव्यवस्था की संज्ञा मिली है. शायद यह व्यवस्था भारत की दयनीय दशा को देखते हुए इस देश के लिए उपयुक्त और आदर्श मान भी ली जाए. पर भारत को अपनी स्वतंत्रता की रक्षा करते हुए विश्व के दूसरे देशों के साथ इज़्ज़त से जीना है या क़ायम रहना है तो सर्वोदय अर्थव्यवस्था, जिसकी मूल भित्ति त्याग है, कैसे संभव होगी? हज़ारों वर्ष पहले भारत की जनसंख्या एक करोड़ थी, तब कुटीर उद्योगों से बने, हाथ से कते हुए, हाथ से बने हुए कपड़े पहनने के लिए पर्याप्त रहे होंगे. पर आज भारत की 40 करोड़ प्रजा के लिए बिना मशीनों की सहायता के कपड़ा कैसे मिल सकता है?

मान लीजिए, तन ढका भी जा सके तो क्या यह स्थिति सुंदर होगी, जबकि विश्व के दूसरे देश, यहां तक कि आपके पड़ोसी राज्य (जो कल तक आपके ही अंग थे) अच्छे बढ़िया मलमल और खिनखाफ के कपड़ों से अपने अंगों को सजाएंगे और यहां के निवासी मोटी खादी या रेजी के कुर्ते और धोती लादे फिरेंगे? यहां के लोगों का हृदय निश्चय ही हीनभावना से भर जाएगा और उन तमाम वस्तुओं को प्राप्त करने की लालसा जाग्रत हुए बिना रहेगी नहीं. परिणाम वही होगा, जो आज से 200 वर्षों पहले भारत में अंग्रेजी राज्य की स्थापना के समय हुआ था.

गोबर के उपले इस देश में ईंधन के काम आते हैं. अगर यों कहें कि अब तक की भारतीय अर्थव्यवस्था गोबर व्यवस्था ही रही है, तो भी अत्युक्ति नहीं होगी. सर्वोदय उस स्थिति से देश को बाहर निकालने की प्रेरणा नहीं देता. अहिंसा का पाठ घोल-घोलकर पिलाया जा रहा है. जहां अहिंसा का अर्थ सिर्फ़ कायरता ही रह जाता है. आपके घर पर

कोई हमला कर दे और आप चुपचाप उसे बर्दाश्त कर लें अथवा उस पर तर्कावरण चढ़ाकर भागते फिरें तो यह अहिंसा नहीं, यह कायरता ही मानी जाएगी. मगर इस भेद को समझने की शक्ति भी कहां है? अहिंसा का नारा हिमालय की चोटी पर खड़े होकर लगाया जा रहा है. जहां पंचशील का नियमित पारायण किया जाता हो, वहां कब और किन परिस्थितियों में कहें कि अब अहिंसा की आवश्यकता नहीं रही. अहिंसा के इस छद्म आवरण में देश की शक्ति क्षीण हो रही है. उसका मानसिक धरातल गिर रहा है, इसे कैसे समझाया जाए?

देश की स्वतंत्रता की रक्षा करने के लिए सबसे बड़ी आवश्यकता है, साधन-सामग्री की बहुलता. साधन-सामग्री कुटीर उद्योगों में या हथकरघों से नहीं बन पाएगी. इन साधनों को पैदा करने के लिए आधुनिक विशाल यंत्रों की ही आवश्यकता होगी. बड़े-बड़े कारख़ाने बनाने होंगे. बड़ी-बड़ी फैक्ट्रियां लगानी होंगी. योजना कमीशन इस क्षेत्र में कार्य कर रहा है. उद्योगीकरण करने पर पर्याप्त ज़ोर भी है. राष्ट्रीय और पूंजीवादी दोनों स्तरों पर उद्योगों का विकास समुचित ढंग पर हुआ भी है. पर जब तक निश्चित मार्ग और नीति का अवलंबन न हो, तब तक पूर्ण सफलता मिलना संभव नहीं दिखाई देता. अच्छे-अच्छे समझदार सचिव या मंत्री भी अभी तक उसी सर्वोदय अर्थव्यवस्था अथवा गोबर सभ्यता या कुटीर उद्योग का समर्थन ज़ोरों से कर रहे हैं. फिर कैसे विश्व के दूसरे देशों के मुक़ाबले में खड़े रहना संभव होगा? यही प्रश्न चिंत्य है. महाभारत युग में भी भगवान व्यास ने उपदेश देते वक़्त यही कहा था कि अगर आपके पास साधन-सामग्री नहीं है तो रण में विजय आपको नहीं मिल सकती, प्रकर्ष मूलाय रणे जयश्री (किरातार्जुनीय काव्य).

ये साधन, इन तमाम सामग्रियों को जुटाने के लिए आवश्यक है कि ज़्यादा से ज़्यादा तादाद में बड़े-बड़े कारख़ाने, फैक्ट्रियां स्थापित हों और हर वस्तु का अधिकतम उत्पादन हो. जीवन की आवश्यक वस्तुओं की तो कमी जरा भी रहे नहीं. साथ ही अन्य वस्तुएं भी पर्याप्त मात्रा में उपलब्ध हों. यह तब ही संभव है, जब राष्ट्र उद्योगशील बनकर आगे प्रगति करे और 500 वर्ष पहले की त्याग गरिमामयी अर्थव्यवस्था को अलग ताक़ पर रख दे. राष्ट्रीयकरण में जो ख़ास आपत्ति बताई जाती है, वह यह है कि इससे विदेशी पूंजी पर्याप्त मात्रा में प्राप्त नहीं हो सकती. अगर भारत का उद्योगीकरण करना अपेक्षित है तो यह देश अपने बल पर या अपने धन से तो बड़े बड़े उद्योगों को स्थापित करने में समर्थ है नहीं, विदेशों से सहायता अनिवार्य रूप से लेनी ही पड़ेगी.

ഇ●ര

-: 37 :-

विदेशी आर्थिक सहायता शुद्ध स्वार्थ से प्रेरित

- विदेशी आर्थिक सहायता शुद्ध स्वार्थ से प्रेरित
- भारत की तटस्थता
- भारतीय पूंजी का विदेशी निर्यात

कोई भी पूंजीवादी उद्योगपति, किसी भी देश का वासी क्यों न हो, अपनी पूंजी तब ही लगाएगा, जब उसे उसकी सुरक्षा और उससे लाभ होने का पूरा विश्वास हो. अगर भारत सरकार की नीति उद्योगों के राष्ट्रीयकरण की रही तो कोई भी बाहरी पूंजीवादी अपना एक रुपया भी भारत में नहीं लगाएगा. यह शंका सर्वथा निर्मूल तो नहीं है, पर ग़लत आधारशिला पर स्थित है. कोई भी पूंजीवादी तब तक अपने देश से बाहर जाकर रुपया नहीं लगाएगा, जब तक उसे अपने देश में मौक़ा मिलता रहे. विश्व में कोई भी देश परिपूर्ण हो नहीं पाया है और कभी हो भी नहीं सकता. प्रत्येक देश में पूंजी लगाने के और उससे लाभ कमा सकने के अनेक क्षेत्र खुले पड़े हैं, फिर भी ये विदेशी पूंजीपति भारत में या अन्य पिछड़े हुए देशों में क्यों अपनी पूंजी लगाते हैं, यह विषय परीक्षण करने योग्य है. सृष्टि के आदि से लेकर आज तक मानव–मानव का संघर्ष होता आया है. यह संघर्ष अवश्यंभावी है. चाहे वह संघर्ष साम्राज्य विस्तार की लिप्सा से हो, चाहे अपने धर्म या मत प्रचार के लिए हो, चाहे अर्थमूलक हो, संघर्ष चलता ही रहेगा और चलता ही रहता है.

गत महायुद्ध में जर्मनी के हिटलर और इटली के मुसोलिनी की तानाशाही से आतंकित होकर बाक़ी देशों ने उनके विरुद्ध युद्ध किया. परिणाम सामने है. आज शांति स्थापित हुए 14 वर्ष बीत गए, पर क्या सही माने में इसे शांति कह सकते हैं? आज दो प्रधान ख़ेमों के बीच का भयानक विस्फोट विश्वयुद्ध में परिणत होने को है. एक ओर है, सोवियत रूस द्वारा संचालित साम्यवाद, जिसमें चीन, चेकोस्लोवाकिया, पोलैंड, हंगरी इत्यादि अनेक देश शामिल हैं. दूसरी तरफ़ अमेरिका के नेतृत्व में प्रजासत्तात्मक गणतंत्र राज्य है, जिसमें इंग्लैंड, फ्रांस, जर्मनी इत्यादि देश शामिल हैं और जिनको पूंजीवाद का पोषक

माना जाता है. इन दोनों तथाकथित वादों में साम्यवाद और पूंजीवाद में ज़बरदस्त संघर्ष है. दोनों ही दल अपनी–अपनी शक्ति बढ़ाने में प्रयत्नशील हैं. मानव मस्तिष्क के जितने भी विनाशक अणु हैं, उनका पूरा–पूरा उपयोग किया जा रहा है. परमाणु बम, हाइड्रोजन बम इत्यादि भयानक अस्त्र इसी तरह की मनोवृत्ति की देन हैं. दोनों दल बाज़ी लगाकर बैठे हैं कि इस पृथ्वी भर का नाश कौन कितनी जल्दी कर सकता है. इसी प्रतियोगिता में सौर मंडल के दूसरे ग्रहों पर आक्रमण करने की भी होड़ लगी हुई है. अगर सोवियत रूस ने चंद्र लोक पर पहले राकेट या स्पूतनिक भेज दिया तो अमेरिका मंगल ग्रह पर पहले पहुंचने की फ़िक्र में है. बात देखने–सुनने में आश्चर्यजनक और परियों की ख्याली कहानी दिखाई देती है, पर है यह सच. आज विश्व में अपनी–अपनी शक्ति की माप–तौल बढ़ाने में दोनों पक्ष ज़ोर–शोर से लगे हुए हैं. इसी तरह अपने–अपने पक्ष को ज़्यादा पुष्ट या ताक़तवर बनाने के लिए दोनों ही दल ज़्यादा से ज़्यादा प्रयत्न कर रहे हैं.

चीन की जनसंख्या भारत से कहीं ज़्यादा है. वहां की आर्थिक और सामाजिक स्थिति भारत से कोई अच्छी नहीं थी. फिर भी जब सोवियत रूस वाले साम्यवाद के पक्ष में वह देश शामिल हो गया तो विकास और उद्योगीकरण अल्पकाल में ही संभव हो गया. क्या सोवियत रूस ने यह सारी सहायता दया या कृपा करके दी? कदापि नहीं, अपने स्वार्थ–साधन के लिए ही एक देश दूसरे देश को आर्थिक या सैनिक सहायता प्रदान करता है. भारत जबसे स्वतंत्र हुआ है, दोनों ही खेमे वाले इस प्रयत्न में हैं कि भारत उनके खेमे में शामिल हो. सौभाग्यवश इस देश का संविधान प्रजातंत्रात्मक गणतंत्र है और इसके प्रधानमंत्री पंडित जवाहर लाल नेहरू हैं. वह किसी भी पक्ष में शामिल नहीं हुए हैं, न अपने देश को ही किसी गुट में शामिल होने दिया. यही कारण है कि आर्थिक सहयोग भारत को दोनों में से किसी पक्ष से भी पर्याप्त मात्रा में नहीं मिल रहा है.

जर्मनी युद्ध में पराजित और ध्वस्त हो गया था और वह आज भी दो भागों में विभक्त है. एक भाग पश्चिमी पावर ब्लॉक अमेरिका के अधीन है. वह इतनी ज़्यादा तरक्क़ी कर चुका है, जितनी वह ताकत के चरम शिखर पर भी नहीं कर सका था. सोवियत रूस के अधीन जर्मनी का जो भाग है, वहां भी प्रगति भारी परिमाण में हुई है. ऐसा दावा किया जाता है, हालांकि उसका पूरा विवरण प्राप्त नहीं है. कहने का तात्पर्य यह है कि कोई भी विदेशी ताक़त भारत को आर्थिक सहायता देती है तो वह भारत पर कोई उपकार नहीं करती. वे अपने पक्ष का समर्थन बढ़ाने के उद्देश्य से ही ऐसा करते हैं और अगर भारत खुल्लमखुल्ला एक पक्ष का समर्थन करने लग जाए तो उसे पर्याप्त आर्थिक सहायता मिल सकती है. अमेरिका आदि पाश्चात्य देशों का विकास पर्याप्त मात्रा में हो चुका है. उनके उसूल प्रजातांत्रिक गणतंत्र के हैं. अतएव भारत के संविधान द्वारा निर्देशित नीति के वह ज़्यादा निकट हैं. पर किसी शक्ति–गुट में शामिल हों या न हों, यह तो राजनीतिक प्रश्न है, जिसके बारे में कुछ कहने से विषयांतर की संभावना है. कहना इतना ही है कि भारत को अपने विकास के लिए अगर विदेशी आर्थिक सहायता अपेक्षित है ही तो, वह मिले अथवा न मिले, सिद्धांतों का हनन तो कदापि नहीं करना चाहिए. अगर भारतीय

जनता के हित में यह है कि तमाम मुख्य उद्योगों का राष्ट्रीयकरण होना ही चाहिए तो सिर्फ़ इसी आपत्ति से कि विदेशी सहायता नहीं मिलेगी, राष्ट्रीयकरण रुकना नहीं चाहिए.

एक और महत्वपूर्ण प्रश्न इसी दौरान उठता है. वह है, भारत के पूंजीवादी उद्योगपतियों का यहां से विदेशों में धन भेज देना. यहां के धनिकों को जब यह शंका हुई कि सरकार शायद ज़मीन, जायदाद और राष्ट्रीयकरण कर लेगी, क्योंकि समाजवादी अर्थव्यवस्था को सरकार मान्यता दे चुकी है तो ये धनिक आशंकित और भयभीत हो उठे. अंग्रेजी सरकार का सहारा सिर पर से उठ ही चुका था. अब क्या करें? वे घबरा गए. बहुतों ने, खास करके राजा-महाराजाओं ने, असंख्य धन, सोना, हीरे, जवाहरात के रूप में या अन्य तरीक़ों से विदेशों में भेज दिया. वहां यह धन ब्याज़ कमा रहा होगा या यों ही बेकार पड़ा होगा, पर यह निश्चित है कि ऐसा धन जो विदेशों में भेजा गया है, वह भारत के साथ वैमनस्यपूर्ण परिणाम प्रस्तुत करता है. राष्ट्र का कर्तव्य है कि क़ानूनन इस तरह के कामों को अवैध ही क़रार न करे, बल्कि उन्हें बाध्य करे कि जो धन वे विदेशों में ले गए हैं, उसे वे लौटा लें और इस तरह की चेष्टाओं का अंत करने के लिए उच्चस्तरीय तात्कालिक सख्त क़दम उठाए जाएं.

बेकारी की समस्या

- तात्कालिक भयंकर प्रश्न
- वैध और अवैध तरीक़े
- प्रत्येक प्रगतिशील सुधार की प्राथमिक बाधाएं

सामान वित्त वितरण तो दरकिनार, आज तो भारत में सबसे बड़ी समस्या बेकारी की है. तृतीय पंचवर्षीय योजना सफलतापूर्वक संपादित हो जाने के बाद भी योजना आयोग को आशा है कि 2 करोड़ नए रोज़गार पैदा हो जाएंगे, पर तब तक इनसे कहीं ज़्यादा बालिग़ काम करने वाले पैदा हो चुके होंगे. बेकारी की दशा वैसी की वैसी ही बनी रहेगी. भारत कृषि प्रधान देश है. जिन व्यक्तियों के पास काम है भी, वह साल में क़रीब 4 महीने का ही है. बाक़ी 8 महीने उन्हें बेकार ही बैठे रहना पड़ता है. बेकारी को मिटाने के लिए राष्ट्र को सक्रिय काम करना होगा. एक बार समाजवादी अर्थव्यवस्था को अपनाकर, समान वित्त वितरण पर लक्ष्य केंद्रित कर दिया जाए तो फिर सिर्फ़ 2 करोड़ नए रोज़गार या धंधे अगले 5 वर्षों में खड़े कर सकेंगे, ऐसी अर्थहीन और दुर्बल आशा ही ग़लत सिद्ध हो जाती है. जिस तरह देश के हर एक व्यक्ति को रोटी-कपड़ा देना राष्ट्र का काम है, वैसे ही प्रत्येक व्यक्ति कुछ न कुछ करता रहे, यह देखना भी राष्ट्र का ही काम है.

बेकारी की समस्या धीरे-धीरे, क्रमशः सुधरने की चीज़ नहीं है. इसके लिए तो एक साथ बड़ी क्रांति का होना आवश्यक है. भारत की संसद को या राज्य विधानसभाओं को क़ानून बनाकर, निठल्ले बैठे हुए व्यक्तियों को दंडित करने के लिए विधान बनाना होगा. हर बालिग व्यक्ति अपने हिस्से का कुछ न कुछ काम करे, चाहे वह किसी भी क़िस्म का हो. उसे रुचे, वही काम करे, पर काम करना, श्रम करना अनिवार्य होना ही चाहिए. जिस देश का विकास नहीं हो पाया हो, जिस अविकसित देश में अभी तक हर वस्तु की कमी हो, कम से कम वहां कामों की कोई समस्या होनी ही नहीं चाहिए. आप कहेंगे कि यह तो आप सोवियत रूस के साम्यवाद का ही प्रतिपादन कर रहे हैं. नहीं, यह बात नहीं है.

जहां तक काम का सवाल है, शायद साम्यवाद वाले भी यही चाहते हैं कि हर बालिग़ स्वस्थ व्यक्ति काम करता रहे. पर वहां साम्यवादी पार्टी के नेताओं का जो आतंकवाद है यानी जहां वे ये सब काम बंदूक़ या तोपों के बल पर जोर–ज़बरदस्ती प्रजा से करवाते हैं, वहां मैं प्रजातांत्रिक ढंग से सबको अपना–अपना कर्तव्य समझा कर काम करवाने का हिमायती हूं. वरना बेकारी को आमूल रूप से कैसे उखाड़ कर फेंका जा सकता है?

-: 39 :-

प्रत्यक्ष कर और करदाता

- क़ानून की कमज़ोरी
- संबंधित अधिकारीयों की मनमानी
- ईमानदार करदाता की स्थिति

समान वित्त वितरण का ध्येय प्राप्त करने का मुख्य वैध मार्ग प्रत्यक्ष करों द्वारा है. मार्ग तो और भी अनेक हैं, पर उत्तम मार्ग करों का ही है. आयकर, बहु-आयकर, अतिरिक्त संपत्ति कर, उपहार कर, मृत्यु कर इत्यादि जो सीधे कर हैं, वे वित्त की असमानता दूर करने में सहायक हैं. भारत सरकार ने या शासक कांग्रेस पार्टी ने जबसे समाजवादी अर्थव्यवस्था को अपना ध्येय घोषित कर दिया है, तबसे इस क्षेत्र में कुछ सरगर्मी दिखाई देती है. इसका परिणाम ग़ौर करने लायक़ है. क़ानून बनाने को तो बना दिए गए, पर उनका प्रतिपालन कैसे होगा और कैसे हो रहा है, यह देखने की चीज़ है. क़ानून बनाने वाले असली कठिनाइयों से इतने अनभिज्ञ हैं कि या तो वे चोर चोरी करके भाग जाए तब ताला बंद करने जैसा क़ानून बनाते हैं या ऐसा क़ानून बना देते हैं, जिससे कोई भी व्यक्ति ईमानदारी से क़ानून मानता हुआ जीवित रह ही नहीं सकता. शासन के अधिकारियों का, ख़ासकर ऑफिसरों का चरित्र या तो भ्रष्टाचार से आप्लावित है और उनका स्तर नीचे गिर चुका है या फिर ऐसे ऑफिसर हैं, जो पर-पीड़न में भी परमानंद का अनुभव करते हैं. भले ही कोई नागरिक ईमानदारी से सही-सही कर चुकाता रहा हो, पर उसे इतना ज़्यादा सताया जाता है, इतना हैरान किया जाता है कि आख़िर वह भी महसूस करने लगता है कि भारत में ईमानदार करदाता होना बड़ी से बड़ी भूल है.

मान लीजिए, आपकी आय एक लाख रुपया सालाना है. आपने क़ानून के अनुसार यथासमय अपना टैक्स अदा कर दिया. समय पर आपने तख्मीना पेश कर दिया. सारा हिसाब, बही खाते ऑफिसर के सामने रख दिए. किसी भी अज्ञात कारण से उस ऑफिसर के दिमाग़ में आया और चूंकि उसे स्वच्छंद अधिकार है, उसने आपके स्टेटमेंट

या तख्मीने या बही खातों को अविश्वसनीय बताकर अपने मन से आपकी आय 3 लाख रुपया अनुमानित कर दी और तदनुसार कर की मांग आपके सामने रख दी. निश्चित है, अगर आप चोरबाज़ारी नहीं करते हैं तो आप वह मांग पूरी कर नहीं सकते. ऑफिसर को अधिकार है कि वह आपके ऊपर उतने ही रुपये का दंड और लगा दे और सरकारी महसूल या लगान वसूल करने के सारे तरीक़ों को इस्तेमाल कर ले. देखा गया है कि आय की कोई भी निजी या व्यक्तिगत संपत्ति हो, उसको फ़ौरन कुर्क करके नीलाम तक किया जा सकता है. निश्चय ही इस तरह जबरन बेची हुई वस्तु औने-पौने में ही बिकती है. बाज़ार में आपकी इज़्ज़त-आबरू ख़त्म हो जाती है.

विचित्र बात यही है कि इसके विरुद्ध की गई अपील कोई न्यायाधीश या न्याय विभाग का ऑफिसर नहीं सुनता, बल्कि उसी आयकर विभाग का एक दूसरा ऑफिसर, जो शायद कल तक ऑफिसर की हैसियत से वैसे ही अनेक एसेसमेंट कर चुका होता है, सुनता है. यहां फिर तो भ्रष्टाचार चलता है या वे अपीलेट ऑफिसर भी पर-पीड़न में आनंद का अनुभव करने वाले होते हैं. मान भी लीजिए, आप अपील जीत गए (जिसकी सुनवाई 4 साल पहले से तो होने से रही), निश्चित भी हो गया कि आपकी आय 1 लाख रुपया ही थी, जैसी आपने नक्शे में भर कर दिखाई और जिसका पूरा-पूरा टैक्स आप अदा भी कर चुके थे, तो क्या हुआ? आपकी दुकान की नीलाम तो हो ही चुका, आपकी व्यक्तिगत या निजी संपत्ति चंद रुपयों में नीलाम हो चुकी, आपकी इज़्ज़त तो बाज़ार में समाप्त हो ही गई. क़ानून से आपको इन सबका कुछ भी मुआवज़ा मिल नहीं सकता और न उस आयकर ऑफिसर पर ही, जिसने इतनी अन्यायपूर्ण कार्रवाई की थी, किसी तरह की अनुशासन की कार्रवाई की जाती है. वह उसी तरह से अपने मन की इच्छा के अनुसार दूसरे अनेक नागरिकों को सताता रहता है या उनकी इज़्ज़त लेता रहता है.

-: 40 :-

भ्रष्टाचार बनाम परपीड़न

- सरकारी अधिकारियों का रुख़
- कानूनों की अधिकता
- नियमों की अवहेलना

भारत में सरकारी ऑफिसरों का, नीचे से ऊपर तक सब ही का, नैतिक स्तर काफी गिरा हुआ है. उसको सुधारने में अभी काफ़ी समय लगेगा. पर जब तक यह नहीं होता, समान वित्त वितरण की योजना रुक नहीं सकती. अतएव क़ानून वालों को सोच-समझ कर ऐसे क़ानून बनाने चाहिए, जिनका प्रतिपालन बिना किसी कठिनाई के किया जा सके और शासन के कर्मचारी जिनका पालन कराने में भ्रष्टाचार या परपीड़न का रास्ता न अपना पाएं. ऐसे अनेक क़ानून बन सकते हैं.

आज से 500 वर्ष पूर्व पाश्चात्य विद्वान श्री सर्वांते ने एक उपन्यास डॉन क्वीग्जोट लिखा था. यह पुस्तक हास्यरस के प्रतीक एक महामूर्ख की कहानी है. डॉन क्वीग्जोट अपने सेवक सांको पांजा को उपदेश देता हुआ कहता है कि जिस शासन में क़ायदे क़ानून इतने ज़्यादा बनाए जाते हों कि यह जानने का अवकाश ही न मिले कि इनका पालन हो रहा है या नहीं, उस राज्य से अराजकता कहीं ज़्यादा अच्छी है. भारत में कई ऐसे क़ानून-पुंज मौजूद हैं, जो सिर्फ़ किताबों में बंद पड़े हैं. उनको प्रजा मानती रहे तो कोई श्रेय नहीं, उल्लंघन करे तो कोई दंड नहीं. ऐसे क़ानून बनाने से लाभ ही क्या?

क़ानून चाहे कम से कम बनें, पर उनका पालन जनता द्वारा बराबर हो, यह देखना शासन का उतना ही कर्तव्य है, जितना क़ानून बनाना. पर लगता है, शासन अभी तक क़ानून बनाने में ही विश्वास करता है, उसके पालन की संभवत: उसे उतनी परवाह नहीं. जनता को क़ानून पालन में प्रवृत्त रखने का जो साधन शासन के पास है, वह है पुलिस विभाग या यदि कहीं मामला ज़्यादा गंभीर बन जाए तो सैनिक विभाग. पुलिस तो इस तरह से बदनाम है कि कोई भी भला आदमी उसके पास रपट या डायरी लिखाने जाने तक

से डरता है, चाहे उसकी बहुमूल्य वस्तु चोरी चली गई हो, चाहे उसकी इज़्ज़त या अस्मत पर गुंडे हाथ डाल रहे हों.

भारतीय नागरिक चुपचाप सहन कर लेगा, उसकी हिम्मत पुलिस विभाग में जाकर पुकारने की सहज में नहीं होगी. ऐसा क्यों? कारण स्पष्ट है, अगर पुलिस के पास वह जाए तो पहले तो वे उसकी रही–सही संपत्ति या आबरू उतारने से बाज नहीं आएंगे और कहीं बच जाए तो फिर वही पूंजीवादी ज़हर इस तरह से फैला हुआ है कि बिना पूंजी के ज़ोर से उसको कुछ भी राहत या न्याय मिले, यह संभव ही नहीं है. जब ऐसी दशा है तो समान वित्त वितरण कैसे सफल होगा, यह प्रश्न और अधिक गंभीर हो जाता है. अगर क़ानून द्वारा कर्मचारियों के लिए कर्तव्य पालन निश्चित कर दिया जाए और कर्मच्युत होने वाले कर्मचारियों को भारी से भारी सज़ा सहज ही और तत्काल दी जा सके तो शायद स्थिति सुधर सकती है. शासन के कर्मचारियों का नैतिक स्तर सुधारना लाज़िमी है. क़ानून का प्रतिपालन कराना अत्यंत आवश्यक है. क़ानून बनाने से पहले उसमें आने वाली सारी कठिनाइयों का अध्ययन अच्छी तरह होना ही चाहिए और एक बार क़ानून बन जाने पर उसके पालन में भेदभाव की गुंजाइश रहनी नहीं चाहिए. आज स्थिति ऐसी है कि क़ानून एक है, पर उसका प्रवर्तन करोड़पति सेठ के लिए जिस ढंग का है, आम जनता के लिए उससे भिन्न ढंग का है. इस विषम परिस्थिति को मिटाने के लिए अन्य क़ानून अपेक्षित हैं.

-: 41 :-

पूंजी की निर्धारित सीमा

- ज़मीन की मालिकी की सीमा निर्धारित
- सीमाहीन पूंजी अधिक घातक
- प्रतिस्पर्धा पूंजीवाद की सबसे बड़ी देन

निजी संपत्ति पूंजीवाद का मूल स्तंभ है. इसे मिटाना ही होगा. इस श्रेणी में प्रधानत: दो ही संपत्तियों का समावेश होता है-(1) ज़मीन जायदाद, (2) पूंजी. भारत सरकार ने जबसे समाजवादी अर्थव्यवस्था को अपना ध्येय घोषित किया है, प्रथम कक्षा के लिए कई संशोधन हुए हैं, नए क़ानून बने हैं. खेती-बाड़ी की ज़मीन एक व्यक्ति निर्धारित सीमा से ज़्यादा नहीं रख सकता. यह क़ानून अलग-अलग राज्यों में, प्राय: सारे भारत में ही बन गया है. जहां एक ज़मींदार के पास हज़ारों एकड़ भूमि होती थी, वहां आज क़ानूनन 30 या 50 एकड़ भूमि से ज़्यादा एक व्यक्ति या एक परिवार रख नहीं सकता. उसकी सारी अतिरिक्त भूमि कुछ मुआवज़ा देकर या बिना मुआवज़ा दिए उससे ले ली गई है या ली जा रही है. यह बड़ा भारी क्रांतिकारी परिवर्तन है. वे पूंजीवादी, जिनके पास सैकड़ों वर्षों से हज़ारों एकड़ भूमि क़ब्ज़े में चली आ रही थी, अब संत्रस्त हो रहे हैं. समान वित्त वितरण की दिशा में यह एक ठोस क़दम है.

ज़मीन रखने की ऊपरी सीमा क़ानून द्वारा निर्धारित कर दी गई, पर खेती-बाड़ी की ज़मीन के सिवाय अन्य मकान या जायदाद के संबंध में ऐसी कोई सीमा निर्धारित नहीं की गई. कोई भी एक व्यक्ति एक ही शहर में सैकड़ों मकानों का मालिक हो सकता है और मनचाहा भाड़ा जनता से वसूल कर सकता है. सौभाग्यवश शासन ने भाड़ा नियमन क़ानून बना रखा है. उसके प्रभाव से मकान मालिक स्वेच्छा से चाहे जिस हद तक भाड़ा नहीं बढ़ा सकते, पर फिर भी नए-नए मकानों में किराया बढ़ाने की जो अवधि है, वह अनुचित ढंग से ऊंची है. मकानों की क़ीमत भी काफ़ी बढ़ी हुई है, अतएव जिस किसी ज़मींदार ने आज से 15 या 20 वर्ष पूर्व अपनी खेती-बाड़ी की ज़मीन बेचकर शहरों में मकान

बनवा लिए या ख़रीद लिए, वे अपने आपको ज़्यादा बुद्धिमान और सौभाग्यशाली समझने लगे हैं. कारण स्पष्ट है कि इस बारे में सरकार की नीति अभी तक निश्चित नहीं हुई है. उसे समाजवादी व्यवस्था क़ायम करनी भी है और जैसा चलता है, वैसे चलने देना भी है. कृषि के लायक़ भूमि पर सीमा निर्धारित कर दी गई, पर पूंजी की कोई सीमा निश्चित नहीं हुई. कारण?

एक पूंजीपति के पास ज़्यादा ज़मीन होना ज़्यादा पूंजी के मुक़ाबले में ज़्यादा ख़तरनाक क्यों समझा गया? कारण, ज़मींदार, जागीरदार या राजा-महाराजा गिनती के थे. अत: इनका हक़ हड़प लेने या समाजवादी व्यवस्था को लागू करने के बहाने से आसानी से सारी ज़मीन हस्तगत कर ली गई. अगर पूंजी का राष्ट्रीयकरण हो या सीमा निर्धारित की जाए तो बहुत भारी जनसंख्या पर इसका असर पड़ेगा. प्रधानत: संसद, राज्यसभा के बहुत से सदस्यों पर भी असर पड़े बिना नहीं रहेगा. भारत इतना ज़्यादा ग़रीब देश है कि अगर ज़मीन की ऊपरी सीमा के अनुमान से ही पूंजी की सीमा निर्धारित की जाए तो ऊपरी सीमा लगभग 50 हज़ार रुपये की होगी. फिर क़ानून का यह रूप होगा कि कोई व्यक्ति अपने लिए या अपने परिवार के लिए 50 हज़ार से ज़्यादा न रख सके, बाक़ी पूंजी उसे राष्ट्र को दे देनी होगी. यह एक ऐसा क़दम है, जिसके लिए कठोर से कठोर समाजवादी भी तत्काल तैयार नहीं होगा, क्योंकि जहां तक ज़मीनें हस्तगत करने का सवाल था, इन पूंजीपतियों को व्यक्तिगत क्षति नहीं होती थी. ज़मींदारी उन्मूलन के अंतर्गत दिए गए मुआवज़े ने पूंजीपतियों की श्रेणी में वृद्धि ही की है. लिहाज़ा ज़मीन के एवज में प्राप्त धन का किराया ज़मींदारों को और अधिक मिल सकता है, कम से कम ऐसी आशा है. इसीलिए पूंजीपतियों के साथ इन विगत ज़मींदारों का बल भी पूंजी की सीमा निर्धारण में बाधक है.

जब पूंजी की सीमा निर्धारित करने का प्रश्न आता है तो आधी प्रजा, ख़ासकर शिक्षित वर्ग नाराज़ होकर कहने लगेंगे कि यह तो सोवियत रूस का साम्यवाद है. बड़ा अत्याचार है, ऐसा नहीं होना चाहिए. समान वित्त वितरण में इसीलिए बाधा उत्पन्न हो रही है. मान लें, राष्ट्र ऐसा क़ानून बनाने को तैयार हो भी जाए, तो क्या वह सुचारू रूप से चल सकता है? क्या वह लागू हो सकेगा? क्यों नहीं, जहां हर व्यक्ति को आजकल अपनी संपूर्ण संपत्ति का ब्यौरा देना पड़ता है, हर साल संपत्ति कर के आंकड़े भरकर भेजने पड़ते हैं, वहां कुल संपत्ति की ऊपरी सीमा क़ानून द्वारा आराम से बांधी जा सकती है. हां, प्रत्येक प्रगतिशील अच्छे क़ानून के लागू करने में शुरू-शुरू में जो बाधाएं आती हैं, इसमें भी आएंगी. लोग थोड़ा-बहुत धन चोरी-छिपे रख लेंगे, ऐसी संभावना हो सकती है. लेकिन जब जमा पूंजी एक निर्धारित सीमा से अधिक रखी नहीं जा सकती तो वह धन भी ख़र्च करना होगा. संपत्ति के इस सीमा निर्धारण का अर्थ यह नहीं है कि लोगों के कमाने की शक्ति के बारे में भी कोई लक्ष्मण रेखा खींच दी जाएगी. कमाने और व्यवसाय करने के क्षेत्र तो फिर भी खुले ही रहेंगे. इस सीमाबंदी का नतीजा तो यह होगा कि लोग उस जमा पूंजी को दबाकर मृत धन न होने देंगे. यदि कमाया हुआ धन ख़र्च होता गया, तो वह कई लोगों के हाथ से गुज़रेगा और रुपये की इस गति से धन धीरे-धीरे अनेक भागों में बंटकर अनेक लोगों तक पहुंच जाएगा. रही वारिसदार के सौभाग्य

और दुर्भाग्य की बात, सो उस बारे में भी चिंता करने की ज़रूरत नहीं. राजस्थानी कहावत के अनुसार, पूत सपूत तो क्यों धन संचे, इन वारिसदारों के लिए भी सही मार्ग निर्धारित हो सकेगा.

जब निर्धारित सीमा से अधिक धन काम में लाया ही नहीं जा सकेगा तो निश्चय ही धन जमा करके गाड़ कर रखने की मनोवृत्ति भी समाप्त हो जाएगी. धन या संपत्ति का सबसे बड़ा दुरुपयोग उसको जमा रखना है. अगर किसी व्यक्ति के पास धन है और वह काम में आता है तो भले ही असमान वित्त वितरण रहे, पर राष्ट्र के लिए वह पूंजी कुछ न कुछ कार्य तो करती रहेगी. एक न एक दिन जब राष्ट्र की इच्छा होगी, उसका राष्ट्रीयकरण हो ही जाएगा. पर जो व्यक्ति सोना-चांदी जवाहरात इकट्ठे करके भूमि में गाड़ कर रखते हैं या अपार धन संपत्ति के ख़ज़ाने भरकर रखते हैं, वे सही मायने में देश के बड़े शत्रु हैं. क़ानून द्वारा सोना-चांदी, जवाहरात या अन्य बहुमूल्य धातु या चीज़ें भरकर रखना अपराध घोषित हो जाना चाहिए. भारत में जितनी दरिद्रता है, उसे देखते हुए लोग सोना-चांदी या जवाहरात भरकर रखें, यह अशोभनीय है. निजी संपत्ति का एक अंग यानी ज़मीन की मालिकी धीरे-धीरे या एक झटके के साथ समाप्त की जा रही है या मिट चुकी है. दूसरे अंग यानी पूंजी को मिटाने का एकमात्र प्रयत्न सीधे करों द्वारा ही है, जिनका उपयोग अभी तक सही ढंग से नहीं हो पाया है. पूंजी को भी एक झटके के साथ समान स्तर पर लाया जा सकता है. वैसा करने में शायद बहुत कम लोगों को दर्द हो.

आदमी को सबसे बड़ा दर्द है प्रतिस्पर्धा की वजह से. अगर किसी के पास दोनों वक़्त पेट भर खाने को भी न हो और उसे निश्चय ही यह मालूम हो कि दूसरे किसी व्यक्ति के पास भी पेट भर खाने को नहीं है तो वह उतना दुःखी कदापि नहीं होगा, जितना दुःखी एक लखपति अपने पड़ोसी को करोड़पति देखकर होता है. मानव की पशुवृत्ति प्रतिस्पर्धात्मक है, इसलिए वह समदुःखी के साथ राहत अनुभव करता है. जहां उसे उन्नतिशील या समृद्ध व्यक्ति मिले तो अपने को हीन समझ कर वह तत्काल दुःखी हो जाता है. यदि यहां ऐसा नियम बना दिया जाए कि कोई भी व्यक्ति 50 हज़ार से ज़्यादा संपत्ति नहीं रख सकेगा, तो एक लाख वालों को या कम-ज़्यादा वालों को, किसी को भी इतना क्षोभ नहीं होगा, जितना असमान वित्त वितरण से हो रहा है. तात्पर्य यही है कि सब अपना-अपना छोड़ने को तत्पर हो सकते हैं, बशर्ते कि किसी भी दूसरे के पास उनसे ज़्यादा न छोड़ा जाए. इन सब अतिरिक्त करों की अंतिम परिणति समान वित्त वितरण है. यह उद्देश्य जरा भी सफल होता दृष्टिगोचर होता तो वे लोग भी, जिनको कर देने पड़ रहे हैं, संभवतः इतने असंतुष्ट नहीं होते. उनके असंतोष का मूल कारण यही सोच है कि हमसे करों के रूप में भारी रक़में ली जा रही हैं और सीधे या टेढ़े मार्ग से भारी से भारी पूंजी सरकारी नौकरों या कर्मचारियों के यहां इकट्ठी हो रही है और आज के पूंजीपति या उद्योगपति हम हैं, कल हमारी जगह ये होने वाले हैं. इसी ईर्ष्या या द्वेष के वशीभूत होकर भारत का तथाकथित पूंजीवादी यदि समाजवाद का दिल से हिमायती हो, तो भी विरोध ही करेगा. क़ानून ऐसे बने हुए हैं कि बनाने के पूर्व ही उनके उल्लंघन के मार्ग खुले छोड़ दिए जाते हैं. आज भारत में ज़्यादा से

ज़्यादा क़ाबिल वही वकील–बैरिस्टर समझा जाता है, जो क़ानून उल्लंघन करने का सरल से सरल मार्ग बता सके. आयकर का भूत इतना भयावह हो गया है कि क्या वकील, क्या डॉक्टर, क्या अन्य आदरणीय पेशे वाले, सभी बिना उचित रिकॉर्ड के अपनी फी के बदले में ब्लैक की रकम नि:संकोच लेना चाहते हैं. अच्छे–अच्छे महानुभाव यह शर्त रख देते हैं. जहां क़ानून के रक्षकों का यह हाल है, वहां देश का उत्थान या प्रगति हो भी तो कैसे? इस सारी कुबुद्धि की जड़ वही असमान वित्त वितरण है. एक बार समान वित्त वितरण संभव हो जाए और समाजवादी अर्थव्यवस्था सही अर्थ में लागू हो जाए तो न रुपये लेने का ही आकर्षण रहेगा, न क़ानून ही भंग होंगे.

-: 42 :-

सहकारी अर्थव्यवस्था की प्राचीन परंपरा

- सहकारी अर्थव्यवस्था की प्राचीन परंपरा
- वर्तमान सहकारी संस्थाओं की दुर्दशा
- नेताओं का ज़ोर, जनता की दुर्बलता

एक और आवाज़ आजकल ज़ोरों से उठाई जा रही है, वह है सहकारिता आंदोलन की. सहकारिता आंदोलन देश के लिए, राष्ट्र के हर व्यक्ति के लिए उपादेय है, बशर्ते कि इस पद्धति का ईमानदारी से अनुसरण किया जाए. यदि सहकारिता के नाम पर भी उसी पूंजीवादी प्रतिष्ठा की स्थापना होनी है तो फिर सहकारिता को बदनाम क्यों किया जाए? यूं तो सृष्टि के आदि से लेकर हर आदमी किसी न किसी रूप में सहकारिता का पक्षपाती रहा है. भारत की परिवार व्यवस्था, ग्राम्य व्यवस्था, नगर व्यवस्था सभी सहकारिता पर ही तो अवलंबित हैं. आज भी उसी रूढ़िगत परिपाटी की छाया मौजूद है. किसी व्यक्ति के यहां लड़की की शादी है. शादी में मान लें, 1 हज़ार रुपया ख़र्च होने वाला है. गांव के क़रीब-क़रीब सारे ही व्यक्ति इस आयोजन में सहयोग देंगे. कोई एक रुपया, कोई दो रुपये, कोई कम, कोई ज़्यादा व्यवहार का या चांदला का अपनी-अपनी सामाजिक रस्म के अनुसार देंगे. लड़की के पिता को अपने पास से मुश्किल से सौ या दो सौ रुपये ख़र्च करने पड़ेंगे. बाक़ी सारी व्यवस्था इसी ग्राम्य सहकारिता या सहयोग से हो जाएगी. जीवन की हर क्रिया में, जन्म से लेकर मरण पर्यंत भारत के हर घर में यह सहकारिता विद्यमान थी. आगे चलकर यह सहकारिता जाति या वर्णभेद में समा गई. लोग अपने जीवनोपयोगी पदार्थों को उपलब्ध करने के लिए संघर्षजीवी थे. अतएव दल के दल अपनी सुरक्षा का उचित प्रबंध स्वयं करते थे. क़बीले ठौर-ठौर बन गए थे. यह सारा सहकारिता आंदोलन ही तो था.

अवैध कामों में भी बिना सहकारिता के कार्य होना असंभव सा था. चार चोर मिलकर किसी घर या मकान में चोरी करते थे तो वे भी एक-दूसरे के सहायक बनकर अलग-

अलग कामों का ज़िम्मा लेते थे, बाद में चोरी से प्राप्त धन का सहकारिता के हिसाब से ही बंटवारा होता था. कहने का मतलब यही है कि सहकारिता भारत के लिए कोई नई चीज़ तो है नहीं. अब इसको वैध रूप से, आंदोलन का स्वरूप देकर, जीवनोपयोगी वस्तुओं को प्राप्त कर सकने या श्रम वितरण का या वित्त वितरण का सुगम मार्ग मानकर जगह-जगह सहकारी संस्थाएं खोल दी गई हैं. अगर भारत की सहकारी संस्थाओं के अधिष्ठाता ईमानदारी से अपने-अपने उद्देश्यों की पूर्ति करते रहें तो समाजवादी अर्थव्यवस्था का ध्येय बहुत ही जल्दी हासिल किया जा सकता है. समान वित्त वितरण आसान हो जाएगा. पर क्या ये सहकारी संस्थाएं उचित मार्ग पर चलती हैं या चल सकती हैं? यह प्रश्न विचारणीय है. ज़रा ग़ौर कीजिए.

भारत के विभिन्न राज्यों में सहकारी संस्थाओं के नियमन के लिए विभिन्न क़ानून बने हुए हैं. उदाहरण के लिए बंबई सहकारी संस्था एक्ट के सिद्धांत तो सही हैं, पर इस देश में, जहां शिक्षा का नितांत अभाव है, कोई भी व्यक्ति अपने अधिकारों को समझ कर क्या उचित ढंग से अपना मत दे सकता है? मान लीजिए, आपने एक सहकारी संस्था का स्टोर बनाया, जिसके द्वारा जीवनोपयोगी हर वस्तु उचित मूल्य पर हर मेंबर को मिलेगी. यह संभव इस तरह से होता है कि बहुत सी खाद्य सामग्री, पहनने के लिए कपड़े और अन्य बहुत सी चीज़ें सरकार से नियंत्रित मूल्य पर मिल जाती हैं या पैदा करने वालों से सीधे बिना किसी बिचौलिए की कमीशन के मिल जाती हैं. कोई थोक विक्रेता भी उस भाव से नहीं दे सकता. अब अगर उस सहकारी संस्था के अधिकारी और कर्मचारीगण ईमानदार हैं, तो निश्चय ही उस संस्था के मेंबरों को तमाम इच्छित वस्तुएं सस्ती और अच्छी सुलभ हो जाएंगी. पर जैसा मानव का स्वभाव है, अपने लाभ की बात सोचे बिना वह रह नहीं सकता. एक धोती जोड़ा बाज़ार में 15 रुपये में बिक रहा है और अपनी संस्था को 10 रुपये में ही मिल रहा है. सारे ख़र्चे लगाकर भी मेंबरों को 12 से ज़्यादा में नहीं दिया जा सकता तो आदमी सोच सकता है, क्यों न इनमें से कुछ लेकर, बाज़ार में ऊंची क़ीमत पर बेचकर मुनाफ़ा कमा लिया जाए?

इसी तरह से ख़रीदने में सैकड़ों प्रलोभन के क्षण आते हैं, जिनका संवरण करना कठिन हो जाता है. सहकारी संस्था के नियमन की देखरेख करने वाले सरकार द्वारा नियुक्त किए गए इंस्पेक्टर या ऑफिसर लोग भी जब तहक़ीक़ात करने के लिए दौरे पर आते हैं, तो वे ही लोग उनकी सेवा-पूजा ज़्यादा कर सकते हैं, जिनका अपना पेट भरा हुआ हो. उपभोक्ताओं की सहकारी संस्थाओं के अलावा अब तो औद्योगिक सहकारी संस्थाएं भी ज़ोर-शोर से चलने लगी हैं. बड़े-बड़े कारख़ाने या फैक्ट्रियां इस विभाग के अंतर्गत लगाए जा रहे हैं. शासन की नीति इनको यथाशक्ति सब तरह से सहायता देने की है. परिणाम यही है कि कुछ होशियार व्यक्ति, जो अपने हथकंडों से संस्था पर क़ाबू जमाए रहते हैं, अपनी मनमानी करते रहते हैं. जिस तरह से पूंजीवादी अपनी निजी संपत्ति को अपनी बपौती समझता है, उसी तरह ये कार्यकर्तागण या सहकारिता के अधिकारी भी सहकारिता के लिए प्राप्त सुविधाओं को अपनी बपौती समझने लगे हैं. इस परिस्थिति का आख़िर इलाज हो कैसे?

जनता को प्रबुद्ध किया जाए, ताकि उनको अपने भले-बुरे का संपूर्ण ज्ञान हो जाए. वे यह समझने लगें कि उनका वोट ही वह ताक़त है, जिसकी बदौलत ये अधिकारीगण अपनी मनमानी कर सकते हैं. इस तरह की शिक्षा का प्रचार-प्रसार करने में काफ़ी समय लगता है. इस अज्ञान को दूर करने में किसी भी राजनीतिक पार्टी का हित भी तो नहीं है. इसलिए तमाम राजनीतिक पार्टियों का बल जनता की अज्ञानता पर ही निर्भर करता है. लिहाज़ा, राजनीतिक नारों की आवाज़ चाहे जितनी बुलंद हो, जनता को अपने अधिकारों के प्रति जागरूक बनाने के लिए कोई राजनीतिक पार्टी प्रयत्नशील नहीं है. राजनेताओं का रवैया राष्ट्र के दुर्भाग्य और जनता के अकल्याण के लिए काफ़ी हद तक ज़िम्मेदार है. सहकारिता के हिमायती उसकी सफलता के इतने ज़्यादा समर्थक हैं कि प्रत्येक बात के लिए वे अब सहकारी संस्था को ही श्रेष्ठ पंथ मानते हैं. कांग्रेस पार्टी के वामपक्षीय दल ने गत नागपुर अधिवेशन में कृषि को भी सहकारिता के सिद्धांत पर करना या कराना श्रेयष्कर समझा है. इस योजना को कार्यान्वित करने में अनेक कठिनाइयां उपस्थित हुईं, इसलिए कृषि अभी तक सहकारी बुनियाद पर चल नहीं सकी. आगे क्या होगा, ठीक से कहा नहीं जा सकता.

-: 43 :-

मनुष्य का यंत्रीकरण

- उत्पादन की परंपरा और विकास
- अन्योन्याश्रित उत्पादन
- मनुष्य की संकुचित ज्ञानराशियां

पूंजीवादी अर्थव्यवस्था ने आदमी को एक तरह से मशीन बना दिया है. उदाहरण के लिए घर में काम आने वाली सुइयां या कीलें आज से 200 वर्ष पहले ग्राम का कोई लोहार बनाता था. उसके बनाने में जो साजो-सामान लगता था, उसको प्राप्त करने से लेकर तैयार सुई या कील घर-घर जाकर बेचकर पैसा इकट्ठा करने तक का सारा काम वह स्वयं या उसका परिवार कर लेता था. अगर सूक्ष्म दृष्टि से अध्ययन किया जाए, तो पता लगेगा कि कच्चा सामान प्राप्त करने से लेकर सुई या कील बेचने तक के काम में लगभग 18 विधियां काम में लाई जाती हैं. सुई या कील बनाने, उस पर पॉलिश आदि करने में ही एक दर्जन से ज़्यादा विधियां करनी पड़ती हैं. उस वक़्त ये तमाम विधियां वह एक व्यक्ति ही करता था. बाद में उत्पादन बढ़ाने को लक्ष्य में रखकर काम का बंटवारा इस ढंग से हो गया कि वे 18 विधियां 1 आदमी न करके प्रत्येक विधि को 1-1 आदमी करे. इस तरह से कुल 18 आदमी सारे काम को करें. निश्चित ही है, जब एक आदमी एक ही काम करता रहेगा तो उसका हाथ उस काम पर रवां हो जाएगा और उस काम का उत्पादन बहुत जल्दी और ज़्यादा से ज़्यादा हो सकेगा. परिणामस्वरूप सुइयों और कीलों का उत्पादन तो दस गुने से भी ज़्यादा बढ़ गया, पर हर एक व्यक्ति को प्रत्येक काम की जानकारी न रही, वे सिर्फ़ एकांगी ज्ञाता ही रहे.

इन्हीं सब अलग स्तरों पर काम करने वालों को व्यवस्थित करने वाला पूंजीवादी अपने मुनाफ़े का ध्यान रखकर यह ख्याल रखता है कि सब अपना-अपना एकांगी काम ज़्यादा से ज़्यादा दक्षता से करें. कालांतर में हाड़-मांस की मशीन यानी मानव के बदले स्वचालित बिजली की मशीनें काम करने लग गईं. अत: सिर्फ़ एक-दो आदमियों से ही

सुइयों और कीलों का उत्पादन होने लगा. यही बात सूती या ऊनी कपड़ा बुनने में भी लागू समझिए. एक ज़माना था, जब जुलाहों के परिवार भेड़ से ऊन कतरने से लगाकर कपड़ा, कंबल इत्यादि बनाकर बेचने तक का काम करते थे. आज के युग में यह सब काम एक व्यक्ति या एक परिवार कर ही नहीं सकता. परिणाम यह हुआ कि मानव की ज्ञान राशियों में धीरे-धीरे कमी हुई और संपत्ति धीरे-धीरे उत्पादन बढ़ने से, बढ़ी. यही ख़ास अवगुण पूंजीवादी व्यवस्था में है. मानव को मशीन बना दिया गया है. उसकी ज्ञान राशियों को संकुचित बना दिया गया है.

-: 44 :-

पराश्रय (पराधीनता)

- पूंजीवाद के पंजे में जकड़ा हुआ मनुष्य
- इसके घातक प्रभाव

पूंजीवादी दलील यह है कि अगर मानव एक काम ही करता है तो उसे दिन में थोड़े घंटे काम करने के बाद बाक़ी का समय फुर्सत का मिल जाता है. उस वक़्त वह अपना मनोरंजन कर सकता है. अगर सारे काम का अथ से इति तक उत्तरदायित्व उसी का रहेगा तो उसे कभी भी अवकाश नहीं मिल पाएगा. इसलिए वह मनोरंजन नहीं कर पाएगा. लोगों को मनोरंजन आदि के लिए अवकाश या फुर्सत मिले, इसमें किसी को जरा भी ऐतराज़ नहीं. शायद हर व्यक्ति के लिए अवकाश या मनोरंजन उतना ही आवश्यक है, जितना काम. शिकायत सिर्फ़ इतनी ही है कि काम का ढर्रा जिस ढंग का पूंजीवादी व्यवस्था में बन गया है, उससे व्यक्ति एक-दूसरे पर इतना ज़्यादा आश्रित हो गया है कि कोई भी व्यक्ति अपने आप में कोई काम करने योग्य ही नहीं रह पाता. एक कसब का पूरा जानकार कोई व्यक्ति शायद ही मिले.

सौभाग्यवश भारत के गांवों में अभी तक पूंजीवादी प्रथा का ज़हर इतना नहीं फैला है. अभी भी गांव का बढ़ई, लोहार या मोची अपने-अपने पेशे के संपूर्ण काम ख़ुद कर लेते हैं या अपने परिवार द्वारा ही करवाते हैं. शहरों में यह स्थिति बिल्कुल ही नहीं रही. शहर का बढ़ई या मोची बिल्कुल पराधीन है. जब तक आरे से चीरी हुई लकड़ी नहीं मिलेगी या टेनरी से कमाया हुआ चमड़ा नहीं आएगा, तब तक उनके पास कोई काम नहीं होगा और बाद में भी जिस काम को करने के लिए वे नियत हैं, उससे आगे या पीछे क्या करना होगा, इसकी जरा भी जानकारी उन्हें नहीं है. यह पराधीनता ग़रीबों या श्रमिकों तक ही सीमित हो, ऐसी बात नहीं. घरेलू कामकाज में भी यही हाल है. अगर रसोइया न आया तो या तो होटल का द्वार देखा जाता है या फाके-मस्ती की नौबत आ जाती है.

धनिकों या समृद्धों की असहाय अवस्था और भी अधिक दयनीय है. अगर आज उन्हें नौकर नहीं मिले तो वे नहीं जानते कि कैसे क्या होगा? वे अपने कपड़े तक नहीं पहन सकते, जब तक सारा साजो-सामान सामने न रख दिया जाए, अपने हाथ-मुंह स्वयं धोने में भी वे हिचकते हैं. आदतें ही उनकी ऐसी पड़ी हुई हैं कि प्रत्येक काम के लिए वे सेवकों पर ही निर्भर रहते हैं. इस अर्थव्यवस्था ने उन्हें इतना अधिक पराधीन बना दिया है कि वे एकदम असहाय-पंगु हो गए हैं. घरेलू कामकाज करने वाले एक नौकर या रसोइए को कोई काम न मिले तो भूखों मरने की नौबत आ जाएगी. उसे दूसरे किसी धंधे या रोज़गार का तो ज्ञान है नहीं. जिस काम का वह जानकार है, वह उसे मिलता नहीं है तो स्थिति दूभर ही होगी. पर उससे भी बुरी दशा उन मालिकों की होगी, जिन्हें कोई सेवक नहीं मिलता. वे अपना व्यक्तिगत कार्य भी कर नहीं सकते. हमेशा दूसरों से ही काम करवाने के वे आदी हैं.

कहने का तात्पर्य यही है कि इस पूंजीवादी अर्थव्यवस्था का एक फल यह भी होता है कि आदमी अपने आप एक-दूसरे का दास हो जाता है, असहाय और पराधीन हो जाता है. इस पराधीनता की बेड़ी को तोड़ने में उसका जी घबराता है. चाहे वह मालिक वर्ग का व्यक्ति हो, चाहे नौकर वर्ग का, समान वित्त वितरण चाहते हुए भी, जो चली आ रही अर्थव्यवस्था है, उसे बदलने में सभी घबड़ाहट अनुभव करते हैं. कारण है परवशता. नतीजा यह है कि एक तरफ़ तो पूंजीपति, जिनके पास ज़मीन जायदाद और पूंजी है, अपने आप कुछ नहीं कर सकते, पराधीन हैं. दूसरी ओर सेवक, नौकर, मज़दूर या किसान अपने आप कुछ नहीं कर सकते, वे भी पराधीन हैं, मजबूर हैं.

-: 45 :-

मध्यम वर्ग

- इतिहास
- पूंजी–विकास के माध्यम
- मध्यम वर्ग की बढ़ती हुई जनसंख्या

इस परिस्थिति को संभालने के लिए, जैसा स्वाभाविक है, एक तीसरी श्रेणी, जो इन दो श्रेणियों का जोड़–तोड़ बैठा सके, खड़ी हुई. यह तीसरी श्रेणी मध्यम श्रेणी के नाम से पुकारी जाती है. यह मध्यम श्रेणी किस तरह से उत्पन्न हुई, इसका भी विचित्र इतिहास है. राजा, ठाकुर या ज़मींदार भूमि के स्वामी थे. मान लीजिए, एक भू–स्वामी की 10 हज़ार एकड़ ज़मीन हो. उसके लगान महसूल या पैदावार से वह नितांत धनिक समझा जाता था. समय पाकर उसके 5 लड़के हो गए, फिर उन 5 लड़कों में से हर एक के 4–4 या 5–5 लड़के पैदा हो गए. तो आप समझ लीजिए, तीसरी पीढ़ी तक अगर ज़मीन का बंटवारा होता रहे तो दस हज़ार एकड़ भूमि के बदले कुछ सौ एकड़ भूमि ही 1 व्यक्ति के पास रह जाएगी. परिणामत: जो दादा या परदादा नितांत धनिक समझे जाते थे, उनके पौत्र या प्रपौत्र दरिद्र की कोटि में गिने जाने लगे. भारत में लड़कियों को या स्त्रियों को संपत्ति में अधिकार पहले था नहीं. इसलिए उदाहरण में सिर्फ़ लड़कों का ही ज़िक्र है. उस समय के समाज ने यह परिस्थिति देखकर यह नियम सा बना लिया कि उस ठाकुर, राजा या ज़मींदार का जो ज्येष्ठ पुत्र (सबसे बड़ा लड़का) हो, वही उसकी ज़मीन, साम्राज्य या जागीर का उत्तराधिकारी हो, बाक़ी सब छोटे भैय्या खाने पीने जितनी वार्षिक रक़म ही प्राप्त करें. यह व्यवस्था उस समय के समाजशास्त्रियों ने संपत्ति को बिखर जाने से रोकने के लिए बनाई थी. वे जो छोटे भैय्या होते थे, उन्हें शिक्षा तो उच्च कोटि की मिली हुई थी, साथ ही उनका जीवन स्तर, रहन–सहन, आदत–व्यवहार सब ही उन बड़े आदमियों की तरह का होता था, जो पूंजीपति या ज़मींदार थे.

अब, जबकि इन ज़मींदारों और पूंजीपतियों को अपने काम कराने के लिए मज़दूरों तथा सेवकों की आवश्यकता होती तो वे इतने परवश और दिग्विमूढ़ हो जाते कि यह सब उनके वश के बाहर की बात लगने लगती. ये छुटभैय्या ये सब काम कर लेते थे. एक तरफ़ पूंजीपति श्रेणी को सेवक या मज़दूर उपलब्ध करा देना और दूसरी तरफ़ मज़दूरों को रोटी-वस्त्र के एवज में काम उपलब्ध करा देना. यही काम प्रधानतः ये छोटे भैय्या या मध्यम-पंथीय लोग किया करते थे. अपने पारिश्रमिक के रूप में ये लोग हर वस्तु का हिस्सा बंटवा लेते. वे पूंजीपति धनाढ्य जैसे-जैसे अधिक समृद्ध होते गए, अधिक अकर्मण्य भी होते गए. अपने कार्य का भार ज़्यादा से ज़्यादा अपने इन्हीं कारिंदों, मुनीमों या मुसाहिबों पर डालने लगे. हिसाब-किताब के मामले में रोकड़-बही-खाता इत्यादि सब ही तरह के क्लर्की के कामों में ये मध्यमवर्गीय लोग ही दक्ष होते थे. सारा बंदोबस्त या इंतज़ाम इन्हीं के हाथ में होता. ज़मीन का लगान वसूल करने का काम, कितनी ज़मीन किसको जोतने के लिए देनी है, इसका सारा लेखा-जोखा ये ही रखते थे. इसके सिवाय बाक़ी मकान अथवा जायदाद के भाड़े की आय का या पूंजी के ब्याज़ की आय का लेखा-जोखा ये मध्यम श्रेणी वाले लोग करते.

पूंजी को कहां लगाना ज़्यादा लाभप्रद होगा, किस जगह कितनी पूंजी का उपयोग हो, यह निर्णय भी अधिकतर ये ही लोग करते थे. इस तरह से यह मध्यम श्रेणी कालांतर में दोनों श्रेणियों से ज़्यादा महत्व का स्थान ग्रहण कर गई और इस श्रेणी के बिना धनिक वर्ग और मज़दूर वर्ग दोनों ही अपने आपको असहाय समझने लगे. स्वाभाविक है कि जिस श्रेणी का या वर्ग का समाज में महत्व होता है, उसी श्रेणी या वर्ग में शरीक होने की हर आदमी इच्छा रखता है. कालांतर में उसी मज़दूर, किसान या ग़रीब वर्ग में से भी कई लोग मध्यम वर्ग में शामिल होने की कोशिश करने लगे. ग़रीबों के लिए विद्याध्ययन संभव नहीं था. आज से 100 वर्ष पूर्व भारत का कोई मज़दूर या किसान अगर लिखना-पढ़ना जान जाता तो महान चमत्कार समझ लिया जाता था. उनको पढ़ने देना उच्च वर्ग वाले कभी गवारा नहीं कर सकते थे. शुरू-शुरू में काफ़ी कठिनाइयां उपस्थित हुईं. अंग्रेजों के राज में जब क्रिश्चियन मिशनरी ने हिंदू, मुसलमान या अन्य धर्मावलंबियों को ईसाई बना-बनाकर शिक्षा देना और स्कूलों में पढ़ाना शुरू किया तो धीरे-धीरे यह भावना कि ग़रीबों को विद्या या शिक्षा का अधिकार नहीं है, समाप्त हो गई. जब ये लोग पढ़-लिखकर शिक्षित हुए तो इनमें से अधिकांश मध्यम श्रेणी में अपने आप शामिल हो गए. उनको श्रमजीवी काम के अलावा ऑफिस में बैठकर लिखा-पढ़ी का काम मिल गया. उधर धनिक वर्ग, जो अपने आपको असहाय समझने लगा था, उसने भी हाथ से काम करने की प्रवृत्ति अपनाई और कई मायनों में वे भी अपने को उसी मध्यम श्रेणी के नागरिक मानने लगे.

इस मध्यम श्रेणी वाले कार्यकर्ताओं की प्रतिस्पर्धा रही है व्यापारी वर्ग से. व्यापारी स्वतंत्र रूप से व्यापार करता है और विद्या, बुद्धि या कला में बहुत नीचे दर्जे का होता हुआ भी इन मध्यमवर्गीय बुद्धिजीवियों से कई गुना ज़्यादा रक़म कमा सकता है. एक व्यापार में कुछ भी हिकमत करके लाखों के वारे-न्यारे कर सकता है. यह ईर्ष्या ज़रूरी

रही. स्त्रियों का स्थान भारत में 20–25 वर्ष पहले तक एकदम उपेक्षित और शोषित ही रहा था. भारत पुरुष प्रधान समाज का अगुवा था. स्त्रियों को दासी या अधीन के ही स्वरूप में देखा या माना जाता था. आज भी पर्याप्त मात्रा में वह प्रक्रांत है. अंततोगत्वा उनका शोषण पुरुष जाति ने किया ही है.

-: 46 :-

कंपनियों का अवतरण

- मध्यवर्गीय पूंजी-विकास का आगामी अध्याय
- कंपनी विधेयक
- माध्यम श्रेणी का पतन

ये मध्यम वर्ग के लोग जो शुरू-शुरू में छुटभैय्या, कारिंदों या मंत्रियों के रूप में सामने आए थे, धीरे-धीरे स्वयं व्यापार करने लगे. एक तरफ़ पूंजीपतियों की पूंजी थी, दूसरी तरफ़ मज़दूर की मेहनत थी. दोनों का उपयोग करते हुए या दोनों का ही शोषण करके इस वर्ग ने अपना अधिपत्य सारे व्यापार और उद्योग पर जमा लिया. छोटी-बड़ी गद्दियां, कोठियां, फर्म इन मध्यमवर्गीय लोगों के द्वारा संचालित होती थीं. भारत में मुग़ल राज्य को भी इन्हीं कारिंदों की आवश्यकता पड़ती थी. बाद में अंग्रेजों का राज्य स्थापित हुआ तो उन्हें भी इन्हीं साहूकारों की सेवा की ज़रूरत पड़ी. ये ही सरकार की तरफ़ से लगान वसूल करते थे, ये ही शासन को आवश्यक वस्तुएं उपलब्ध करा दिया करते. इस तरह से समाज में फर्म, गद्दी या कोठी आदि सबसे ज़्यादा महत्व के स्थान पा गए. छोटे-छोटे कारख़ाने या उद्योग-धंधे ये अपने बलबूते पर चलाते थे. पूंजी इन्हें इन्हीं पूंजीपतियों से मिल जाती और मेहनत करने वालों को ये भाड़े से रख लिया करते.

आगे चलकर महत्वाकांक्षा बढ़ी. ये लोग इन छोटी-छोटी फर्मों या कोठियों को बड़ी-बड़ी कंपनियों के रूप में बनाने लगे. अनेक फर्म या कोठी वाले मिलकर बड़ी कंपनी खोलने लगे. शुरू में ये बड़ी कंपनी वाले सिर्फ़ साहूकारी लेनदेन यानी बैंकिंग का ही कारोबार करते रहे. बाद में धीरे-धीरे दूसरे क्षेत्रों में भी ये व्यवसाय करने लगे. कंपनियां, उद्योग-धंधे, कारख़ाने चलाने लगे और उन सब कंपनियों के कारोबार यह मध्यमवर्गीय समाज, चाहे मैनेजर के रूप में, चाहे डायरेक्टर के रूप में चलाने लगा. इस तरह यह मध्यम वर्ग धीरे-धीरे उन पूंजीपतियों से भी ज़्यादा ताक़तवर बन गया, जिनकी पूंजी से यह अपने व्यापार को चलाया करता था. कंपनियों में एक विशेष व्यवस्था की

बात यह थी कि कोई भी पूंजीपति छोटे या बड़े भाग से उस विशेष उद्योग में शरीक हो सकता था. शुरू-शुरू में 1 हज़ार रुपये के शेयर होते थे, बाद में 100 रुपये के अब 10 रुपये और 2 रुपये के भी शेयर होने लगे हैं. कोई भी व्यक्ति 10 रुपये या 1 रुपया लगाकर भी उनके नफ़े में भागीदार बन सकता है. इस व्यवसाय जनक संयुक्त पूंजीवादी प्रथा की मूल भित्ति है, कंपनी मैनेजमेंट. भारत में अंग्रेजों के राज्य में ही पहले पहल कंपनियों द्वारा मैनेजमेंट या उद्योग रोज़गार का चलन प्रारंभ हुआ था. आज कई सुधार होने के उपरांत जो स्वरूप कंपनी विधेयक का प्रस्तुत है, उससे सहज ही यह कहा जा सकता है कि शासन मानता है कि भारत के कंपनी चलाने वाले व्यक्ति क़तई ईमानदार नहीं है, क़ानून से उन्हें जबरन ईमानदार बनाया जा रहा है.

जो कुछ भी हो, कंपनी विधेयक के संबंध में मुझे यहां कुछ भी कहना सही नहीं है. इतना ही पर्याप्त होगा कि जो कुछ भी क़ानून इस वक़्त हैं, वे समाजवादी अर्थव्यवस्था में सहायक नहीं हो सकते. अंग्रेजों ने जो नौकरशाही चलाई, उसी को विकृत स्वरूप में जैसे का तैसा आप कंपनी विधेयक में देख सकते हैं. हां, जो मध्यम वर्ग धीरे-धीरे इस तरह से भारत के सारे उद्योग-धंधों या व्यापार पर छा गया, हर आदमी उसी वर्ग का बनने का प्रयत्न करने लगा. लाखों की संख्या में लड़के स्कूलों में पढ़कर मैट्रिक परीक्षा पास करने लगे, कई कॉलेजों में भी जाने लगे. हर व्यक्ति की तमन्ना यही रही कि वह भी ऑफिस में बैठकर अपनी कुर्सी पर टेबल के सहारे पंखे के नीचे काम करे. तत्सामयिक मध्यम वर्ग जिस तरह से हुकूमत करता था, उस तरह से हुकूमत करे. गत 50 वर्षों में इतनी ज़्यादा संख्या में मध्यम वर्ग बढ़ा कि मांग और आपूर्ति के जो नियम हैं, उनके अनुसार ये इतने सस्ते हो गए कि इन्हें अब कोई पूछता भी नहीं. अच्छे कारीगर मज़दूर की अपेक्षा इनको बहुत कम वेतन मिलने लगा. इसी तरह नौकरानियों की अपेक्षा टाइपिस्ट लड़कियां ज़्यादा आसानी से मिल जाती हैं. मध्यमवर्ग को अपनी स्थिति के अनुसार अच्छे साफ़ कपड़े पहनने को चाहिए, अच्छा खानपान, रहन-सहन चाहिए. उनका ख़र्च अपनी आमदनी से ज़्यादा होने लगा. इस तरह एक वक्त का सर्वेसर्वा मध्यम वर्ग हीन दशा को प्राप्त हो गया.

सबसे ज़्यादा दुर्दशा आज के इस मध्यम वर्ग की ही है. वे ही सबसे ज़्यादा बेकार हैं, बेरोज़गार हैं. ख़र्चे में कमी कर नहीं सकते, सामाजिक स्थिति या बनी हुई प्रतिष्ठा क़ायम रखनी है. दूसरा अभिशाप जो इन मध्यम वर्ग वालों को भुगतना पड़ रहा है, वह यह कि घर में कमाने वाला एक ही प्राणी होता है और खाने वाले 5-7 या दस. सामाजिक प्रतिष्ठा के कारण मध्यम वर्ग की स्त्रियां काम कर नहीं सकतीं. बच्चों के काम करने का प्रश्न ही नहीं है, क्योंकि उनकी शिक्षा आवश्यक है. पहले ये मध्यम वर्ग के व्यक्ति स्वतंत्र व्यवसाय करते थे. चाहे वे पूंजी किन्हीं पूंजीपतियों की ही लगाते थे, पर वे ख़ुद मालिक होते थे. ज्यों-ज्यों संयुक्त कंपनी का प्रचलन हुआ, ये लोग धीरे-धीरे कर्मचारी बनते गए. परिणाम यह हुआ कि जहां पहले वंशानुगत उनके लड़के-बच्चे अपने आप उस व्यवसाय के मालिक बन जाते थे, अब इस नई प्रणाली में उन्हें अपनी योग्यतानुसार नौकरी करनी पड़ी. जिस मध्यम वर्ग का आज से 50-60 वर्ष पहले तक बड़ा गौरव था,

जिसके बल पर अंग्रेजों की हुकूमत क़ायम थी, वे सब बड़े–बड़े एजेंट या बनिए बने थे. आज उनका पतन हो गया. उनका जीवन कष्टमय हो गया. इनमें से कई अपने आपको ज़मींदार या पूंजीपतियों की श्रेणी में सम्मिलित करने में सफल हो गए. वे तो धनिक वर्ग में हो गए, बाक़ी रह गए बहुत बड़ी संख्या में मध्यम श्रेणी के दु:ख भोगते हुए व्यक्ति.

पीड़ित श्रमिक वर्ग

- कार्ल मार्क्स की महान देन
- श्रमिक वर्ग का इति-वृत
- ट्रेड यूनियन और साम्यवाद

मध्यम वर्ग के संबंध में तो कह चुके. अब लीजिए ग़रीब वर्ग को, जो भूखे हैं, मज़दूर हैं, श्रमिक हैं, भीड़ हैं, चाहे जो कह लीजिए. दुनिया में किसी देश का हो, किसी जाति का हो, स्त्री हो या पुरुष, ऐसा व्यक्ति जिसके पास निज की कोई ज़मीन-जायदाद न हो, न जिसकी कोई पूंजी हो, जिसे अपने जीवन निर्वाह के लिए दूसरों के यहां नौकरी करनी पड़े, काम का मूल्य या भाड़ा लेकर काम करना पड़े, इन सबको सभ्य भाषा में श्रमिक वर्ग कहते हैं. श्रमिक वर्ग का आंदोलन महान क्रांतिकारी कार्ल मार्क्स से प्रेरित हुआ. कार्ल मार्क्स स्वयं कोई श्रमिक नहीं था. वह जर्मनी में 1818 ई. में पैदा हुआ था और इंग्लैंड में 1883 ई. में उसकी मृत्यु हुई. उसने दार्शनिक तौर पर श्रमिक वर्ग का इतनी गहराई से अध्ययन किया, जितना विश्व में शायद उस समय तक किसी ने नहीं किया था. जब उसने यह घोषणा की कि विश्व के श्रमिकों जागो और एक हो जाओ तो उसका साफ़ मतलब यही था कि सब एकता करके निजी संपत्ति को मिटा दें, हर व्यक्ति को अपने-अपने हिस्से का काम करना पड़े, यह अनिवार्य कर दें. विश्व भर की पैदावार या दौलत पर उन आलसी पूंजीपतियों को कुछ भाड़ा या लगान दिए बिना ही क़ब्ज़ा करें.

उस समय सारे संसार में ही, ख़ास करके उद्योगों में आगे बढ़े हुए पाश्चात्य देशों में मध्यमवर्गीय मालिकों का ज़ोर था. बिना उनके न तो पूंजीवादियों का काम चलता था, न श्रमिकों का. अतएव कार्ल मार्क्स के उपदेशों का विशेष असर नहीं हुआ. मार्क्स की लिखित पुस्तक-दास कैपिटल श्रमिकों की भी बाइबल नहीं बन पाई. मार्क्स स्वयं धनाढ्य यहूदी वकील का लड़का था. जैसा कि हुआ करता है, महान व्यक्तियों की पहचान उनके जीवनकाल में शायद ही हो. कार्ल मार्क्स की भी महानता उनके निधन के

25–30 वर्ष बाद ही संसार में प्रगट हुई. समय परिवर्तित हो चुका था, उद्योग धीरे–धीरे मध्यम वर्ग के हाथ से निकल कर बड़ी–बड़ी कंपनियों के हाथ आ गए, मध्यम वर्ग वाले भी अपने को श्रमजीवी या श्रमिक कहने लग गए. जब 1917 में रूस में क्रांति हुई, तब प्रथम विश्व युद्ध के अंतिम दिन थे. सारा श्रमिक वर्ग संत्रस्त हो चुका था. रूस में तत्समय के सम्राट जार, सम्राज्ञी जारीना और राजगुरु रासपुटिन के अत्याचारों का घड़ा भर चुका था. और भी कई कारण थे, जिससे उस विद्रोह ने, जो पहले राजद्रोह के रूप में था, श्रमिक वर्ग के आंदोलन या क्रांति का स्वरूप ले लिया, वह सफल हो गया और विश्व में एक महान वाद साम्यवाद का श्रीगणेश हुआ.

कार्ल मार्क्स के उपदेशों का असर ग्रेट ब्रिटेन इत्यादि अनेक दूसरे देशों पर भी हुआ. कई देशों में समाजवादी पार्टियां स्थापित हुईं. जर्मनी में राष्ट्रीय समाजवादी पार्टी, जो आगे चलकर विशुद्ध तानाशाही में परिवर्तित हो गई थी, शुरू में समाजवादी व्यवस्था स्थापित करने के लिए ही बनी थी. भारत में तो ख़ैर श्रमिक वर्ग का जागरण होना संभव ही नहीं था. अंग्रेजों के राज्य में जहां व्यक्ति–स्वातंत्र्य ही नहीं था, वहां समाजवाद या श्रमिक आंदोलन की बात करे ही कौन? अखिल भारतीय कांग्रेस के नेतागण जब पूर्ण स्वराज्य के लिए लड़ने को कटिबद्ध हुए, तभी उनके नेताओं ने मज़दूर वर्ग का भी एक संगठन बनाने की योजना की. अखिल भारतीय मज़दूर संघ उसी वक़्त खड़ा हुआ. पहले पहल श्रमिकों का संघ बनाकर कुछ आवाज़ उठाई गई. चूंकि मूल उद्देश्य भारत की आज़ादी हासिल करना था, इसलिए श्रमिकों के प्रश्नों का अलग कोई स्थान उस वक़्त नहीं था. उस संगठन का भी उपयोग महात्मा गांधी द्वारा संचालित असहयोग आंदोलन या सविनय अवज्ञा के आंदोलनों में किया गया.

श्रमिक वर्ग की हालत जैसी थी, वैसी ही रही. यहां तक कि भारत आज़ाद हुआ, तब तक कई देशी रियासतों या राज्यों में श्रमिक वर्ग से ज़बरदस्ती बेगार ली जाती थी यानी बिना कुछ पारिश्रमिक दिए डंडे के ज़ोर से, कोड़ों की मार से, कठिन से कठिन काम लिया जाता था. वर्तमान स्वरूप जो श्रमिक वर्ग के संगठन का है, वह है अलग–अलग श्रमिक संघ. हर संघ किसी न किसी राजनीतिक पार्टी से संबंधित है. यह श्रम संगठन पद्धति किसी भी हालत में समाजवाद या साम्यवाद नहीं. यह तो श्रमिक द्वारा नियोजित विशुद्ध पूंजीवाद है. इस परिस्थिति को स्पष्ट करने के लिए स्वतंत्र अध्याय आगे दिया गया है, क्योंकि श्रमिक संघ आजकल बहुत ज़्यादा शक्तिशाली हैं. इन्हें अच्छी तरह समझने के लिए पहले मज़दूर या मज़दूर मार्केट और उनके मोल–भाव आदि को समझना आवश्यक है.

-: 48 :-

वर्ग युद्ध

- मज़दूर और मालिक के बीच का संघर्ष
- मालिकों की मनोवृत्ति
- भारत में श्रमिकों की हालत में हुए सुधार

मध्यम वर्ग का या उत्पादन करने वाला कोई भी व्यवसायी जिस तरह से अपने जीवन निर्वाह के लिए अपना माल बेचना आवश्यक समझता है, उसी तरह एक मज़दूर भी अपना माल-असबाब बेचे बिना जीवन निर्वाह नहीं कर सकता. उसका माल-असबाब उसका श्रम ही है. उसकी जितनी ज़्यादा क़ीमत मिल सके, उतना ही उसके लिए अच्छा है, जितनी कम मिले, उतना ही बुरा है. अगर कुछ न मिले तो वह एकदम दरिद्र हो जाएगा और भूखों मरेगा. इसलिए मज़दूर हमेशा यही प्रयत्न करता है कि उसके श्रम का अधिक से अधिक मूल्य मिले या उसे कम से कम श्रम करना पड़े. उसकी कोशिश यही रहती है कि उसे कम से कम घंटे काम करना पड़े और ज़्यादा तनख्वाह मिले. दूसरी ओर जो मालिक है, उसका यह प्रयत्न रहता है कि उसे श्रम सस्ता मिले. कम से कम वेतन पर ज़्यादा से ज़्यादा काम लेने की प्रवृत्ति इन मालिकों की रहती है.

तात्पर्य यह कि मज़दूर और मालिक के हित विपरीत दिशा में चलते हैं. परिणामत: अशांतिमूलक और दु:खदायक भयानक संघर्ष पैदा होते हैं, जिन्हें वर्ग युद्ध कहा जाता है. इससे सभ्यता को लज्जित होना पड़ता है, क्योंकि परिस्थिति भद्दे वातावरण में बदल जाती है. शासन को बार-बार बीच में पड़ना पड़ता है, ताकि श्रम विक्रेता और श्रम ख़रीददार दोनों को उचित सीमा के अंतर्गत रखा जा सके. मालिक लोग यही चाहते हैं कि उनके माल-असबाब को बनाने या पैदा करने में जितने श्रम की आवश्यकता होती हो, वह उन्हें कम से कम क़ीमत में मिले. भले ही वह श्रम पुरुषों का हो, स्त्रियों का हो या बालकों का हो, उन्हें तो सस्ती से सस्ती मज़दूरी में काम कराने से मतलब है. उनका एकमात्र लक्ष्य मुनाफ़ा है. उदाहरण के लिए किसी भी चलते हुए तांगे, इक्के, घोड़ा गाड़ी

को लीजिए. ज़्यादातर ये तांगे–इक्के ठेकेदारों के होते हैं, जो उसी मध्यम श्रेणी के मालिक होते हैं. तांगा या इक्का चलाने के लिए ये लोगों को भाड़ा या वेतन देकर रखते हैं.

अब मान लीजिए, अच्छी तरह खिलाया–पिलाया जाए और चार घंटे रोज़ाना ड्यूटी ली जाए तो 1 घोड़ा 12 वर्ष तांगा या इक्का चला सकता है और अगर यों ही आधा पेट सड़ा–गला, घास खिलाकर रोज़ाना 8 या 12 घंटे ड्यूटी लेकर चलाया जाए तो वही घोड़ा 2 वर्ष में मर जाएगा. जब उसे दूसरा घोड़ा बहुत कम क़ीमत में उपलब्ध होता है तो वह अच्छी तरह ख़र्च करने और कुल 4 घंटे ही रोज़ाना जोतने की अपेक्षा, 10–12 घंटे काम लेना ज़्यादा फ़ायदे का क्यों न समझे? इसी तरह मानव के काम के संबंध में भी है. अगर कठिन से कठिन परिश्रम कराने से हड्डी चूर–चूर हो जाए, मज़दूर की जीवनलीला 5 या 7 वर्ष काम करने पर ही समाप्त हो जाए और उसकी जगह पर्याप्त मात्रा में दूसरे मज़दूर मिलते रहें तो वे मालिक, जिनकी नज़र हमेशा अपने मुनाफ़े पर है, कभी भी मानवीय दया का भाव रखकर कठिन श्रम से काम लेने में नहीं हिचकेंगे.

विश्व में पूंजीवादी व्यवस्था में ऐसा ख़ूब हुआ है, होता आया है. भारत में भी उसी पूंजीवादी व्यवस्था के अंतर्गत कल तक यह होता था. एक ऐसा भी समय था, जब छोटे–छोटे बालकों से कठिन श्रम कोड़ों से मार–मार कर लिया जाता था. पत्थर तोड़ने–फोड़ने का काम स्त्रियों से लिया जाता था. दार्शनिकों ने यह कहावत बना ली थी कि मालिक की उम्र में मज़दूरों की 5–5 या 7–7 पीढ़ियां बदल जाती हैं. यानी इतनी ज़्यादा संख्या में श्रमिकों की मृत्यु होती थी और इतनी ही ज़्यादा संख्या में वे पैदा होते थे, इससे आदमियों की कमी तो महसूस होती नहीं थी. पर आज जब विचार करते हैं तो हृदय कांप उठता है कि कितना राक्षसी व्यापार था यह. यही वजह है कि कार्ल मार्क्स ने अपनी पुस्तक कैपिटल में जोर–शोर से इन मध्यमवर्गीय मालिकों के विरुद्ध विद्रोह किया और कठोर शब्दों में खुलेआम हिंसा तक को प्रोत्साहन दिया. कार्ल मार्क्स की पुस्तक प्रकाशित होने के बहुत पहले ही ब्रिटेन और अन्य कई देशों में मालिक और मज़दूरों के बीच संघर्ष की नींव पड़ चुकी थी और कई नए क़ानून इस तरह की निर्दयता को रोकने के लिए बन चुके थे, जिन्हें फैक्ट्री एक्ट के नाम से संबोधित किया जाता है.

फैक्ट्री एक्ट

- अंग्रेजों द्वारा शुरुआत
- मालिकों द्वारा ही नहीं, मज़दूरों द्वारा भी विरोध
- मानवीय सुधार वैयक्तिक औदार्य पर निर्भर नहीं

भारत में भी इस सदी की शुरुआत में, अंग्रेजों की पहल से फैक्ट्री एक्ट्स बने और लागू हुए. इन क़ानूनों की कृपा से यह हुआ कि निश्चित उम्र से कम उम्र के बालकों से कोई काम क़तई नहीं लिया जा सकता था. स्त्रियों को कुछ निश्चित काम ही करने हैं. गर्भवती स्त्री को या बच्चे की मां के लिए निर्धारित ख़ुराक का प्रबंध अनिवार्य है. हर मज़दूर के काम करने के घंटे निश्चित कर दिए गए थे. कारख़ाना या फैक्ट्री के चालू रहने का समय निर्धारित हो गया था. कारख़ाने या फैक्ट्री में कोई भी मशीन या हथियार ऐसे हों, जिनसे मज़दूरों को चोट आने का ख़तरा हो तो उन्हें अच्छी तरह बचाव के साधन के साथ रखना अनिवार्य कर दिया गया. मज़दूरी के एवज में मालिक लोग पहले चाहे जैसा सड़ा-गला अनाज या कपड़ा दे दिया करते थे, अब नक़द मज़दूरी की रक़म देना अनिवार्य बना दिया गया. टट्टी-पेशाब आदि के लिए हर कारख़ाने में स्वास्थ्य को ध्यान में रखकर समुचित व्यवस्था की गई. हर कारख़ाने या फैक्ट्री की अमुक समय बाद सफ़ेदी कराना या पुताई कराना, मरम्मत आदि कराना ज़रूरी हो गया. इन सब क़ानूनों को भंग करने की मनोवृत्ति को मिटाने के लिए कई फैक्टरी निरीक्षक नियुक्त कर दिए गए. ये सरकार की तरफ़ से किसी भी समय किसी भी कारख़ाने या फैक्ट्री में घुसकर इस बात का निरीक्षण करने का अधिकार रखते हैं कि फैक्ट्री एक्ट पर उचित अमल हो रहा है या नहीं. अगर कहीं भी एक्ट भंग हो रहा होता तो उस मालिक पर मुक़दमा चलाया जा सकता है.

ये क़ानून भी समाजवादी आंदोलन की वजह से नहीं बने, पर मानव की स्वाभाविक वृत्तियों के विकास स्वरूप स्वेच्छा से ही बनाए गए. अंग्रेजों के राज्य में, जो स्वयं पूंजीवाद के कट्टर समर्थक थे, उनके वक़्त में ही ये सुधार हुए थे. देखने-सुनने में ऐसा

प्रतीत होता है कि इन तमाम फैक्ट्रियों के हर मालिक ने विरोध किया होगा, हर मज़दूर प्रसन्न हुआ होगा और उसने इसका ज़ोर-शोर से समर्थन किया होगा, पर बात ऐसी नहीं है. मालिकों में भी अनेक तरह के व्यक्ति होते हैं और श्रमिकों में भी कई तरह के आदमी होते हैं. कई मालिक बिना फैक्ट्री एक्ट के भी अपने मज़दूरों पर दया रखना चाहते थे. आप कहेंगे, फिर क्यों न उन्होंने ऐसा किया? इसमें भी कारण है. जो माल वे बनाते हैं, वह माल बाज़ार में कुछ नफ़े से बिकना चाहिए. अगर एक वस्तु को बनाने में मज़दूरी ज़्यादा लग जाए तो वह मालिक, उन मालिकों के सामने, जो दयावान नहीं हैं और कम मज़दूरी देकर सस्ता माल बेचकर भी मुनाफ़ा कर रहे होंगे, प्रतियोगिता में टिक नहीं सकेगा. सस्ते-कठिन परिश्रम वाले श्रमिकों की वजह से ज़्यादा मुनाफ़ा ही नहीं, पर सस्ता माल बनाना भी संभव है. अगर एक भला मालिक अच्छी तनख्वाह, स्वास्थ्य आदि का समुचित ख्याल रखे तो निश्चय ही वह अपनी वस्तु उतनी सस्ती नहीं बना सकता, जितनी सस्ती दूसरे कठोर मालिक बना सकते हैं.

इसलिए समाज सुधार के ये नियम मानव के व्यक्तिगत औदार्य पर चल सकें, ऐसा संभव नहीं है. कारण, जो उदार बनता है, वह जल्दी मरता है, नष्ट हो जाता है. ऐसे समाज सुधार के लिए शासक द्वारा क़ानून बनाने ही अपेक्षित है. फैक्ट्री एक्ट के ख़िलाफ़ श्रमिकों या मज़दूरों का शुरू-शुरू में जो विरोध हुआ, वह मालिकों के विरोध से ज़्यादा उल्लेखनीय है. ग़रीब या एकदम दरिद्र प्रजा को जब यह मालूम हुआ कि उनके लड़के-बच्चे जो काम कर रोज़ाना चार आना-आठ आना मज़दूरी कमा कर लाते हैं, अब नए क़ानून के अनुसार नहीं ला पाएंगे, तो निश्चय ही उनको तकलीफ हुई होगी. हज़ारों या लाखों रुपये वालों को शायद परवाह न भी हो, पर जिस व्यक्ति की या परिवार की आमदनी कुल 4 रुपये रोज़ाना हो, उसमें से आठ आनों की कमी भी घातक होती है. वे माता-पिता जानते हैं कि उनके बालकों के लिए छोटी उम्र में कठिन काम करना कदापि उचित नहीं है, पर भूख या दरिद्रता विवश करती है. इसीलिए पहले पहल तो उस वर्ग ने ही घोर विरोध किया होगा कि फैक्ट्री एक्ट बिल्कुल लागू नहीं होने चाहिए.

दरिद्रता ऐसी भयावह चीज़ है, जिससे मां-बाप की ममता भी नष्ट हो जाती है और वे मजबूर हो जाते हैं कि मासूम बालकों को मज़दूरी करने के लिए भेज दें. इस मज़दूरी का प्रलोभन अथवा इसकी आवश्यकता इस निम्न श्रेणी के लोगों में इतनी अधिक थी कि बच्चों को शिक्षा देना वे नितांत व्यर्थ समझते थे.

-: 50 :-

स्त्री कामगार

- स्त्रियों की मज़दूरी का मूल्यांकन
- मालिकों के दास मज़दूर
- और मज़दूरों की दासानुदास औरत
- पतन का मार्ग

फिर कल-कारख़ानों के चल निकलने के कारण स्त्री कामगारों की संख्या बढ़ी, लेकिन बाज़ार में इनकी मज़दूरी का भाव पुरुषों की अपेक्षा निम्न स्तर का ही रहा. मालिकों की दलील यह थी कि यदि हमें मज़दूरों की ज़रूरत ही हो तो हम पुरुषों को ही क्यों न रखें और फिर सस्ती दर में औरतें काम करने के लिए राज़ी भी तो हैं. उनके इस उत्तर में सुदृढ़ तर्क का अभाव भले हो, इसने स्त्रियों को मज़दूरी की आवश्यकता के कारण सस्ती दर पर काम करने के लिए बाध्य कर दिया. स्त्रियों में मौजूद इस हीन भावना से श्रम ख़रीदने वाले मालिकों ने फ़ायदा ही उठाया. चूंकि पुरुषों की अपेक्षा स्त्रियां सस्ती दर पर काम करने पर राजी हैं, इसलिए उनकी भीड़ ने श्रमिकों की समस्या में एक और अध्याय जोड़ दिया. साथ ही फैक्टरी एक्ट के अंतर्गत कम उम्र के बच्चों से काम न कराने के विधान से होने वाली आय की कमी की पूर्ति किसी सीमा तक संभव हो गई.

देश और समाज के लिए स्त्रियों का प्रधान काम है, घर-गृहस्थी की देखभाल करना, बाल-बच्चों का लालन-पालन करना आदि. काम करने में यद्यपि स्त्री पुरुष से कम नहीं है, फिर भी उसकी शारीरिक अवस्था और घर-गृहस्थी की ज़िम्मेदारी के कारण उसके काम का सीधा संबंध उद्योग-धंधों अथवा कारखानों से है नहीं. माना यही जाता है कि स्त्री पुरुष के आधीन है. पुरुष की कमाई से ही परिवार का ख़र्च चलता है. उत्तरदायित्व उसी का है कि परिवार अथवा स्त्री-बच्चों का भरण पोषण वह करे. इसीलिए उद्योग-धंधों में स्त्री श्रम का समान मूल्यांकन नहीं होता. नतीजा यह हुआ कि इस व्यवस्था के कारण श्रमिक बन गए मालिकों के गुलाम और स्त्री बन गई इन मज़दूरों की गुलाम. सामाजिक परिस्थितियों में स्त्री गुलामों की भी गुलाम दासानुदास बन गई.

अतएव उसकी दयनीय अवस्था अत्यंत करुणाजनक है. पुरुष को कमाने का श्रेय प्राप्त है, इसलिए स्त्री को उसके अत्याचार बर्दाश्त करने पड़ते हैं. तिरस्कार, मारपीट और दारुण यंत्रणा के बावजूद उसके पास मुक्ति का कोई उपाय नहीं.

इस भयानक अवस्था का कारण यही दु:खदायक अर्थव्यवस्था ही है. स्त्री ने जरा भी सिर उठाया तो उसे कुल कलंकिनी कहकर बहिष्कृत कर दिया जाता है. बंदनामी के डर से पीड़ित स्त्री के पास वर्तमान परिस्थिति में विद्रोह करने का कोई अवसर है ही नहीं. यह तो होता ही है कि इस दरिद्रता और सामाजिक अत्याचार से पीड़ित होकर स्त्री पाप की कमाई करने की ओर प्रवृत्त हो जाती है. वेश्यावृत्ति के उन्मूलन के लिए, सामाजिक आचार–विचार को उन्नत करने के लिए इस संबंध में जो भी क़ानून बने हैं, वे नाकाफ़ी इसलिए हैं कि ये तमाम नियम–क़ानून समस्या के मूल तक पहुंच कर उसका निराकरण नहीं करते. इन क़ानूनों से परिणाम का उपचार ही हो सकता है और हो सकता है, उसमें भी संदेह ही है. जब तक स्त्री को आर्थिक दृष्टि से समर्थ नहीं बनाया जाएगा, तब तक उसे पुरुष की दासी बनकर और समाज के अत्याचारों से पीड़ित होकर ही रहना होगा.

मज़दूरी के अनुपात में पापमूलक कमाई का अनुपात काफ़ी प्रलोभनीय है. धर्म उपदेशकों ने इसके दोष बताकर पाप के इस रास्ते पर न चलने का उपदेश प्रत्येक युग और काल में दिया है. देश और समाज का भविष्य कल की, आने वाली संतान पर ही निर्भर है. संतान का भविष्य निर्भर है स्त्री पर. समस्या की गहराई में जाने पर वर्तमान स्थिति की दरिद्रता और साथ ही इससे संबंधित क़ानून का थोथेपन का रूप स्पर्ष्ट हो जाता है. प्रस्तुत स्थिति यह है कि स्त्री देखती है कि जो यौन व्यवहार में स्वच्छंद है, वह अधिक सुख और आराम से है और जो पति के आतंक में सामाजिक निष्ठाओं में विश्वास रखती है, उसकी हालत बहुत ख़राब है. स्वाभाविक ही है कि स्त्रियों को उपरोक्त पापाचार के मार्ग की ओर प्रवृत्त करने के लिए अंतिम मार्ग खुला रह ही जाता है.

कहा जाता है कि यौवन कुछ ही वर्षों का है. लिहाज़ा इसके प्रति पुरुषों का आकर्षण क्षणिक है. परिणामस्वरूप रूप यौवन के समाप्त हो जाने पर पाप की कमाई करने वाली स्त्री की तीन कौड़ी भी क़ीमत नहीं रह जाएगी. इसलिए ईमानदारी से रोज़ी कमाना और पति को लेकर घर–संसार बसाना ही भविष्य के जीवन के लिए श्रेयस्कर है. इस तर्क का उत्तर यह भी है कि दिन भर कठिन श्रम करके, पत्थर तोड़कर, आधा पेट खाकर, घर–गृहस्थी का बोझ ढोते–ढोते, वृद्धावस्था आने पर भी कौन पूछने वाला है? जिस तरह किसी गणिका की शक्ति कुछ ही दिनों में क्षीण हो जाती है, उसी तरह स्त्री मज़दूरों की शक्ति भी मौजूदा परिस्थितियों में अधिक दिनों तक टिक नहीं सकती. दरिद्रता भोगते हुए, तिल–तिल करके मरने का क्रम दोनों अवस्थाओं में लगभग समान ही है. जो हो, समाज की वर्तमान पूंजीवादी अर्थव्यवस्था में स्वच्छंद यौन संबंध अधिक आसानी से अधिक धन उपलब्ध करने में सहायक है, वनिस्पत अच्छे सदाचार से रहने और काम करने के. पुरुषों से स्त्रियों की संख्या अधिक है. इसलिए सस्ती मज़दूरी में वे पर्याप्त संख्या में हर समय सुलभ हैं. इस तरह से यह पूंजीवादी व्यवस्था स्त्रियों को सस्ता श्रम और दरिद्र

स्त्रियों को अपना शरीर बेचने पर बाध्य करती है. इतनी दयनीय दशा है भारत में स्त्री कामगारों की. संसार के अन्य हिस्सों में भी स्त्री की स्थिति उपरोक्त अवस्था से कोई बहुत अच्छी नहीं है. पैतृक संपत्ति में अधिकार न होने की वजह से भारत में उनकी अवस्था और भी ज़्यादा ख़राब है. सचमुच वे क्रीतदासी ही हैं.

-: 51 :-

मज़दूर संगठन

- ट्रेड यूनियन की आवश्यकता और इतिवृत्त
- हड़ताल और उसके विभिन्न स्वरूप
- मज़दूर संगठन का दूसरा पहलू

किस तरह मज़दूर पूंजीवादी उद्योगपतियों का मुक़ाबला कर सका, इसका इतिवृत्त है. यह ज़ाहिर था कि कोई स्त्री या पुरुष, जो काम करता हो, नौकरी करता हो, अकेले जाकर मालिक के साथ न बहस कर सकता है, न मुक़ाबला. मालिकों का नपा-तुला यही जवाब होता है कि अगर इस मज़दूरी और स्थिति में तुम काम नहीं करोगे तो तुम्हारे भाई दूसरे सैकड़ों करने वाले तैयार हैं. यह उत्तर लगभग सभी श्रमिकों के, अकेले बात करने पर, मुंह पर ताला लगा देता था. इसलिए मालिकों के सामने मज़दूरों की अपनी फ़रियाद का कुछ असर हो, उसकी कुछ सुनवाई हो, इसके लिए आवश्यक था कि किसी प्रकार का संगठन हो, क्योंकि एकता की आवाज़ ही मालिकों पर असर कर सकती है.

सब तरह के मज़दूरों के लिए किसी तरह से भी एकता का संगठन कर सकना संभव ही नहीं था. उदाहरण स्वरूप घरेलू नौकरों को ही लीजिए, एक घर में झाड़ू-बुहारी, पानी भरना, कपड़े धोना इत्यादि काम करता है. रसोइया या रसोइन रसोई बनाती है. सब क़रीब-क़रीब अपने-अपने दायरे में सीमित हैं. वे अकेले काम करते हैं. कहीं भी समुदाय या झुंडों में काम नहीं करते. एक-दूसरे से मिलने या विचार-विमर्श करने केमौक़े भी उन्हें कदाचित ही मिलते हैं. ऐसे श्रमिकों का संघ या संगठन होना नितांत मुश्किल है. या लीजिए खेतों में काम करने वाले मज़दूरों को, वहां भी अलग-अलग खेतों में जुताई-बुआई, बटाई-छंटाई इत्यादि अनेक कामों में सैकड़ों मज़दूर काम करते हैं, पर उनका आपस में मिलना और विचार-विमर्श कर सकना शक्य ही नहीं है. अतएव उनमें भी किसी प्रकार का संघ स्थापित होना मुश्किल है. अगर संघ क़ायम कर भी लिया जाए तो उसे सुसंगठित रख सकना बहुत ही मुश्किल है, क्योंकि वे एक-दूसरे से इतनी

दूर-दूर रहते हैं कि उनका मिलना ही नहीं होता. ऐसी ही हालत इस तरह के सभी श्रमिकों की है. सिर्फ़ फैक्टरी, कारखाने, खानें, रेलवे, ट्राम, बसें इत्यादि कामों में श्रमिकों का संगठन हो सकता है. ऐसे मज़दूरों का संगठित स्वरूप चलता भी है.

कई ऐसे धंधे भी हैं, जहां सब साथ-साथ काम करते हैं, तो भी उनमें संघ या संगठन नहीं हो सकता. उदाहरण के लिए किसी फ़िल्म कंपनी के कलाकारों को ले लीजिए. एक प्रसिद्ध सिने तारिका को लाखों रुपये मिलते हैं, वहीं सैकड़ों दूसरी एक्सट्रा तारिकाओं को पेट भर खाने जितना भी वेतन नहीं मिलता. उनमें संगठन न हो स्कने का कारण स्पष्ट है. समान कक्षा, समान शील, समान व्यवहार, समान श्रम वाले श्रमिकों का ही संगठन हो सकता है. जहां आमदनी में या सामाजिक प्रतिष्ठा में एक-दूसरे में भयंकर अंतर हो, वहां वे आपस में संघ क़ायम कर ही नहीं सकते. फैक्टरी, कारख़ाने, रेलवे इत्यादि में काम करने वाले श्रमिकों का संघ क़ायम हो सकता है. मकान बनाने वाले राजमिस्त्री, गारा-चूना ढोने वाले, बढ़ई, लोहार इत्यादि श्रमिकों के भी संघ बनाने के प्रयत्न किए गए और आंशिक रूप से वे सफल भी हुए. कोई भी असहनीय दमन, जो मालिक लोग कर बैठते हैं, उसके विद्रोह स्वरूप ही तो संघ क़ायम होते हैं. एकबद्ध होकर श्रमिक लोग अपनी बात को अमुक दृष्टिकोण से देखने के लिए मालिकों को बाध्य कर सकते हैं. जब उनका ध्येय सिद्ध हो जाता है अथवा वे अपने ध्येय की प्राप्ति में असफल हो जाते हैं, तब वह संघ टूट जाता है. फिर जब कभी आपत्ति-विपत्ति आती है तो फिर उसी तरह संघ खड़ा होता है. इसके बाद उस संघ को अस्थायी रूप से क़ायम रखने के लिए वे कुछ चंदा इकट्ठा करते हैं. नौकरी छूटने पर विपत्ति आती है, तब उस जमा की हुई पूंजी में से कुछ लेकर, कुछ समय तक योग क्षेम का काम चलाया जाता है. क्षणिक विद्रोह के लिए खड़े हुए संगठित श्रमिक संघ आगे चलकर स्थायी श्रमिक संघ बन गए. यही इतिहास है श्रमिक संघ का. ऐसे मजदूरों के संघ पूंजीवादियों के अनाधिकार हस्तक्षेपों को मिटाने के लिए क्या कर सकते हैं, यह सोचना है. जब एक श्रमिक संघ पूर्ण रूप से क़ायम हो जाता है, तब वे मालिक के सामने उसके मुंह पर कह सकते हैं कि हम अमुक मज़दूरी में काम नहीं करेंगे. यह जोखिम तो हमेशा रहता था कि तुम नहीं, तो तुम्हारे दूसरे भाई काम करेंगे. अब नहीं रहा.

अगर शहर के तमाम जुलाहे एक स्थायी संगठन बना लें तो मालिक के मज़दूरी कम करने पर कह सकते हैं कि हम इस कम मज़दूरी पर काम नहीं करेंगे, क्योंकि उनके गुज़ारे के लिए तो वह एकत्रित फंड उपलब्ध होगा ही. इस तरह इंकार कर देने से उनके मालिकों के उद्योग महीनों के लिए बंद हो जाएंगे. साथ ही संगठित मज़दूरों द्वारा हड़ताल कर देने पर इनके स्थान पर काम करने के लिए मालिकों को तत्काल मज़दूर नहीं मिल सकेगे. एकाध आदमी को तो नौकरी से निकालने की धमकी दी जा सकती है और अकेले होने के कारण उसका डरना भी स्वाभाविक है, मगर तमाम मज़दूरों के काम छोड़ देने पर स्थिति संभालना किसी भी मालिक के लिए कठिन हो सकता है. इस तरह संगठित होकर, काम न करने का निश्चय करके मालिक को बाध्य करने की स्थिति को हड़ताल कहते हैं. मज़दूर लोग इस तरह से हड़ताल न केवल मज़दूरी कम करने के विरोध में ही करते हैं, बल्कि मज़दूरी बढ़ाने

के लिए, काम के घंटे घटवाने के लिए या अन्य किसी भी हेतु से, जो वे मालिकों से करवाना चाहते हों, कर देते हैं. उनकी सफलता या विफलता बहुधा उस समय की व्यापारिक स्थिति पर ही निर्भर रहती है. अगर व्यापार की स्थिति सामान्य हो तो मालिक लोग मांग स्वीकार न करके कारख़ाने को बंद कर देते हैं. जब तक कि मज़दूरों का चंदे से इकट्ठा किया हुआ धन व्यय न हो जाए और बेकारी से भूखों मरने की नौबत न आ जाए, तब तक वे फैक्टरियां या कारख़ाने बंद ही रखते हैं. अंत में जब हड़तालियों को विवश होकर, हार स्वीकार कर, शरणागत होना पड़ता है, तब मालिक लोग अपनी शर्तों पर ही फैक्टरी या कारख़ाने चलाने को राज़ी होते हैं. लेकिन, अगर उस समय व्यापार में काफी उन्नति हो रही हो और कारख़ाने का एक दिन भी बंद रहना या उत्पादन न होना, मालिकों के मुनाफ़े में भारी फ़र्क़ डाल रहा हो तो वे येन–केन–प्रकारेण हड़तालियों की शर्तों के साथ समझौता करके कारख़ाने और फैक्टरियां चालू रखते हैं.

वे अपना हिसाब लगा लेते हैं कि मज़दूरों की मांगों को क़बूल करने में उनको अपेक्षाकृत अच्छा लाभ है. समय निकलने के बाद मालिक लोग फिर अपने मौक़े की फ़िराक़ में रहते हैं. जब भी व्यापार की स्थिति मंदी या सामान्य होती है तो वे हिसाब लगा लेते हैं कि अगर फैक्टरी या कारख़ाना बंद रहे तो उनके लिए कोई विशेष फ़र्क़ नहीं पड़ेगा, ख़ास मुनाफ़े की हानि नहीं होगी या बहुत ही कम हानि होगी, तो वे मज़दूरी कम करने के लिए प्रयत्न करते हैं. मज़दूर न मानें तो वे तमाम कामों को बंद कर डालते हैं. ऐसी परिस्थितियों को मालिकों की हड़ताल या तालाबंदी कहा जाता है. व्यापार में जब भी उन्नति होती है तो मज़दूरों की हड़तालें हुआ करती हैं और अधिकतर वे सफल ही होती हैं. जब–जब व्यापार में मंदी आती है, तब–तब तालेबंदियां होती हैं और वे भी अधिकतर सफल ही होती हैं. व्यापार की स्थिति बदलती रहती है. प्रथम विश्व युद्ध के 5–7 वर्ष के बाद काफी बड़ी व्यापारिक मंदी आई और फलस्वरूप इतनी ज़्यादा बेकारी और दरिद्रता बढ़ी, जिसका असर बाद में कई वर्षों तक देश को भुगतना पड़ा. द्वितीय महायुद्ध के समय और उसके बाद ज़ोर–शोर से व्यापार में तेज़ी आई. फलस्वरूप काफ़ी ज़्यादा मज़दूरी बढ़ी. मज़दूरों के सब आंदोलन सफल रहे. ये हड़ताल या तालेबंदियां एक तरह का वर्ग संघर्ष हैं.

-: 52 :-

काम रोको

- वर्ग संघर्ष
- उत्पादन बढ़ाने और कम करने के लिए संघर्ष
- नवीनीकरण का विरोध
- दुष्टतापूर्ण नीति

यह सही है कि इससे जनता को कष्ट और कठिनाइयों का सामना करना पड़ता है. अभी हम श्रमिक संघ प्रणाली का विश्लेषण कर रहे हैं. इसके कई पहलू अभी तक बाक़ी रह गए हैं. मज़दूरों के किसी भी आंदोलन को सफल बनाने के लिए सविनय अवज्ञा के तरीक़े हैं, जैसे टूल्स डाऊन, स्टे-इन-स्ट्राइक आदि. हर श्रमिक संघ का पहला लक्ष्य तो यही रहता है कि हर मज़दूर या उस कार्य को कर सकने वाले जितने भी मज़दूर उस शहर में हों, सब उसके सदस्य होने चाहिए, जिससे कि मालिक लोग किन्हीं दूसरे व्यक्तियों को काम पर रखकर हड़ताल न तोड़ सकें, पर आदमी-आदमी में या एक मज़दूर का दूसरे मज़दूर से इतना सांघातिक वैमनस्य हो जाता है कि वे एक-दूसरे की जान लेने तक पर आमादा हो जाते हैं.

जो श्रमिक हड़तालकारियों की जगह भर्ती होने के लिए तत्पर हो जाएं, उन्हें उनकी भाषा में गद्दार, हरामखोर या पिट्ठू के नाम से पुकारा जाता है. मज़दूर समुदाय उन व्यक्तियों का सामाजिक और नैतिक बहिष्कार कर डालते हैं. श्रमिक संघ जब भी हड़ताल की घोषणा करते हैं, तुरंत उस कारख़ाने या फैक्टरी के द्वार पर उनके व्यक्तियों का धरना या पिकेटिंग चालू हो जाता है. किसी भी दूसरे श्रमिक को, जो काम करना चाहता हो और उनके संघ का सदस्य न हो, रोकने का वे यत्न करते हैं. भारत में अभी तक इन श्रमिक संघों के पतन की वह चरम सीमा नहीं आई है, जैसी दूसरे देशों में मौजूद है. ग्रेट ब्रिटेन में पहले तो कोई भी श्रमिक बिना संघ का सदस्य बने हो ही नहीं सकता. यह कल्पना ही नहीं की जा सकती कि कोई भी मज़दूर बिना संघ का सदस्य हुए मजदूरी कर भी सकता है. पर जहां-जहां हड़तालें होती हैं और मालिक लोग कहीं से प्रयत्न करके

दूसरे मज़दूरों को भर्ती कर ले आते हैं, वहां उनके हाथ–पांव साबुत नहीं बच पाते. जब वे मील के बायलर के पास काम करने जाते हैं तो उन्हें वहां विस्फोटक बम मिलता है, जो उसी वक़्त फटकर नए भर्ती हुए श्रमिकों की मृत्यु या अंग भंग का कारण बन जाता है. वहां की मशीनों, इमारत और अन्य साधन सामग्रियों को पर्याप्त ख़तरा रहता है. हड़ताली मज़दूर इतने उपद्रवी हो जाते हैं कि जिस कारख़ाने या फैक्टरी पर हड़ताल हुई, वहां जान–माल कुछ भी सलामत नहीं. सैकड़ों ऐसे कार्य हैं, जिन्हें रोज़ाना करने वाला इस तरह से करके जाता है कि जो भी गद्दार या पिट्ठू उसकी जगह काम करने के लिए आए, उसे अपने जीवन के लाले पड़ जाएं.

इसके अलावा ग्रेट ब्रिटेन में श्रम संघों की जो भयानक ज़्यादती है, वह यह है कि किसी भी बाहरी श्रमिक को वे काम नहीं करने देंगे. हड़ताल के समय की बात ही नहीं है. यों साधारणतया भी अगर आपको एक बढ़ई या फिटर की आवश्यकता है तो आप अपने मनपसंद का अच्छा कारीगर नहीं रख सकते. आपको उसी संघ को ही प्रार्थनापत्र भेजना होगा और वही संघ अपनी शर्तों पर, जिसे चाहे भेजेगा. एक बढ़ई, फिटर, लोहार जो काम उसके ज़िम्मे है, उससे रंचमात्र भी ज़्यादा काम नहीं करेगा. अगर एक काम के पूरा होने में मान लीजिए, सिर्फ दो स्क्रू ही कसने बाक़ी रह गए और बढ़ई, राज या फिटर कोई भी आसानी से स्क्रू टाइट करा सकता है, पर चूंकि उनकी यूनियन के नियम हैं, इसलिए वह काम तब तक रुका रहेगा, जब तक स्क्रू फिटर आकर उन दोनों स्क्रू को कस न जाए.

अगर आपने किसी बाहरी अच्छे कारीगर को रख लिया तो संघ का कोई भी श्रमिक उसके साथ काम नहीं करेगा, तुरंत हड़ताल हो जाएगी. परिणाम होगा अशांति और उपद्रव. वहां के मालिक लोगों को ज़रा भी स्वतंत्रता नहीं है कि वे अपने मनपसंद कारीगर रख लें. न श्रमिक को छूट है कि उसे जहां नौकरी मिले, कर ले. लाख चाहकर, कोशिश करके भी वह किसी भी कारखाने में अपने आप नौकरी नहीं कर सकता. उसे पहले उसी संघ की शरण में जाना होता है जो उससे तगड़ी फी, पगड़ी या प्रवेश–फी वसूल करते हैं. बाद में 2–3 या 5 वर्षों तक संघ में ही अनेक शिक्षार्थियों के साथ काम करना पड़ता है, जहां वेतन न्यूनतम मिलता है. वहीं अखाड़े के पहलवानों की शागिर्दी करनी पड़ती है, तब कहीं जाकर वह पूर्ण सदस्य बन पाता है. फिर वह संघ सूचित करता है कि उसका नाम, किसी कारख़ाने या फैक्टरी के लिए उपयुक्त हो गया है.

इस प्रथा को वाममार्गियों ने भैरवी चक्र की तरह बना रखा है, अंग्रेजी में इसे क्लोज शॉप कहते हैं. भावार्थ यही है कि हमारे इस भैरवी चक्र के सदस्य के अलावा दूसरे श्रमिक को श्रम करने का या रोटी कमाकर खाने का अधिकार ही नहीं है. अमेरिका में इन संघों का रूप और भी ज़्यादा भयानक या वीभत्स है. हालांकि वहां उपरोक्त भैरवी चक्र नहीं है, पर बिना उस संघ की सदस्यता के कोई श्रमिक काम करने का साहस कर ले, यह स्वप्न में भी संभव नहीं है. संघ के अधिकारीगण बहुधा जरायम पेशावर गुंडे इस काम के लिए रखते हैं. उनको आदेश रहता है कि जो भी श्रमिक उनके बीच में आए या जो भी

मज़दूर उनके विरुद्ध सभा में वोट देने का साहस करे, उसे मार्ग से हटा दो. कुछ ही घंटों बाद ऐसे श्रमिकों की लाशें नदी या समुद्र में ऊपर आई हुई मिलेंगी या कहीं सड़क के किनारे फेंकी हुई मिलेंगी. दूसरे भी तरीक़े हैं, जिनके द्वारा संघ के ये अवांछित श्रमिक राह से हटा दिए जाते हैं. दूसरे मज़दूरों द्वारा प्रयत्न करके व्यवस्थित ढंग से अनिच्छित श्रमिक का खात्मा करा दिया जाता है. ऐसा इसलिए किया जाता है कि किसी पर अभियोग न लगाया जा सके. मालिकों द्वारा जो वेतन दिया जाए या संघ द्वारा जो मांग पेश की जाए, इस मतभेद के अलावा श्रमिक को विशेष कठिनाई यह जानने में होती है कि उसे काम कितना करना है.

हर धंधे में एक श्रमिक का औसत कार्यभार निर्धारित होना आवश्यक है.

मालिक लोग तो, मान लीजिए, ऐसे एक मज़दूर को चुन लेते हैं, जो बहुत ज़्यादा मेहनत करता है या निपुण है, जो सबसे ज़्यादा काम करता है, और उसी को पैमाना बनाकर वे चाहते हैं कि हर श्रमिक का कार्यभार उतना ही हो. अगर कोई व्यक्ति उससे कम काम करे तो उसे उसी अनुपात से कम वेतन मिले.

इसके विपरीत श्रमिक संघ इस प्रयत्न में रहते हैं कि कम से कम जितना काम एक श्रमिक करता है, उतना ही कार्यभार निर्धारित होना चाहिए. एक राज दिन भर में तीन ईंट ही चिनाई करता है या एक जुलाहा दिन भर में 2 इंच ही कपड़े की बुनाई करता है तो बस उतना ही कार्यभार निश्चित हो जाना चाहिए. इतना ही काम कर देने वाले हर व्यक्ति को पूरा वेतन मिल जाना चाहिए.

मालिक लोग जब उन राजों द्वारा बनाए हुए मकान या उन जुलाहों के बुने हुए कपड़े बेचते हैं, तब बाज़ार भाव में ऊंची से ऊंची क़ीमतें लेते हैं. श्रमिक संघ भी कम से कम श्रम की ऊंची से ऊंची क़ीमत चाहते हैं.

ये दोनों ही प्रसंग विशुद्ध पूंजीवाद के द्योतक हैं. दिन में तीन ईंट ही चिनना या दो इंच ही कपड़ा बुनना भले ही परिहासजनक उक्ति हो, पर यह निश्चित है कि कार्यभार निर्धारित कराने में श्रमिक संघों का रवैया यही रहता है कि जिस काम को एक आदमी आसानी से कर सके उसके लिए 3–3 या 4–4 आदमी चाहिए.

इस प्रकार से यह पूंजीवादी व्यवस्था मालिकों में ज़्यादा से ज़्यादा काम लेने की वृत्ति पैदा करवाती है और श्रमिकों में कम से कम काम देने की वृत्ति पैदा करती है.

आप पूछेंगे कि तो फिर चलता कैसे है, इससे तो गतिरोध होने चाहिए? यह ही तो होते हैं, और हो रहे हैं. हर समय प्रधानमंत्री पं. नेहरू को और राष्ट्रपति राजेंद्र प्रसाद को उत्पादन में वृद्धि करो, काम में शिथिलता मत आने दो, आराम हराम है, इत्यादि नारे जनता के समक्ष रखने पड़ते हैं.

भारत में काम एकदम से क्यों नहीं रुका, उत्पादन बिल्कुल बंद क्यों नहीं हो गया?

इसका कारण यह है कि आदमी की सहज बुद्धि अभी तक श्रमिक संघों के पूंजीवाद से पराजित नहीं हुई है. अब भी हज़ारों लाखों श्रमिक हैं जो अपना कर्तव्य समझकर काम

करते हैं, मालिक लोग जो वेतन देते हैं उतना ही ले लेते हैं और मन से काम करते रहते हैं. अगर कष्ट भी पाते हैं तो ईश्वरेच्छा मानकर बर्दाश्त कर लेते हैं. भारत में आज भी विभिन्न संघों की कुल सदस्य संख्या मिलाकर देश के श्रमिकों का एक तिहाई भाग भी नहीं है. ज़्यादातर शहरों में ही फैक्टरी या कारख़ानों के मज़दूर संघों में शामिल हुए हैं. राष्ट्रीय कामगार यूनियन, साम्यवादियों द्वारा संचालित संघ या अन्य राजनीतिक पार्टियों द्वारा संचालित जो संघ हैं, वे सब मिलकर भी, सौभाग्य से, भारत के श्रमिकों पर दूषित पूंजीवादी प्रभाव पूरी तरह डाल नहीं सके हैं.

बात इतनी ही होती तो आप, हम सब हंसकर टाल सकते थे, पर समाजवाद की चर्चा में यह गंभीर स्थिति है.

पूंजीवाद फैल रहा है, असल में ख़तरा यह है.

जब भी आदमी यह मानने लग जाए कि दरिद्रता भगवान की दी हुई नहीं है, मानव की अपने हाथों बनाई अर्थव्यवस्था का ही परिणाम है, तो श्रमिक वर्ग या दरिद्र वर्ग, उसी वक़्त से अपना संगठन करके ताक़त बनाने की फ़िक्र करने लग जाता है.

जैसे ज़मींदार या मकान मालिक अपनी ज़मीन या मकान से ज़्यादा से ज़्यादा लाभ कमाने की चेष्टा करता है, पूंजीपति जिस तरह से अपनी पूंजी से ज़्यादा से ज़्यादा लाभ प्राप्त करने का प्रयत्न करता है, मध्यम वर्ग मालिक अपनी शिक्षा या योग्यता का ज़्यादा से ज़्यादा लाभ पाने की कोशिश करते हैं.

देश की अर्थव्यवस्था इन्हीं दो समान पहाड़ों की टक्कर में चकनाचूर हो रही है.

पूंजीवादी या मालिक बड़ा या श्रमिक बड़ा? यह निर्णय नहीं हो पाया है और न निकट भविष्य में आसानी से होगा ही.

जब यह खुला संघर्ष पहले पहल छिड़ा तो स्वाभाविक रूप से पूंजीपति, जो उस वक़्त अंग्रेजों के राज्य में, ज़्यादा माननीय थे, क़ानून बनवाने में तत्काल समर्थ हो गए और कई वर्षों तक ऐसे क़ानून रहे जिनकी वजह से किसी भी प्रकार श्रमिक आंदोलन, मज़दूर संगठन ग़ैर क़ानूनी और दंडनीय क़रार कर दिए जाते रहे.

राष्ट्रीय आंदोलन का प्रधान लक्ष्य विदेशी राज्य का अंत करना था. मालिक और श्रमिक का संघर्ष या वर्गयुद्ध भारत में सही मानी में हुआ ही नहीं. भारत के आज़ाद हो जाने के बाद ही यह भावना आई है. अब जो भी श्रम क़ानून हैं, उनके द्वारा एक आध उद्योगों को छोड़कर बाक़ी किसी भी उद्योग में श्रमिकों के संघों को मान्यता देना कोई ज़रूरी नहीं है.

दूसरे प्रगतिशील देशों में तो इनका जो परिणाम हुआ है, क़ानून बनाने वालों ने उसे समझ लिया है. यह भस्मासुर की शिवोपासना द्वारा वरदान प्राप्त करके भगवान शंकर को ही भस्म करने जैसा प्रयत्न होगा.

मालिकों और श्रमिकों के संघर्ष ज़्यादातर, या तो वेतन के संबंध में, या उन्हें जो सुविधाएं मिलती हैं या मिलनी चाहिए, उनके बारे में, या कभी-कभी किसी मज़दूर को

संघ संबंधित कार्रवाई करने के अपराध में अलग कर देने के विरोध में ही होते हैं. ज़्यादातर झगड़े मज़दूरी या रुपयों के ही होते हैं.

किसी न किसी रूप में मालिकों या श्रमिकों की जेबों पर असर पड़ता है तब ही झगड़े होते हैं. मज़दूरी तीन तरह से दी जाती है. एक तो दैनिक, दूसरी समय पर आधारित, तीसरे जितना काम करें, उतनी मज़दूरी यानी पीस रेट प्रणाली. आप समझते होंगे कि मालिक लोग हमेशा ही पीस रेट देना चाहते होंगे और मज़दूर लोग हमेशा ही दैनिक मज़दूरी की मांग करते होंगे.

नहीं, ऐसा नहीं है. भारत में अभी तक तो ज़्यादातर मज़दूर दैनिक मज़दूरी के लिए ही लालायित रहते हैं और पीस रेट का विरोध करते हैं, पर सब जगह अब ऐसा नहीं होता. पाश्चात्य देशों में बहुत पहले ही स्थिति बदल चुकी. भारत में भी अब नई नई मशीनरी का आविष्कार या आयोजन होने से मज़दूर पीस रेट चाहने लगे हैं, दैनिक मज़दूरी की अपेक्षा उनको पीस रेट से ज़्यादा मिलने की संभावना रहती है.

इसके अलावा नई मशीनरी का परिणाम है कम मज़दूरों से अधिक काम करवा सकना. उससे मज़दूरों की ज़रूरत न रहने से कटौती या छंटनी होती है. जो लोग बेकार होते हैं, वे कभी भी नहीं चाहेंगे कि नई मशीनरी लगाई जाए. जो काम करते रहें, उन्हें अधिक वेतन दें तथा हमें निकाल बाहर करें. युक्तीकरण का सबसे बड़ा विरोध इसी बुनियाद पर हो रहा है. नवीनीकरण में सबसे बड़ी बाधा इन मज़दूरों की छंटनी है. कहीं-कहीं तो इतने उपद्रव हो जाते हैं कि नई आई हुई मशीनरी लगाई ही नहीं जा सकती या लगा दी जाती है तो श्रमिक लोग उसे तोड़-फोड़ डालते हैं. ये सब क्यों होता है? क्योंकि बेकारी बढ़ने का अंदेशा होता है, श्रम संघ की सदस्यता में कमी आती है. स्वाभाविक ही है, अपनी रोटी की आंच की फिक्र सभी को है. स्वार्थपरता में वे यह सब भूल जाते हैं कि देश की समृद्धि ज़्यादा उत्पादन में ही है. किसी भी प्रकार से ज़्यादा उत्पादन होगा तो सबका ही भला होने वाला है, पर इनमें कोई भी अपनी पूंजीवादी व्यवस्था में ज़रा भी दरार पड़ने की गुंजाइश हो तो इसे सहन नहीं कर सकते. हड़तालों से जो सुविधा या अधिकार श्रमिक संघ श्रमिकों को दिलाते थे, उन्हें थोड़े समय बाद मौक़ा आते ही मालिक लोग तालाबंदियों से निरस्त कर देते थे. इस तरह से श्रमिकों की हालत जैसी की तैसी बनी रहती थी, बल्कि उससे भी कुछ ख़राब हो जाती थी. इस परिस्थिति को ठीक करने के लिए क़ानून बनने अनिवार्य हुए. श्रम संबंधित क़ानूनों में परिवर्तन हुए. जो भी समझौता श्रमिक संघ और मालिकों के बीच हो, उसका उल्लंघन करना क़ानूनन अपराध बना दिया गया. कोई भी मालिक चाहे कितना ही अप्रसन्न हो तो भी जो समझौता वह श्रमिक संघ के साथ कर लेता है, उसे वह बदल नहीं सकता. ऐसा क़ानून बन गया है.

जिस तरह से श्रमिकों ने अपने संघ बनाकर सामूहिक सौदेबाज़ी को अपनाया, मालिकों ने भी सोचा कि किसी प्रकार का संगठन वे नहीं बनाएंगे तो बढ़ती हुई श्रमिकों की मांगों के सामने वे उद्योग नहीं चला पाएंगे. परिणामतः उन्होंने भी मिलकर मिल

मालिक संघ या नियोक्ता संगठन बनाए. श्रमिकों के संघ में अध्यक्ष और सचिव थे, मालिकों के फेडरेशन में भी अध्यक्ष और सचिव नियुक्त हुए. नियम बना दिए गए कि जो भी समझौता हो, उसे सब उद्योगों पर समान रूप से लागू किया जाए. पाश्चात्य देशों की तुलना में हालांकि हमारे श्रमिक संघ इतने भयानक नहीं बन पाए हैं और वहां जैसी परिस्थिति यहां नहीं पैदा हो पाई है कि कोई भी श्रमिक संघ का सदस्य हुए बिना कहीं भी रोज़ी कर ही नहीं सके या कोई मालिक बिना संघ की इच्छा या सहायता के किसी भी श्रमिक को नौकर रख ही न सके. फिर भी श्रमिक संघों की पूंजीवादी मनोवृत्ति यहां भी फैल रही है. भारत में महात्मा गांधी ने अपने नेतृत्व में असहयोग एवं सत्याग्रह का आंदोलन चलाकर विदेशी राज्य को उखाड़ने में जो सफलता प्राप्त की, उसे देखकर आज हर छोटे–बड़े कामों में वही सत्याग्रह कर बैठने का भूत सब पर सवार हो गया है. उन्होंने जब यह अमोघ और नूतन अस्त्र प्रजा को दिया था तो उसके पीछे एक नैतिक बल था, आत्मिक श्रद्धा थी. वह सत्याग्रह या अनशन उस वक़्त के लिए उपयोगी समझते थे, जब दूसरा कोई मार्ग शेष न रहे. किसी से जोर–ज़बरदस्ती द्वारा कोई काम करवा लेने के लिए यह हथियार कदापि नहीं था.

दुर्भाग्य से कुछ तथाकथित गांधीवादियों ने समय–असमय, जा–बेजा किसी भी मांग को हासिल करने के लिए इसी अमोघ अस्त्र का उपयोग करना अपना व्यवसाय बना लिया है. उन्हें नहीं मालूम कि गांधी जी के इस अस्त्रोपयोग द्वारा मानसिक भावनाएं बदलना अभीष्ठ था. आज भूख हड़ताल करके अगर आप ज़बरदस्ती अपनी बात मनवा भी लें तो विपक्षी के दिल पर इसका असर इतना बुरा पड़ता है कि सदियों से चला आ रहा स्नेह धुल–पुंछ जाता है और वैमनस्य का बीजारोपण हो जाता है. भारत में श्रमिक संघ के अधिकारियों ने कई बार ऐसे–ऐसे जघन्य कर्म इस सत्याग्रह की आड़ में किए हैं, जो क़ानून की दृष्टि से सर्वथा अवैध हैं. उनके वे कर्म पाश्चात्य देशों में चली आ रही खुली गुंडागिरी से किसी भी हालत में कम नहीं हैं. श्रमिक संघों के पूंजीवाद का यह नया स्वरूप भारत का अपना है. मानव की कोमल भावनाओं को झकझोर डालना उतना ही ख़तरनाक है, जितना उसे शारीरिक कष्ट पहुंचाना. अगर कोई व्यक्ति आपको छुरा, कटार या पिस्तौल दिखाकर आपसे आपके रुपये छीन लेता है तो वह डाकू है. आप सहर्ष तो उसे कुछ दे नहीं रहे हैं, आप विवश हुए हैं, तभी तो दे रहे हैं. ऐसे जबरन छीन लेने के विरुद्ध क़ानून है और पुलिस आपकी रक्षा करती है. पर अगर वही व्यक्ति आपसे कहे कि आप अपने रुपये मुझे दे दीजिए, वरना मैं आपके द्वार पर बैठा भूखा मरूंगा और जान दे डालूंगा तो चाहे उसकी प्रार्थना कितनी ही अनुचित या अवैधानिक क्यों न हो, हज़ारों आदमी सहानुभूति करने वाले इकट्ठे हो जाएंगे और आपको कहने लगेंगे कि भाई आप पूरे नहीं तो कुछ रुपये तो दे ही दीजिए, अगर यह व्यक्ति प्राण गंवा बैठा तो?

कुछ ही दिनों में शोरगुल उठने लगेगा कि वह भूख हड़ताली कमज़ोर हो रहा है और मरणासन्न है. समाज के गुंडे लोग उस समय मौक़ा देखकर दंगा शुरू करने से बाज़ नहीं आते. जो स्पष्ट डाका था, वह जनता की सहानुभूति प्राप्त करके उचित मांग का प्रतीक बन जाता है. अराजकता, भीड़–शासन इसी तरह से तो होता है. कोई आदमी यों ही दौड़

रहा हो, दो–चार आदमी उसके पीछे चोर–चोर चिल्लाते हुए दौड़ने लगें, रास्ते पर चलने वाले उस व्यक्ति को तत्काल पकड़ लेंगे. आप घूंसा–थप्पड़ मारना शुरू कर दीजिए, सब लोग उसे पीटना शुरू कर देंगे. उस वक़्त कोई भी विवेक से यह नहीं पूछेगा कि भाई इसने किसका क्या चुराया है? कोई निर्णय उस समय ज़रूरी नहीं समझा जाएगा. इसी प्रकार के क्षुब्ध वातावरण को भीड़ का राज कहते हैं. श्रमिक संघ का विकास इसी तरह के भीड़ प्रचार से हुआ है और आज उसी प्रचार पर यह ज़िंदा है. जहां भी मानव ने विवेक या बुद्धि से काम लिया, इन संघों की पोल खुली. आख़िर जिस बुराई को मिटाने के लिए ये संघ बने हैं, वही बुराई अपेक्षाकृत ज़्यादा मात्रा में ये ख़ुद कर रहे हैं या करने को प्रोत्साहन दे रहे हैं. और कर भी क्या सकते हैं? इन संघों या संगठनों की व्याधि इतनी बढ़ गई है कि आजकल हर बात और काम के लिए संघ खड़े होने लग गए हैं. शासन अथवा सरकार से कोई बात मनवानी है तो संघ से आवेदन पत्र भेजिए. शासन फौरन मान जाएगा अथवा ज़्यादा ध्यान देगा. किसी व्यक्ति की प्रार्थना, चाहे वह कितनी ही उपादेय एवं उचित क्यों न हो, शायद ही सुनी जाए. कारण, शासन भी संघों या संगठनों द्वारा स्थापित हुआ है. बिना संघों की सहायता के, बिना उनके वोटों की मदद के उस पार्टी की सरकार बन ही नहीं सकती थी. अतएव जिन–जिन संघों ने उन्हें सहायता दी है, उन तमाम संघों की प्रार्थनाओं को विशेष पक्षपात से देखना सरकार का सुनिश्चित कर्तव्य सा हो गया है.

भारत में तो एक तरह से यह स्थिति आ गई है कि शासन को भारतीय राष्ट्रीय मज़दूर संघ ही चला रहा है. कोई भी काम हो, अगर उसके अधिकारीग़ण कराना चाहेंगे तो फ़ौरन हो जाएगा, चाहे वह काम क़ानूनन वैध हो अथवा अवैध. कोई मिल, फैक्ट्री या कारख़ाना कितने ही वर्षों से नुक़सान में चल रहा हो, मज़दूर आवश्यक संख्या से बहुत ज़्यादा हों, यहां तक कि धीरे–धीरे मिल की सारी पूंजी समाप्त हो जाए, पर इन श्रमिक संघों के कान पर जूं नहीं रेंगेगी. पर यदि विवश होकर मालिक लोगों को नुक़सान उठाने में अपने आपको असमर्थ पाकर मिल जबरन बंद करनी पड़ी तो हाहाकर मचेगा कि ग़रीब मज़दूर बेकार हो गए हैं, तकलीफ़ पा रहे हैं. उनकी असहायावस्था एवं दारुण विपत्ति की कथा इतनी अधिक अतिशयोक्तिपूर्ण भाषा में प्रस्तुत की जाएगी कि साधारणतया लोग दूसरे पक्ष के बारे में विचार करने का अवकाश ही नहीं पाएंगे. मालिकों की स्थिति क्या है, इस विषय पर विचार करना भी ज़रूरी है. मिल अथवा फैक्ट्री के नुक़सान उठाने पर आर्थिक सहायता का कोई स्रोत उनके पास नहीं. अपनी सारी मिल्कियत गिरवी रखने पर अथवा हर तरह की सिक्योरिटी पेश करने के बावजूद सरकार की ओर से उन्हें उधार पैसा मिलना कठिन है, ताकि वे मिल, फैक्ट्री अथवा उस कारख़ाने को चला सकें. रुपये के इस अभाव की पूर्ति होने पर शायद मिल या कारख़ाना अथवा फैक्ट्री फिर चल सकती थी. मिल बंद हो गई, मालिक दीवालिए घोषित हो गए. रुपये के अभाव में इसके सिवाय कोई चारा भी नहीं था.

मिल के बंद होते ही रुपये देने में उदासीन वही सरकार किसी श्रमिक संघ के कहने पर बिना सिक्योरिटी के रुपये लगाने को तैयार हो जाएगी. इस तरह से यह कारख़ाना, फैक्ट्री अथवा मिल बेकारी सहायता योजना के अंतर्गत संघ के हाथ चलाने के लिए दे

देगी. ऐसी अनेक घटनाएं हुई हैं और हो भी रही हैं. यद्यपि भारतीय संविधान के अंतर्गत किसी भी व्यक्ति की निजी या व्यक्तिगत संपत्ति बिना उचित मुआवज़ा दिए सरकार नहीं ले सकती. फिर भी अनेक ऐसे लोग हैं, जिनकी व्यक्तिगत अथवा निजी संपत्ति सरकार ने बिना पूरा अथवा अधूरा मुआवज़ा दिए हड़प ली. कारण शायद यह हो कि इन उद्योगों के मालिकों की आवाज़ सत्ताधारियों तक पहुंच नहीं पाती. भारत के सर्वोच्च न्यायालय ने जब इस कार्यवाही को अवैध घोषित कर दिया तो सरकार ने तत्काल संविधान में ही संशोधन कर दिए. भारतीय संविधान का चतुर्थ संशोधन क़ानून इस हेतु ही बनाया गया, जिससे कि सरकार किसी की भी निजी संपत्ति अगर वह किसी प्रकार का उद्योग है तो बिना किसी कारण, बिना किसी तरह का मुआवज़ा दिए संचालन या नियमन करने के लिए 5 वर्ष तक अपने हाथ में ले सकती है. उद्योग नियमन विधेयक इसीलिए बनाए गए थे. कई अधिनियम भी बने, जिनसे भारतीय नागरिकों से मूलभूत अधिकार वापस ले लिए गए.

यह संघों का ही प्रभाव है कि प्रत्येक धनाढ्य को आज 70 से 75 प्रतिशत अपनी आय का भाग सरकार को समर्पित कर देना पड़ता है. संभव है कि एक दिन ये तमाम पूंजीपति भी अपना संघ क़ायम कर लें और हड़ताल कर दें कि हम शासन के लिए कर जमा कराने का जो दायित्व वहन कर रहे हैं, अब नहीं करेंगे. न हम कमाएंगे, न हम टैक्स देंगे. आज जबकि संघों का इतना प्रताप है तो इस तरह की स्थिति आ जाए तो कोई आश्चर्य की बात नहीं. ऐसा समय भी शीघ्र ही आने वाला है, जब सब श्रमिक मिलकर यह महसूस करने लगेंगे और व्याकुल होकर कहने लगेंगे कि पूंजीवादी तत्वों से प्रभावित इन संघों के संघर्ष से हमें बचाइए. पूंजीवादियों से भी अधिक हमें पूंजीवादी प्रवृत्ति से भरे हुए अपने संघों से ही अधिक डर है. अमेरिका जैसे विकसित देशों के श्रमिकों की यह उत्पीड़ित आवाज़ दिन-ब-दिन गंभीर रूप धारण कर रही है.

-: 53 :-

धन की क़ीमत

- वैयक्तिक पूंजी का विश्लेषण
- करों के लिए संपत्ति का मूल्यांकन

सामूहिक पूंजीवाद का ज़िक्र काफ़ी हो चुका. वैयक्तिक पूंजी या पूंजीवाद के महत्व का अवलोकन करना भी आवश्यक है. मान लीजिए, आपके पास थोड़ी-बहुत निजी पूंजी है तो यह भी आवश्यक है कि परिस्थिति का विवेचन उस पहलू से भी हो. संपत्ति का कोई निश्चय स्वरूप तो होता नहीं. आपकेपास यदि कोई धन है तो सवाल यह है कि वह किस रूप में है? यदि वह मोटरगाड़ी के रूप में है, अन्न भंडार है, सोने के ज़ेवर अथवा जवाहरात हैं या करेंसी नोट हैं? जो धन आपकेपास है, उसकी क़ीमत तभी तक है, जब तक कि दुनिया उसे धन मानती है. अन्न भंडार के रूप में जो धन है, उसका सदैव मूल्य बना रहा है, लेकिन मुश्किल यह है कि वह शीघ्र ही नष्ट हो जाता है, टिकाऊ नहीं रहता. इसलिए उसी रूप में तो उसे आप हमेशा रख सकते नहीं, किसी न किसी रूप में उसे परिवर्तित करना ही पड़ेगा. चाहे उसे चांदी के रूप में बदल दीजिए अथवा सोने के रूप में, उसका मूल्य अन्न से कुछ ज़्यादा अरसे तक बना रहता है. अन्य तमाम वस्तुओं को धन के अंतर्गत तभी तक रखा जा सकता है, जबकि उसका कोई दूसरा ग्राहक मौजूद हो. मान लीजिए कि देश के प्रत्येक नागरिक के पास सोना-चांदी आदि फ़ालतू द्रव्य के रूप में हों और अन्न-वस्त्र आदि आवश्यक वस्तुएं प्राप्त करने के लिए सभी व्यक्ति एक साथ अपना सोना-चांदी बेचना चाहते हैं. कोई ख़रीददार नहीं है. उस हालत में उस द्रव्य की हैसियत क्या रहेगी? उसका क्या मूल्य होगा? उसे कोई कौड़ियों में भी नहीं पूछेगा. बात सीधी या हंसने की नहीं है. विश्व में ऐसी स्थिति अनेक देशों में हो चुकी है. एक प्याली चाय के लिए नोट या सेरों धातु देने पर भी उपलब्धि संभव नहीं थी.

तो धन किसको समझें?

मानव के लिए जीवनोपयोगी सामग्री अन्न-वस्त्र इत्यादि धन है और चूंकि ये टिक नहीं सकते. अतः इन्हें लेकर सही माने में कोई व्यक्ति धनाढ्य नहीं बन सकता. अब तो सिर्फ़ सामाजिक मान्यता की ही बात रहती है. आजकल हम सब सोना-चांदी या करेंसी नोटों को धन मानते हैं और चूंकि सब या बहुसंख्यक सब यही मानते हैं तो वह धन है ही. आपके पास कुछ फ़ालतू धन है. आप उसे सोने-चांदी के रूप में बदल कर रखते हैं या उसका ऐसा उपयोग करते हैं, जिससे आगे आने वाले समय के लिए वह सुरक्षित रहे. ऐसे धन को लागत पूंजी या निवेश पूंजी कहते हैं. अगर आपके पास इस तरह से जमा की हुई या सुरक्षित पूंजी है तो उस पूंजी से जो आय होगी, वह आपकी अनर्जित आय है. समाजवाद में अनर्जित आय को अनुचित माना जाता है. भारत सरकार ने समाजवादी व्यवस्था को मान्यता देते हुए जो आयकर लगा रखे हैं, उनमें अर्जित और अनर्जित आय की दरों में फ़र्क़ है.

समाजवादी ध्येय की प्राप्ति के लिए भारतीय शासन ने एक नया टैक्स और लगाया है, जिसे संपत्ति कर कहते हैं. कई लोगों का कहना है कि ऐसा टैक्स विश्व के किसी दूसरे देश में नहीं लगाया गया. यह बात सही नहीं है. हालांकि ब्रिटेन, अमेरिका आदि देशों में इस तरह का संपत्ति कर नहीं है, पर हालैंड, स्कैंडेनेविया, जर्मनी आदि देशों में इस तरह का संपत्ति कर कई वर्षों से सफलतापूर्वक चल रहा है. इसके फलस्वरूप सामाजिक-आर्थिक समानता कुछ हद तक हासिल भी हो पाई है. मृत्यु कर विश्व के अनेक देशों में मौजूद है. इसका स्वरूप निश्चय ही सामाजिक व्यवस्था में समान वित्त वितरण का है. अब सवाल यह कि आपकी संपत्ति क्या है, उसका इन करों के लिए मूल्यांकन कैसे हो? जैसा कि मैंने कहा, आपकी संपत्ति तब तक ही संपत्ति है, जब तक लोग उसे धन मानें या उसका उस रूप में उपयोग हो.

अगर आपको अपना संपत्ति टैक्स चुकाने केलिए अपनी साइकिल या टाइपराइटर मशीन बेचनी है और इसी प्रकार देश के समस्त करदाताओं को अपनी-अपनी साइकिल या टाइपराइटर बेचने हैं तो कहिए क्या मूल्य होगा? पांच सौ रुपयों की लागत की चीज़ को कोई पचास में भी नहीं पूछेगा और कोई ख़रीददार नहीं मिलेगा. टैक्स चुकाने केलिए रुपयों का होना आवश्यक है. नतीजा होगा, 50 रुपये में या उससे भी कम में उसे आपको बेचना पड़ेगा. ग्रेट ब्रिटेन में बड़े-बड़े लार्डों के, रईसों के विशालकाय मकान, इस्टेट जो करोड़ों की लागत से बने थे, यों ही कौड़ियों के मोल बिके और जब सामाजिक परिस्थिति में समाजवाद का दौर आया तो हालत यह हो गई कि कोई भी व्यक्ति चाहे वह कितना ही धनाढ्य क्यों न हो, एक बड़ी कोठी या मकान रख नहीं सका. उसकी साफ़-सफ़ाई, रंगाई-पुताई कराने में या नौकरों के रखरखाव की व्यवस्था में इतना ज़्यादा ख़र्च होने लगा कि बर्दाश्त करना उनके लिए मुश्किल हो गया. भारत में भी यही स्थिति है या होने जा रही है. बड़े-बड़े राजा-महाराजाओं या ठाकुरों की कोठियां, गढ़ या महल सस्ती क़ीमतों में बिकेऔर बिकाऊ हैं, क्योंकि आगे आने वाले समय में संपत्ति कर या मृत्यु कर देते हुए बड़ी-बड़ी हवेलियां रख सकना किसी भी व्यक्ति या परिवार की सामर्थ्य के बाहर की बात होगी.

-: 54 :-

पूंजी बाज़ार

- लागत पूंजी का असली रूप
- रुपयों से ख़रीदे गए रुपये
- अतिरिक्त धन का मायाचक्र

फिर भी, मान लीजिए आपके पास थोड़े रुपये फ़ालतू पड़े हुए हैं, तो आप उनका किस तरह से इंवेस्टमेंट करते हैं, इसकी चालू प्रणाली कैसी है, इसका ज़रा अवलोकन कर लें. जहां आपका रुपया काम में लाया जाता है या इंवेस्ट होता है, उस संस्था को पूंजी बाज़ार कहते हैं. कहते हैं, फिर भी यह कोई इस तरह का बाज़ार नहीं है जहां हाट लगी हो. पर इस बाज़ार की कुछ विचित्रताएं हैं जिन्हें अभी तक बहुत से लोग नहीं समझते. पूंजी ख़रीदने या बेचने का बाज़ार, इस नाम से तो यह बिल्कुल फ़िज़ूल बकवास सी लगती है. आप पांच रुपये का साग या फल ख़रीद सकते हैं, पर पांच रुपये की पूंजी ख़रीदें, यह बात बड़ी हास्यास्पद सी लगती है. रुपयों से रुपये ख़रीदने का क्या अर्थ?

रुपयों से रुपये ख़रीदे तो नहीं जाते, पर रुपये किराये पर लिए जाते हैं यानी उधार लिए जाते हैं. उधार लेना या किराये पर लेना पर्यायवाची शब्द नहीं है.

आप अपने पड़ोसी की कहाड़ी या खाट उधार ले जाते हैं और काम हो चुकने पर धन्यवाद सहित लौटा जाते हैं. प्रेम या सौहार्द्र के नाते वह या आप उधार लेते-देते हैं.

पर पूंजी बाज़ार में प्रेम या सौहार्द्र के लिए कोई स्थान नहीं है. वहां जो लो, उसकी क़ीमत चुकाओ, जो दो उसकी क़ीमत वसूल करो, ऐसा विशुद्ध व्यापार है.

यह तो सभी जानते हैं कि जो आप उधार ले रहे हैं वही लौटाना नहीं होगा. उसका उसी वक़्त आप उपयोग कर लेंगे. अगर आप अपने पड़ोसी से, बजाय कहाड़ी या खाट के, मोमबत्ती या रोटी उधार ले जाते हैं तो आप उन रोटियों को तो उसी वक़्त खा लेंगे और मोमबत्ती को जला डालेंगे. वे ही वस्तुएं उसे लौटा नहीं सकते. उसके बदले में बाद में आप 5 नई रोटियां या नई मोमबत्तियां ही लौटा सकेंगे.

इसी तरह से जब आप रक़म या पूंजी उधार लेते हैं तो वास्तव में उनसे जो चीज़ें ख़रीदी जा सकें वे चीज़ें आप उधार लेते हैं. जैसे रोटी, मोमबत्ती इत्यादि, जो उसी वक़्त बरतने के लिए या उपयोग में लाने के लिए ज़रूरी हैं.

अगर आप एक रुपया उधार लेते हैं तो वह इसलिए लेते हैं कि आप उस एक रुपये से उसी वक़्त काम में आने वाली कोई वस्तु ख़रीदना चाहते हैं. वही चीज़ आप वापस लौटा नहीं सकते. आप उसके बदले दूसरी कोई चीज़ या अपनी मेहनत बेचकर जो एक रुपया आप कमाएंगे वह रुपया लौटाएंगे. हर हालत में जब तक वह रुपया आप लौटा नहीं देंगे तब तक उस रुपये की कोई वस्तु वह व्यक्ति अपने लिए ख़रीद नहीं सकेगा. इसलिए उसको अपने रुपये को ख़र्च करने के लिए जितना समय इंतज़ार करना पड़ता है उसका कुछ मुआवज़ा आप एक रुपया लौटाते वक़्त उसे देते हैं. उसको इस इंतज़ार का भाड़ा या किराया कह सकते हैं. अगर आपको उसके इंतज़ार करने का किराया दे दिया तो आपके ऊपर कोई एहसान नहीं रहा. पर आप अपने पड़ोसी की कहाड़ी या खाट का उपयोग करते हैं तो आप पर उसका एहसान है. आपने रुपये उधार लिए और रुपये किराये सहित लौटा दिए तो किसी पर किसी का एहसान नहीं रहा, क्योंकि उसने आपका काम किया, आपने उसका. रुपये उधार दिए जाते हैं, क्योंकि फ़ालतू होते हैं. अपने उपयोग के लिए हों तो कोई किसी को नहीं देता और न दे सकता है. अब ये फ़ालतू रुपये सिर्फ़ रोटी, कपड़ा या अन्य नाशवान वस्तुओं को प्राप्त करने का अधिकार पत्र ही तो है. अगर आपके पड़ोसी के पास 5 रोटी बच गईं और आपने उससे इस शर्त पर उधार ले लीं कि अगले हफ्ते नई 5 रोटी वापस दे देंगे तो आप ही सोचिए अगर आप उधार नहीं लेते हैं, तो उसकी वे 5 रोटियां बिगड़ कर नष्ट ही हो जाएंगी. आपने उधार लेकर अगले हफ्ते ताज़ा रोटी लौटाने की व्यवस्था करके एक तरह से उस पर उपकार ही तो किया.

अगर आप नहीं लेते तो शायद वह यह भी कहने पर बाध्य हो जाता कि भाई आज ये 5 रोटियां ले लीजिए और मुझे उनके बदले अगले हफ्ते 4–3 या 2 ही ताज़ी रोटी दे दीजिए.

ठीक ही है, मगर सारे की हानि उठाने की नौबत आ जाए तो शायद आधे में राज़ी होना ज़रूरी है. ऐसी परिस्थिति को अर्थशास्त्री उल्टा ब्याज़ यानी रुपये या रक़म को संभाल कर रखने की फीस कहते हैं.

इसके विपरीत आप अपने रुपये उधार दें यानी जब आपको ज़रूरत नहीं हो और दूसरों को ज़रूरत हो, तब दें और स्वयं इंतज़ार करें तो उस स्थिति को अर्थशास्त्री सीधा ब्याज़ कहते हैं या रक़म का उपयोग करने का किराया कहते हैं.

दोनों ही स्थितियां समान हैं. कोई भी व्यक्ति रक़म संभालने की फीस नहीं देता है. रक़म का ब्याज़ ही प्राप्त होता है.

कारण स्पष्ट है. रक़म देने वाले हैं बहुत कम, उधार लेने वाले हैं अधिक. अगर सब लोगों के पास अपनी–अपनी ज़रूरत के लिए पर्याप्त धन होता तो कोई भी उधार लेने का इच्छुक व्यक्ति मिलता ही नहीं और ऐसी स्थिति पैदा हो जाती कि रक़म को संभाल कर

रखने की फीस चुकानी पड़ती. ऐसे समय आप अपने बैंक से कहेंगे कि मेरे 1000 रुपये जमा कर लें, तो बैंक यही जवाब देगा कि भाई अगले वर्ष आपको 800–700 रुपये ही मिलेंगे या और भी कम.

क्योंकि अगर आप अपनी रोटियां खाएंगे नहीं तो बचाकर तो तभी रख सकते हैं जब उसके लिए दूसरा ग्राहक हो.

सभी के पास यदि फ़ालतू रुपया हो तो क्यों कोई उसका सिर दर्द लेगा? ऐसी स्थिति में आप यही विचार करेंगे कि क्यों न अभी ख़र्च कर लें. इसे बचाकर रखने में संभालकर ख़र्च देने में फ़ायदा ही क्या है.

पर पूंजीवादी अर्थव्यवस्था में ऐसी स्थिति पैदा हो ही नहीं सकती. जब बहुतों के पास या सबके पास काफ़ी धन हो और ग़रीब अल्पसंख्या में हों या न हों तभी यह स्थिति आ सकती है. ऐसा पूंजीवाद व्यवस्था में होना संभव नहीं है.

तो आप इत्मीनान रखिए कि आप अपने फ़ालतू रुपये उधार दे सकते हैं, इंवेस्ट कर सकते हैं. आपको इंतज़ार करने के लिए परिणामस्वरूप ब्याज़ मिलेगा.

पूंजी बाज़ार वह जगह है, जहां साल भर की कमाई एकमुश्त रकम के बदले ख़रीदी या बेची जाती है. एक हज़ार रुपये में आप कितनी कमाई ख़रीद सकते हैं, यह भाव रोज़ाना बदलता रहता है. और किसी दिन एकमुश्त रकमें कम हैं तो ज़्यादा कमाई ख़रीद सकते हैं. इसके अलावा कमाई की निश्चितता और उसकी घट्ट–बढ़ पर भी इसका अनुपात आधारित है. आप अपने 1000 रुपये शेयर दलाल के पास ले जाते हैं और कहते हैं, इन्हें किसी को उधार देना है या इंवेस्ट करना है या इन्हें एकमुश्त एक हज़ार रुपयों से आगे सालाना कमाई ख़रीदनी है तो वह आपको आज के दिनों में 40 रुपयों की कमाई ऐसी ख़रीद कर दे सकता है, जो निश्चित बंधी हुई बिना श्रम सालाना आती रहे या क़रीब 60 रुपये सालाना की कमाई ऐसी ख़रीद कर दे सकता है, जो बढ़ भी सकती है, घट भी सकती है. या क़रीब 1000 या इससे भी अधिक सालाना की कमाई ऐसी ख़रीद कर दे सकता है, जिसमें यह ख़तरा भी मौजूद है कि कभी असली पूंजी भी मारी जा सकती है.

ग़रीब जनता का इस पूंजी बाज़ार से कोई लेन–देन नहीं होता, क्योंकि उनके पास देने के लिए संपत्ति, धरोहर या सिक्योरिटी नहीं है. उन्हें तो उधार लेना है और वह सिर्फ़ इस वचन पर लेना है कि हम मज़दूरी करते हैं, तनख्वाह मिलेगी, तब आपको वापस कर देंगे. वचन वाली बात उन जोखिम वाले शेयरों से भी ज़्यादा अनिश्चित है. इसलिए उनकी ब्याज दर बहुत ज़्यादा ऊंची होती है. उदाहरण के लिए, एक ग़रीब मज़दूर एक रुपये पर एक आना माहवार ब्याज देकर ही रुपया उधार पा सकता है. यह चालू रेट माना जाता है और इस दर से रुपया उधार मिलने पर वह ग़रीब मज़दूर इसको उचित ही समझता है. इसका अर्थ होता है कि एक हज़ार रुपये पर 750 रुपये ब्याज सालाना वह मज़दूर देता है. यह एक धनिक स्वप्न में भी देने का विचार नहीं कर सकता. आप जितने ज़्यादा ग़रीब होंगे, ब्याज की दर उतनी ही अधिक होती जाएगी. कारण, वापस न लौटा सकने का जोखिम उतना ही ज़्यादा होता जाएगा. इसलिए जब आप पढ़ें कि रिजर्व बैंक का रेट साढ़े

तीन टका था, वह 4 टका या 3 टका हो गया तो आप यह कभी खयाल मत कीजिए कि इन दरों पर आपको या हमको रुपया मिलेगा. इन दरों पर तो सिर्फ़ उनको ही मिलेगा, जो सरकार की तरह निर्विवाद रूप से सुनिश्चित हैं कि वे वह ब्याज देंगे ही. बैंक रेट कुछ भी क्यों न हो, उस ग़रीब मज़दूर को तो वही 75 प्रतिशत वाली दर ही देनी पड़ेगी.

जिस उद्देश्य से रुपये उधार लिए जाते हैं, उसके अनुसार ही रुपये की क़ीमत में फ़र्क़ पड़ता है. आप रुपये उधार देने वाले हैं. इसका मतलब आप अपने रुपयों का निवेश कर रहे हैं. निवेश या इंवेस्टमेंट को कोई उधार नहीं कहता, पर है वह उधार ही. यह उधार किसी व्यक्ति विशेष को नहीं है. यह लिमिटेड कंपनियों को दिया गया विशेष शर्तों वाला उधार है. शहर के बड़े-बड़े व्यवसायी हमेशा इस तरह बड़ी-बड़ी लिमिटेड कंपनियां खोलते रहते हैं. मान लें, कोई कपड़े की बड़ी मिल लगाने वाली कंपनी है. कोई बड़ा लोकोमोटिव का कारखाना खोलने वाली या कोई जहाज चलाने का काम करने वाली कंपनी है. ये कंपनियां आपसे साधारण तरीक़े से रुपये उधार नहीं लेतीं कि अमुक समय में अमुक ब्याज सहित आपको आपके रुपये वापस लौटा दें. उनकी शर्त है कि जो कारखाना, फैक्ट्री या व्यवसाय खोला जा रहा है, वह आपकी और आप जैसे अन्य सब उधार देने वाले शेयर होल्डरों की संयुक्त मालिकी की संपत्ति रहेगी, जिससे कि जब यह कमाई करना शुरू करे तो आप सब मालिकों को अपने-अपने रुपये के अनुपात से मुनाफ़े में साझा मिल जाए. दुर्भाग्य से यदि नुक़सान हुआ और आपने जो रकम दी है, वह चली गई तो आपको इतना ही संतोष है कि आपने जितना लगाया है, उससे ज़्यादा आपसे नहीं मांगा जाएगा. इस प्रथा को कहते हैं कि आपकी ज़िम्मेदारी या आपका उत्तरदायित्व सीमित है. यह व्यवसाय एक तरह से चांस है. अगर आप डरते हैं, कमज़ोर दिल हैं, तो आपको प्रोत्साहित करने के लिए ये कंपनियां कहती हैं कि आप बंधी हुई 6-7 प्रतिशत आय के प्राथमिकता वाले प्रेफरेंस शेयर या अधिमान शेयर ले लीजिए, जिन पर निश्चित ब्याज साधारण भागीदारों से पहले मिलना है. इन्हें प्रेफरेंस शेयर कहा जाता है, जबकि दूसरे साधारण शेयर कहलाते हैं. इन दो किस्मों में कई प्रकार के प्रेफरेंस और साधारण शेयर हो सकते हैं, पर ये सब ढंग बचत फालतू रकम को किराए पर लेने के अलग-अलग तरीक़े हैं, फ़र्क़ सिर्फ़ उनके किराया देने की शर्तों में है.

इस तरह से अगर आपने अपने रुपयों से शेयर ख़रीदे हैं, जिनसे आपको सालाना आमदनी होती है. जब भी आपको फिर अपने एकमुश्त रुपयों की आवश्यकता हो तो वे शेयर उन लोगों को बेच सकते हैं, जिन्हें उसी वक्त एकमुश्त रुपयों के एवज में सालाना कमाई ख़रीदने की ख्वाहिश है. जहां ये सब लेन-बेच होते हैं, वह पूंजी बाज़ार का वह विभाग है, जिसे शेयर बाज़ार या स्टॉक एक्सचेंज कहते हैं. शेयर बेचने या लेने के लिए आपको किसी दलाल या एजेंट की मध्यस्थता की आवश्यकता होती है, जिसे शेयर दलाल कहते हैं. आपको बेचना हुआ तो वह आपका दलाल दूसरे किसी दलाल से, जो किसी ख़रीददार द्वारा नियोजित किया हुआ है, मिलता है और कंपनी की तत्समय की परिस्थिति के अनुसार भाव निर्धारित करके बेच देता है. शेयर बाज़ारों का जो वैधानिक

कार्य है, वह है पुरानी और चालू कंपनियों के ही शेयर लेने या बेचने का. इसके अलावा शेयर बाज़ारों में एक विचित्र व्यापार और जोरों से होता रहता है, जिसे सट्टा कहते हैं. सट्टे का रूप यह है कि बिना शेयर पास हुए भी हज़ारों या लाखों खयाली शेयर बेच दें या बिना आपके पास थोड़े भी फालतू रुपये हुए लाखों या करोड़ों के खयाली शेयर ख़रीद लें. ख़ैर इस सट्टे की विशद व्याख्या अगले प्रकरण में होगी. अभी तो यही कहना है कि शेयर बाज़ार में सिर्फ़ उन्हीं कंपनियों के शेयरों का व्यापार होता है, जो पुरानी जमी हुई कंपनियां हैं.

अब राष्ट्र के लिए महत्व की बात है–कि नई–नई कंपनियां खोलकर नए–नए कारख़ाने या फ़ैक्टरियां लगाई जाएं, उत्पादन बढ़ाया जाए, उसमें ही फालतू पड़े सब रुपयों का उपयोग होना चाहिए. मान लीजिए आपके पास 5 लाख रुपये फालतू पड़े हैं. आप शेयर बाज़ार में किसी कंपनी के शेयर ख़रीदते हैं. कल्पना कीजिए जूट मिलों के शेयर ख़रीदते हैं तो आपके उन फ़ालतू रुपयों से एक भी जूट मिल का नया लूम नहीं लगेगा, एक भी राज बोरा या कलत्तान ज़्यादा नहीं बनेगा. सिर्फ़ आपके रुपये उन लोगों के पास चले जाएंगे, जिनके रुपये पहले उन मिलों में लगे हुए थे. आपका नाम उनके नाम की जगह दर्ज हो जाएगा. अब आप से जो रुपया उन व्यक्तियों को मिलेगा उसका वे जो चाहें उपयोग करेंगे. उनसे वे जुआ खेलें, अपने लिए मकान बनवाएं या शराब पी–पी कर ख़त्म कर दें, वे कुछ भी कर सकते हैं. राष्ट्र को आपके इन 5 लाख रुपयों के इंवेस्टमेंट का क्या लाभ पहुंचा?

अब आप कहेंगे कि अगर ऐसी बात है तो हम कभी भी पुरानी या चालू कंपनियों के शेयर नहीं ख़रीदेंगे, हम तो हमेशा नई ही कंपनियों के शेयर लेंगे और रुपया सीधे उनके बैंक शेयर अप्लीकेशन मनी के रूप में जमा कराएंगे. विचार तो ठीक है, पर अगर आपको इसका अनुभव नहीं है कि क्या हाल चाल है और रुपयों के मामले में पूरी जानकारी नहीं है तो निश्चय ही आप अपनी रक़म गंवा बैठेंगे.

नई कंपनी खड़ी करना एक ऐसा फन है, जिसमें भयानक जालसाज़ी हो सकती है. मुझे खेद से कहना पड़ता है कि भारत में कंपनी खड़ी करने वालों में ईमानदार और भले आदमियों की अपेक्षा जालसाज़ और बेईमानों का प्रतिशत कहीं अधिक है.

शासन ने कई बार कंपनी लॉ या क़ानूनों में संशोधन और परिवर्तन किए. 1956 के आख़िरी क़ानून के बारे में एक बार समझा जाता था कि अब जालसाज़ी या बेईमानी वाली कंपनियां खड़ी ही नहीं हो सकेंगी. पर क़ानून कुछ भी हो, किसी भी प्रकार से अभी तक इन दुष्कर्मों में कमी नहीं हुई है. क़ानून का किस तरह से उल्लंघन करके जनता को ठगा जा सकता है, उसके अनेक नए–नए मार्ग दिखाए जा रहे हैं. नई कंपनी खड़ी करने वाले जब इच्छित पूंजी इकट्ठी कर लेते हैं, तब आराम से ख़ुद डायरेक्टर, मैनेजर इत्यादि बनकर बड़ी–बड़ी तनख्वाहें लेकर मौज उड़ाने लगते हैं. जिस उद्देश्य से कंपनी शुरू की गई थी और प्रतिज्ञा पत्र में जो वादे किए गए थे, उन्हें पूरा करने का कोई प्रयत्न नहीं किया जाता. अगर कारख़ाना वग़ैरह नया लगाना होता है तो बहुधा मशीनरी आदि ख़रीदने में

बड़ी बड़ी दलाली या कमीशन वे स्वयं या अपने मित्रों या संबंधियों द्वारा सीधे या टेढ़े मार्ग से ले लेते हैं. वह समस्त जमा की हुई पूंजी खा बैठते हैं. फिर कंपनी फेल हो गई ऐसी घोषणा करते, आख़िर में उसे फड़चा में भेज देते हैं यानी बंद कर डालते हैं.

ध्यान रहे, ये तमाम काम वे विशुद्ध क़ानून द्वारा वैध तरीक़े से करते हैं. आप कुछ नहीं कर सकते, ज़्यादा से ज़्यादा आप शेयर होल्डरों की मीटिंग में जाकर कुछ हल्ला मचाएंगे. अगर आप बहुत सतर्क होंगे तो, वहां जाकर आप डायरेक्टरों को भला–बुरा कहते समय अगर उन डायरेक्टरों को जालसाज़ या बेईमान कहने की ग़लती कर बैठे तो वे फ़ौरन आप पर मानहानि का दावा ठोक देंगे और संभव है, आपको और बड़ी रक़म अपनी ग़लती की सज़ा के रूप में निकाल कर देनी पड़े. इस तरह शोर मचा आने से आपको कोई फ़ायदा नहीं है.

भारत में हर वर्ष इसी तरह लाखों रुपये जनता के डूबते हैं. अगर वे सही अर्थ में असली कंपनियों के काम में लगाए गए होते तो राष्ट्र की संपत्ति अच्छे परिमाण से बढ़ती.

आप इन बेईमान या जालसाज़ कंपनी खड़ी करने वालों के हथकंडों से बच भी गए तो भी कई कंपनियां ऐसी होती हैं, जो बराबर सही आयोजन के अभाव में सफल नहीं हो सकतीं. एक कारख़ाने को खड़ा करने में 50 लाख रुपये की आवश्यकता है. कंपनी खड़ी करने वाले व्यक्तियों के अंदाज पत्र के हिसाब से 25 लाख ही लगने थे. इस भूल भरी गणना का वही परिणाम होगा कि कारख़ाना खड़ा ही नहीं हो पाएगा. जितने रुपये लगे वे निष्फल गए और फिर कंपनी का पुनर्निर्माण होगा. कई–कई कंपनियां, दूसरे तीसरे या चौथे पुनरोद्धार के बाद कहीं जाकर कमाने जैसी बन पड़ती हैं. जिन्होंने शुरू में शेयर ख़रीदे थे, उनकी पूंजी तो इन पुनर्निर्माणों में घट घटाकर एक तिहाई या एक दशांश या इससे भी कम रह जाती है. अनुभवी नागरिक जानता है कि कब जोखिम है और कब नहीं है. वह आराम से मौक़े का इंतज़ार करता रहता है और जब समय अनुकूल होता है तभी शेयर ख़रीदता है. यह सब देखते हुए साधारण ख़रीददार घबड़ा उठता है. कई ऊंच–नीच देखर वर्षों उत्सुकता और चिंताओं को सह कर आख़िर सफलता भी मिल जाए तो भी भविष्य में ऐसा न करने की ही प्रेरणा उसे मिलती है.

इस सब संदेहात्मक स्थिति से बचने के लिए क्या करें क्या न करें की उथल–पुथल में पड़ने से बचने के लिए आवश्यक है कि नई कंपनियों के निकट ही न जाएं और पुरानी जमी हुई कंपनियों के ही शेयर लें. ये शेयर आपका शेयर दलाल शेयर मार्केट में ख़रीदकर दे देगा. बल्कि इससे भी अच्छा है सिक्योरिटी या नगरपालिका का क़र्ज़. इस पर ब्याज़ की दर भले ही कम हो, पर यह बिलकुल बिना जोखिम का निश्चिंतता का इंवेस्टमेंट है.

अख़बारी विज्ञापनों में नई–नई कंपनियों का विशद विवरण हो तो आप प्रलोभन में मत पड़िए. उसकी जगह सावधान होकर विचार कीजिए कि आपकी रक़म ख़तरे में जाने से बच रही है या नहीं.

-: 55 :-

सट्टा

- शेयर बाज़ार का जुआ
- राष्ट्र के धन की वृद्धि नहीं

अब मान लीजिए कि आप थोड़े-बहुत जुआरी भी हैं. आप जुए से अत्यंत नफ़रत करते हों तो भी वर्तमान आर्थिक व्यवस्था के ढांचे को समझने के लिए जुए की जानकारी भी आवश्यक है. शेयर बाज़ार में व्यापार के अलावा एक विशेष खेल खेला जाता है, जिसे सट्टा कहते हैं. इसमें ख्याली शेयरों की ख्याली क़ीमतें दी-ली जाती हैं. यह खेल किस तरह से खेला जाता है, इसका थोड़ा दिग्दर्शन आपको करा देता हूं. बाद में आप इसे पसंद करें या इससे घृणा करें, आपकी मर्जी की बात है. पूंजीवाद का चलाया हुआ यह जुआ संसार भर में बहुत ज़्यादा परिमाण में चलता है. इसको समझने के लिए आपको जान लेना चाहिए कि बंबई शेयर बाज़ार या कलकत्ता शेयर बाज़ार में आप किसी कंपनी के शेयर बिना क़ीमत दिए ही ख़रीद सकते हैं या आपके पास कोई शेयर न हो तो भी आप चाहे जितने शेयर बेच सकते हैं, आपको शेयर सर्टिफिकेट देने की आवश्यकता नहीं पड़ती. जब तक कि दूसरा बलण या निपटान का दिन न आ जाए. हर सेटलमेंट का दिन क़रीब 15 दिन में एक बार आता है. आप सहसा सोचेंगे कि इसमें क्या फर्क़ पड़ता है, लेकिन 15 दिन में बहुत-कुछ फ़र्क़ पड़ सकता है. ज़रा विचार कीजिए कि मुश्त रकमों की ज़्यादती या कमी किस तरह से शेयरों के भावों में कमी या वृद्धि करती है और किस तरह से आशा और भय से बाज़ार के भावों पर असर पड़ता है, किस तरह से ये समाचार कि कपड़े पर जगात लगने वाली है या जूट का निर्यात बंद होने वाला है या चाय के भाव में अमेरिका में कमी हुई है या कोयला खानों से ज़्यादा निकलने लग गया है, बाज़ार पर असर डालते हैं. असर यह होता है कि उन-उन कंपनियों के पास शेयर होल्डरों को बांटने के लिए मुनाफ़ा कम या ज़्यादा हो जाता है. फलस्वरूप शेयरों की क़ीमत साल भर में

1 बार बदलती हो, वह बात नहीं है, रोज़ाना भावों में परिवर्तन होता रहता है. जो शेयर आपने कई वर्षों पहले एक हज़ार रुपये में ख़रीदे थे, उनसे संभव है आपको पांच हज़ार रुपये सालाना की आमदनी होने लगी हो या पांच ही रुपयों की या बिल्कुल नहीं. इसी के फलस्वरूप वे शेयर, जो आपने एक हज़ार रुपये में ख़रीदे थे, संभव है 50 हज़ार रुपयों में एक समय आप उन्हें बेच सके या कुल 100 रुपये में ही बेचने पड़ें या शायद कुछ भी न मिले. ज्यों ही आप सुबह समाचारपत्र खोलकर देखते हैं कि कल शाम को शेयरों के क्या-क्या भाव रहे, तो आपको फ़ौरन पता लगता है कि आपकी संपत्ति में क्या वृद्धि हुई या क्या ह्रास हुआ. वह ज्यों की त्यों रहे, यह कदाचित ही संभव है. हां, अगर आपने सरकारी सिक्योरिटी या नगरपालिका के बांड लिए हैं, शेयर नहीं ले रखे हैं तो बात दूसरी है.

अब आप ध्यान दीजिए कि हर रोज या हर क्षण शेयरों के भावों में परिवर्तन होता रहता है. स्टॉक एक्सचेंज पर आप शेयर ख़रीदें तो 15 दिन तक रुपये नहीं देने पड़ते और बेचें तो शेयर नहीं देने पड़ते. फ़ौरन आपके ध्यान में आ जाना चाहिए कि अगर आप किसी हिसाब की गिनती से यह अंदाज़ लगा सकें कि किसी कंपनी के शेयरों की स्थिति 15 दिन में कैसी होगी तो आप शेयर ले या बेच सकते हैं और निपटान या सेटलमेंट के दिन उसका हिसाब कर सकते हैं. अगर आपने अनुमान सही लगाया और बाज़ार आपके अनुमान के अनुसार ही 15 दिन में घटा है या बढ़ा है, तो निश्चय ही आप बिना रुपये लगाए और बिन शेयर पास में हुए, उस दिन के भावों का और सेटलमेंट के दिन के भावों का फ़र्क़ नफ़े के रूप में पा सकेंगे. यही खेल है, जिसे सट्टा कहते हैं. इस तरह के खेल को करने से आपको कोई दोष नहीं देगा. अगर आप शेयर ख़रीदते हैं तो आप तेजड़िए कहे जाते हैं, बेच देते हैं तो मंदड़िए कहलाते हैं. सेटलमेंट के दिन उन-उन शेयरों का जैसा भाव होता हैं, उस दिन तक का नफ़ा या नुक़सान आपको मिलता है या आप चुकाते हैं. उसके बाद फिर आगे के 15 दिन के लिए आप अपने व्यापार का बदला भी कर सकते हैं, यह अनिवार्य नहीं है कि उस दिन आपको हिसाब बराबर करना ही पड़े. इस तरह के बदला करने में या तो कुछ फीस लग जाती है या कुछ प्राप्त हो जाता है. यहां भी वही बात है, जब एक कंपनी के शेयर तेजी वाले ज़्यादा संख्या में होंगे तो उन्हें बदले की कुछ फीस चुकानी पड़ेगी. अगर मंदी वालों की संख्या अधिक होगी तो वह भी उन्हें चुकानी पड़ेगी. इस तरह हर 15वें दिन यह खेल होता रहता है. एक और परिस्थिति बन जाती है.

कभी-कभी कोई पूंजीपति, जो बड़ा भारी सट्टेबाज़ हो, इतनी ज़्यादा संख्या में शेयर ख़रीद लेता है या बेच देता है, जितनी बड़ी संख्या उस कंपनी के कुल शेयरों की भी नहीं होती. ऐसी परिस्थिति को खेला कहते हैं. इस तरह की परिस्थितियों में कोई भी हिसाब-किताब या गणना वाला आदमी कुछ भी अंदाज़ा नहीं लगा सकता. अतः हमेशा सतर्क रहना पड़ता है कि कोई सट्टेबाज़, बड़ा पूंजीवादी खेला तो नहीं कर लेगा.

चूंकि यह सब खेल सही अंदाज़ लगाने पर आधारित बुद्धि गणना या प्राइवेट सूचना कर खेलें होता है, इसीलिए कई सट्टे वाले, जो सही अंदाज़ा इन्हीं कारणों से

लगा पाते हैं, करोड़ों रुपये कमा लेते हैं. वे इस खेल को समझ लेते हैं और बाज़ार के शेयर दलालों की मार्फ़त ही व्यापार करते रहते हैं. कभी-कभी बाहरी कच्चे सौरेया या खंडी के सौदे में प्रलोभन में भी आ जाते हैं. इनके अलावा तेजी-मंदी के सौदे, जो क़ानूनन अवैध हैं, भी बड़े परिणाम में होते रहते हैं. तेजी-मंदी के सौदों का अर्थ है कि कोई भी व्यक्ति अमुक फीस या प्रीमियम देकर अमुक भाव में शेयर लेने या बेचने का विकल्प चुन लेता है. उदाहरण स्वरूप मान लीजिए, आज एक कंपनी के शेयरों का भाव 160 रुपये प्रति शेयर है. आपका अनुमान है कि भाव 200 रुपये का हो जाना चाहिए. आप शेयर ख़रीद कर यह जोखिम नहीं लेना चाहते कि कहीं भाव घटकर 100 रुपये या 125 रुपये न हो जाए और क्षति उठानी पड़े. इसलिए आप 10 रुपये या 5 रुपये प्रति शेयर जो प्रीमियम (फी) है, देकर यह विकल्प ले लेते हैं, जिसके द्वारा आपको इसी भाव में 1 महीने बाद भी शेयर ख़रीदने का अधिकार है. अगर बाज़ार भाव घट गए तो आपकी हानि दिए हुए प्रीमियम (फी) की ही है और अगर भाव उस महीने में बढ़ गया तो भाव जितना बढ़ा होगा, उतना ही आपका मुनाफ़ा होगा, पर आपका भरा हुआ प्रीमियम अब चला गया. इसी तरह से प्रीमियम भर कर बेचने का विकल्प होता है. इसी तरह ख़रीदने-बेचने दोनों का विकल्प होता है. आप दोनों विकल्प ले सकते हैं, जिसे तेज़ी-मंदी लगाना कहते हैं. ये सौदे अवैध हैं, ज़्यादा घट-बढ़ भावों में हो जाए तो वह व्यापारी जिससे आपने तेज़ी-मंदी के सौदे किए हैं, मुकर सकता है और क़ानून से दावा करके आप उससे रुपये वसूल नहीं कर सकते.

शेयर बाज़ार ही नहीं, बल्कि रुई बाज़ार, चांदी-सोना बाज़ार, गुड़-खांड बाज़ार, बीजों के जैसे अरंडा, सींगदाना (मूंगफली) का बाज़ार अनेक वायदे के सौदों के बाज़ार हैं, जिनमें इसी प्रकार के सट्टे होते हैं. इन बाज़ारों में बिना माल पास में हुए आप करोड़ों रुपयों का माल बेच सकते हैं. रुपये न होते हुए करोड़ों का माल बड़े मजे से ख़रीद सकते हैं. सिर्फ़ सेटलमेंट के दिन आपको भावों में जो फ़र्क़ हो, उसका भुगतान लेन-देन करना पड़ेगा. सारे संसार में वायदों के ये कई सौदे (फारवर्ड सौदे) रोजाना करोड़ों रुपयों के होते हैं और भारत में भी बंबई, कलकत्ता, दिल्ली, कानपुर आदि बड़े-बड़े शहरों में लाखों रुपयों के सट्टे के ये सौदे रोज़ाना होते रहते हैं. सट्टे का मूल स्वरूप यही है कि अगर आपका अंदाज़ सही निकला तो आप कमाएंगे. यह भी ज़रूरी है कि दूसरा कोई नुक़सान उठाएगा. इन व्यापारों में धन पैदा नहीं होता. यह कमाई हुई संपत्ति तो है नहीं, ख़ाली एक व्यक्ति से दूसरे व्यक्ति को इसका अंतरण होता है. राष्ट्र के धन की वृद्धि इन सट्टों से कदापि नहीं हो सकती. देखा गया है कि महान बुद्धिमान या प्रज्ञावान या अंदर की सारी बातें जानने वाला, सारी ख़बरें रखने वाला व्यापारी भी सट्टे में कई बार ग़लती कर बैठता है और असफल होकर भारी क्षति उठाता है. आपने जान लिया होगा कि सट्टा क्या चीज़ है, इसके संपूर्ण विवेचन के लिए तो कई ग्रंथ लिखे जा सकते हैं, पर जानकारी के लिए इसका संक्षिप्त रूप यही है. जो प्रज्ञा बुद्धि, शक्ति और धैर्य सट्टे के इन बाज़ारों के खेलों में व्यय होता है, उसका आधा अंश भी कहीं निर्माण में या अन्य किसी प्रकार के सदुपयोग में लगता,

तो भारत के सब शहरों की गंदी बस्तियां कभी की दूर हो गई होतीं. दरिद्रता में काफ़ी कमी आ गई होती. जो महामारी के रोग बार-बार फैलते हैं, वे कभी फैलने नहीं पाते, क्योंकि पूंजीवादी योग्यता में वह तासीर है कि वर्षों में पूरे होने वाले काम कुछ ही दिनों में पूरे हो सकते हैं. भारत का दुर्भाग्य है कि अच्छे प्रज्ञावान व्यक्ति भी सट्टे यानी सभ्य जुए के व्यसन में इस तरह से आसक्त हैं कि उन्हें अपने वास्तविक कर्तव्य का बोध ही नहीं रहता.

-: 56 :-

बैंकिंग

- बैंक व्यवस्था
- रुपये के किराये का नियंत्रण
- रिजर्व बैंक

शेयर बाज़ार तो पूंजी बाज़ार का एक विभाग मात्र है. असली जगह बैंक हैं, जहां फ़ालतू रुपये लिए-दिए जाते हैं. बैंक में आप अपना खाता खोल लीजिए और जब आवश्यकता हो, बैंक के मैनेजर के पास जाकर रुपये उधार लेने की व्यवस्था कर लीजिए. बैंक तुरंत ही आपको रुपये उधार दे देगा. बशर्ते कि उसे पूरा इत्मीनान हो कि आप उधार लिए हुए रुपये समय पर वापस लौटा देंगे. बैंकों का दरअसल धंधा ही यही है. बैंक आपको कई तरीक़ों से उधार दे सकते हैं. आपके खातों में से आपको आपके जमा से ज़्यादा रुपये निकालने दे सकते है, जिसको ओवर ड्राफ्ट कहते हैं.

किसी दूसरे व्यक्ति से आपको रुपये लेने हैं. वह लिखकर आपको निर्धारित मुद्दत की हुंडी दे दे तो बैंक को यह विश्वास होने पर कि वह व्यक्ति मुद्दत पर हुंडी की रकम अदा कर देगा, बैंक आपकी हुंडी का रुपया उसी वक़्त दे देगा. इसको हुंडी बट्टा करना कहते हैं. इस तरह के कई मार्ग हैं, जिनके द्वारा आप बैंकों से रुपये किराए पर ले सकते हैं. बैंक का चार्ज समय और परिस्थिति के अनुसार कम या ज़्यादा होता रहता है. आपने कई बार सुना होगा, बैंक रेट बढ़ गया या बैंक रेट घट गया. इसका अर्थ होता है कि रिजर्व बैंक ऑफ इंडिया शासन की तरफ़ से सारी बैंकिंग प्रणाली का नियंत्रण करता है, फालतू रकम की बहुतायत या कमी के अनुपात से रुपये किराए पर देने के रेट में कमी या वृद्धि की घोषणा करता रहता है.

जब-जब बैंक रेट बढ़ता है, व्यापारी वर्ग को कठिनाई होती है. जो-जो रकमें उन्होंने उधार ले रखी हैं, वे या तो वापस मांग ली जाती हैं या और रुपये, आवश्यक हों तो भी, मिलने में कठिनाई होती है. वे अपना रोज़गार नहीं बढ़ा पाते हैं. यही वजह है कि

व्यापारियों में, जब–जब ब्याज़ की दर बढ़ती है, काफ़ी घबड़ाहट और चिंता फैल जाती है. और जब–जब बैंक ब्याज़ की दर घटती है, उनमें ख़ुशी की लहर दौड़ जाती है. बैंक रेट असल में, फ़ालतू रक़म कितनी मिल सकती है, इसको मापने का एक पैमाना है. अब प्रश्न यह है कि बैंकों के पास इतना फ़ालतू रुपया उधार देने को आता कहां से है.

जब भी आप बैंकों में खाता खोलते हैं, आपको कुछ रक़म अपने खातों में जमा करानी होती है. 300 रुपये या 500 रुपये से कम में आप बैंक में खाता खोल ही नहीं सकते. हर समय बैंक खाते में कम से कम कुछ रक़म आपको जमा रखनी ही होती है. जैसा भी आपका व्यापार हो, उसी के हिसाब से हज़ार, दस हज़ार, लाख या अधिक रुपये जमा रहते हैं. आप जब चाहें, चैक काटकर रुपये ले लेते हैं, जमा भी कराते रहते हैं. इस तरह से हर एक व्यापारी को, अगर वह व्यापार करता है तो, सालाना लाखों या करोड़ों के देन–लेन में, अलग–अलग समय, कभी हज़ार, कभी पांच हज़ार, कभी एक लाख , कभी कम, कभी ज़्यादा रुपये अपने खाते में जमा रखने पड़ते हैं.

इस तरह हज़ारों खाते हैं. किसी के खाते में कभी कम, किसी के खाते में कभी ज़्यादा, अलग–अलग दिनों में अलग–अलग रकम जमा रहती है. इन चालू खातों की जमा रक़मों को संभाले रखने का बैंक आपसे कुछ भी किराया नहीं लेते हैं. इस तरह से लोगों के रुपये, जो वे बैंकों में जमा कराते हैं, उनके वे फ़ालतू रुपये ही होते हैं. बैंक आपको, हमको, सबको आवश्कता पड़ने पर रुपये उधार देता है. बैंक इन रुपयों का किराया चार्ज करता है. यही ब्याज़ बैंकों की आमदनी है.

आप कहेंगे कि हमारे रुपये बैंक उधार दे देती है तो हम चाहे जब मांगें तो बैंक हमारे जमा रुपये देगा कहां से? बात सही है, आप रुपये मांगें, उसी वक़्त हज़ारों लोगों के जो विभिन्न खाते हैं और जिनके रुपये जमा हैं, यदि वे सब एक साथ तमाम रुपये मांगने लगें तो कोई भी बैंक अपना उत्तरदायित्व कभी नहीं निभा सकता. कारण स्पष्ट है. हर बैंक निश्चित अनुपात में अपने जमा खातों के रुपयों में से हाजिर रोकड़ा या तरल निधि अपने पास रखता है. यदि सारा का सारा रुपया फालतू पड़ा रहे तो भी कोई बैंक कभी सफलतापूर्वक बैंकिंग का कारोबार कर नहीं सकता.

कारण, जो–जो रुपया फ़ालतू आता रहता है, उसका किराया वह बैंक कमाता रहे तो अपने ख़र्चे वग़ैरह सब चलाकर कुछ कमाई भी कर लेता है. अगर उन रुपयों का किराया न उगाहा जाए तो किसी भी बैंक का चलना कभी भी संभव नहीं होगा. बैंक अपने पास जमा रुपयों में से उन रुपयों के किस भाग तक को उधार देने के उपयोग में ला सकता है, उसकी एक तालिका आर्थिक आचार्यों ने बना रखी है. यह तालिका कई वर्षों के अनुभव से सिद्ध है. इन सबके बावजूद कभी–कभी झूठी अफ़वाहें या अर्द्ध सत्य ख़बर फैल जाती हैं कि अमुक बैंक की आर्थिक स्थिति बिल्कुल डांवाडोल हो रही है. फलस्वरूप बहुसंख्या में लोग जिनके रुपये वहां जमा हैं, एक साथ अपने–अपने रुपये निकालने दौड़ पड़ते हैं. इसे बैंक रन या बैंक पर टूट कहा जाता है.

ऐसे अचानक टूट आने से परिणास्वरूप अच्छे-अच्छे बैंक भी अचानक अपनी देनदारी चुकाने में असमर्थ हो जाते हैं और पूंजी बाज़ार में आपात स्थिति खड़ी हो जाती है. बैंक को बचाने के हेतु भारत सरकार ने रिजर्व बैंक ऑफ इंडिया के अंतर्गत कई अधिनियम बना रखे हैं, जिनके अनुसार, ऐसी आपात स्थिति पैदा होने पर रिजर्व बैंक तुरंत उस बैंक की मदद को पहुंच जाता है. उस बैंक द्वारा लोगों को उधार दिए हुए रुपयों के प्रमाणित घाण-पत्र ले-लेकर रिजर्व बैंक उतने-उतने रुपये उस बैंक को दे देता है, ताकि वह अपनी ज़िम्मेदारी या अपना उत्तरदायित्व निभा सके. अगर किसी बैंक ने बिना किसी ज़मानत के यों ही लोगों को रुपये उधार दे रखे हैं या दूसरे अन्य धंधों में रुपया अटका रखा है या सट्टेबाज़ी में नुक़सान उठा लिया है तो रिज़र्व बैंक से सहायता मिलना कठिन ही है. वरना जबसे बैंकिंग एक्ट भारत में लागू हुआ है, तबसे बैंकों के फेल होने की नौबत शायद ही आने पाए.

अर्थशास्त्रियों की गणना अजीब है. उनका कल्पनातीत हिसाब है. जमा पूंजी का हिसाब लगाने के उनके तरीक़े को अगर आप ग़ौर से देखें तो यही लगेगा कि ऐसी बातें करने वालों को क्यों न जल्दी से पागलख़ाने भिजवा दिया जाए. उदाहरण स्वरूप, अगर एक बैंक के पास लोगों के खातों में जमा रुपये, मान लीजिए 5 करोड़ हैं तो वे अर्थशास्त्री कहते हैं कि 5 करोड़ जमा हैं. ऐसा होने से 5 करोड़ उस बैंक की साख बन गए. अतएव 10 करोड़ वह बैंक उधार दे सकता है या रिजर्व फंड रख सकता है. इसी तरह उधार लेने वालों की उधार योग्यता जानने के लिए अर्थशास्त्री कहता है, जिस व्यक्ति ने 5 लाख रुपये उधार लिए, उसने, मान लें, अपनी 10 लाख की संपत्ति बैंक में सिक्योरिटी के समय में जमा कर दी है तो उसकी 5 लाख की उधार योग्यता और समझनी चाहिए. बड़ी ही अजीब पद्धति है यह, हर व्यक्ति या संस्था की उधार योग्यता मापने की.

बैंकों द्वारा उधार देने की ब्याज़ दर क्या होनी चाहिए, यह भी पूंजी बाज़ार पर ही निर्भर है. जब ज़्यादा लोगों को नक़द रुपयों की ज़रूरत हो और कम लोगों के पास फ़ालतू रुपये हों तो निश्चय ही ब्याज़ की दर ऊंची होगी. इसके विपरीत कम लोगों को नक़द रुपयों की आवश्यकता हो और ज़्यादा लोगों के पास फ़ालतू रुपये हों तो ब्याज़ की दर कम होगी. यह परिस्थिति मांग और पूर्ति के सिद्धांत से संबंधित है. यों मांग का अर्थ यह नहीं है कि हमेशा ही रुपये की मांग सबको बनी रहती हो.

अर्थशास्त्र में सही माने में मांग का अर्थ है उधार लेने वाले की शक्ति समय पर वापस लौटाने की हो. उसी आवश्यकता को मांग कहते हैं. भारत की अर्थ नीति में आपको मालूम ही होगा कि 1947 में भयानक तूफ़ान आया था. उस वक़्त के वित्त मंत्री मो. लियाक़त अली ख़ान ने वार्षिक बजट में कई ऐसे ही क़ानून बनाए, करों के प्रस्ताव रखे. फलस्वरूप बहुत से लोगों को नक़द रुपये की आवश्यकता एक साथ आ पड़ी. लोगों को नक़दी के लिए अपनी संपत्ति, जो अधिकतर शेयर या सिक्योरिटी के रूप में थी, बरबस बेचनी पड़ी. जब अधिकांश लोग बेचने लगे तो ख़रीददार कम हो गए और भावों में काफ़ी मंदी का दौर आया. उस वक़्त देश का जो आर्थिक ढांचा एक बार बिगड़ा, सरकार के हज़ारों प्रयत्न करने

पर भी आज तक 1960 में भी सुधर नहीं पाया. आप पूछेंगे 1 वर्ष के बजट में ऐसी भयानक चीज क्या हो गई, जिससे देश का आर्थिक संतुलन ही बिगड़ गया

ज़रा ग़ौर कीजिए, मान लीजिए, किसी विचित्र महत्वाकांक्षी व्यापारी की सलाह से या किसी क्रांतिकारी मंत्री की कृपा से सरकार ने यह क़ानून बना दिया कि जो संपत्ति कर लगाया गया है, उसकी दर 1 या 2 प्रतिशत से 40 या 50 प्रतिशत कर देंगे, साथ ही यह भी कह दिया कि हर व्यक्ति पर संपत्ति कर के साथ-साथ ख़ास टैक्स यानी आपको कितना रुपया उधार मिल सकता है, उस पर भी उसी अनुपात से यानी 40 से 50 प्रतिशत टैक्स लगाया जाएगा. परिणाम होगा, हर आदमी अपना टैक्स अदा करने के लिए नक़द रुपये की व्यवस्था करने के लिए दौड़ पड़ेगा. सब लोग बैंकों से अपनी कुल जमा रक़म निकाल लेंगे और जितनी ज़्यादा रक़म उधार मिलेगी, लेने की कोशिश करेंगे. पर चूंकि जमा वाले सब अपनी जमा पूंजी वापस ले लेंगे तो बैंकों के पास किराए पर देने के लिए पैसा बचेगा ही नहीं. तमाम लोग अपने-अपने शेयर और सिक्योरिटी बेचने के लिए स्टॉक एक्सचेंज की तरफ़ दौड़ेंगे.

फ़ालतू रुपये की इतनी मांग हो जाएगी कि फ़ौरन रिज़र्व बैंक के डायरेक्टरों की असाधारण सभा बैंक रेट 10 पर्सेंट कर देगी. चूंकि बैंकों में रुपया जमा करने वाले सब लोग बैंकों से निकालने के लिए दौड़ पड़ेंगे. दोपहर के पहले क़रीब-क़रीब सब बैंक रुपये में 25 नए पैसे चुकाने के बाद बोर्ड लगा देंगे कि बाक़ी रुपये उधार पर तथा शेयर सिक्योरिटी में लगे हुए हैं. वे आशा व्यक्त करेंगे कि अल्प समय में ही रुपये वसूल होते ही वे दे सकेंगे. वे ऋण स्थगन की घोषणा कर देंगे. अगर बैंक रेट 10 प्रतिशत भी कर डालें तो भी रुपया मिलने वाला नहीं. टैक्स चुकाने के लिए लोग कहें कि कि यह बंडल शेयरों का है, आप ले लीजिए. टैक्स के लाखों- करोड़ों रुपये देने हैं, पर हज़ारों रुपये भी उन शेयरों के बंडल के काग़ज़ों पर कोई नहीं देगा, क्योंकि सब बेचू ही बेचू हैं तो लेने वाला कौन होगा? तथाकथित समाजवादी विचार वाले एक वित्त मंत्री ने एक बार कहा था कि ऐसा होता है तो होने दो. जब भारत की 99 फ़ीसदी आबादी पहले से ही ऐसी दुर्दशा में है तो 1 फ़ीसदी को भी ऐसा भुगतना पड़े तो क्या हर्ज है? समझ में यह नहीं आया कि इससे देश की आर्थिक नीति को क्या फ़ायदा हुआ? गुस्से में आकर यह धमकी दे दी गई कि साल में एक ही बार नहीं, बल्कि अनेक बार नए-नए टैक्सों के प्रस्ताव लेकर वह संसद के सम्मुख आएंगे. इसी मनोवृत्ति को अगर उसकी तार्किक परिणति तक ले जाया जाए तो परिणाम होगा कि किसी के पास रोकड़ा रुपया होगा ही नहीं. शाम को खाने के लिए अन्न या पीने के लिए चाय भी कोई जुटा नहीं पाएगा. भारी उपद्रव होंगे और जब सारी प्रजा त्राहि-त्राहि करने लगेगी तो सब यही प्रार्थना करेंगे कि कोई हिटलर, मुसोलिनी या नेपोलियन जैसा तानाशाह आकर हमें इस कष्ट से बचाए और शासन का स्वरूप सुधार कर हमारा उद्धार करे.

कहने का तात्पर्य यही है कि जब देश की आर्थिक नीति इस तरह से अदूरदर्शियों के हाथ में खिलवाड़ बन जाती है तो वे उसका इतना सत्यानाश कर डालते हैं कि शायद

उससे छुटकारा पाने के लिए अंतिम मार्ग वही तानाशाही का ही रह जाता है. प्रजातंत्र को ताक पर रख देना पड़ता है, क्योंकि वर्ग युद्ध होने लगता है, जिसकी वजह से सारे बैंकों को फेल कराना, सब शेयर बाज़ारों को ताला लगवाना इत्यादि अनहोने काम हो जाते हैं. संसार में ऐसी घटनाएं अनेक देशों में कई बार हुई हैं. इतिहास साक्षी है कि जहां- जहां इस तरह विचार मूढ़ों ने यह किया, वहां-वहां अर्थ तंत्र का सर्वनाश ही हो गया.

–: 57 :–

मुद्रा

- सबसे आसान माध्यम
- मुद्रा की शक्ति और उसकी मान्यता
- मुद्रास्फीति

इतना सब कह चुकने के बाद एक मूल प्रश्न खड़ा होता है कि पैसा है क्या? किस चीज़ को हम पैसा कहें? कोई भला आदमी बहुत पैसे वाला है तो यह पैसा है क्या? अमुक व्यक्ति के पास बहुत रुपया है, यह रुपया है क्या? यानी रुपया–पैसा, धन–दौलत, रक़म–वित्त, कुछ भी कहें, यह जानना ज़रूरी है कि इसका स्वरूप क्या है, इसकी रूपरेखा क्या है? जैसा कि हम कह चुके हैं कि आदमी के लिए दैनिक जीवनोपयोगी जो भी वस्तुएं हैं, जैसे अन्न, कपड़ा, रहने को मकान इत्यादि, ये सब निश्चय ही धन हैं. मसलन गाय, भैंस, बकरी दूध देती है. दूध से मक्खन, दही इत्यादि अनेक खाद्य पदार्थ बनते हैं, लिहाज़ा ये पशु भी धन ही हैं. ज़मीन से अनाज पैदा होता है, रुई पैदा होती है तो ज़मीन भी धन ही है. घोड़े, बैल, गधे इत्यादि पशु सवारी या बोझा ढोने के काम आते हैं, अतएव वे भी धन हैं. सारांश यही है कि मानवोपयोगी जो–जो वस्तुएं आपके अधिकार में हैं, वे सब वित्त हैं, धन हैं.

अब आपको एक गांव से दूसरे गांव जाना है. रेलगाड़ी में सवारी करने से पहले आप किसी को यह नहीं कह सकते कि मेरे पास 1 भेड़ या बकरी है, सो यह ले लीजिए और बदले में मुर्ग़ियां या अंडे या साग–सब्ज़ी दे दीजिए. शायद ऐसी स्थिति कभी आदिकाल में रही होगी, पर अब तो सैकड़ों, बल्कि हज़ारों वर्षों से इन सब व्यापारों के लिए एक बहुत ही सुगम माध्यम बना दिया गया है. वह है, धातु के बने हुए सिक्के. सोना या चांदी बहुमूल्य धातु मान ली गई. कुछ तो इनकी दुर्लभता के कारण, कुछ सार्वभौम उपयोगिता के कारण, सभ्य मानव समाज ने इन क़ीमती धातुओं को वस्तु क्रय–विक्रय या आदान–प्रदान का सुगम माध्यम बना लिया. आज से कोई 3–4 हज़ार वर्ष पूर्व महाराजा अशोक से भी पहले भारत में स्वर्ण मुद्राओं का प्रचलन हो गया था.

दस हज़ार वर्ष पहले भगवान रामचंद्र के युग में या इससे भी पहले वैदिक युग में कई जगह स्वर्ण धेनुओं का वर्णन आता है. स्वर्ण धेनु एक प्रकार का सिक्का था, जो सोने का बना था, जिस पर गाय की आकृति अंकित थी. ऐसे अनेक सिक्के मोहनजोदड़ो में और अन्य अनेक पुरातत्व अन्वेषणों में कई जगह उपलब्ध हुए हैं. अजंता या एलोरा की गुफाओं में कई जगह स्वर्ण सिक्कों के संकेत प्राप्त होते हैं. कहने का तात्पर्य यही है कि भारत में शायद विश्व के दूसरे देशों की अपेक्षा यह धातु मुद्रा का प्रचलन पहले हो चुका था. सोलहवीं शताब्दी में जब मुग़ल बादशाहों का राज्य चरम शिखर पर पहुंचा, तब भारत में चांदी के सिक्के ख़ूब प्रचलित थे. भारत में अकबर महान जैसा सारे देश में एक शासन कभी हुआ ही नहीं. अतएव अलग-अलग राजा या मंडलेश्वर अपने-अपने सिक्के चलाया करते थे. इनमें मात्रा में कमबेशी चांदी रहा करती थी. उसी हिसाब से इनकी वास्तविक क़ीमत का अंदाज़ा लगा लिया जाता था. कोई भी राजा, जो प्रजा के साथ अन्याय करना चाहता था या जो ख़ुद अपने ऐशोआराम में फ़िज़ूलख़र्च करता था, वह चालाकी से अपनी टकसाल के कर्मचारियों द्वारा सिक्कों में चांदी या सोने की मात्रा कम करवा देता था, जिससे बिना कुछ करे-धरे उसकी धनराशि द्विगुणित या ज़्यादा हो जाया करती थी. जब लोगों को पता चलता तो सभी वस्तुओं की क़ीमत उसी अनुपात से बढ़ जाया करती थी. मज़दूरों की मज़दूरी भी बढ़ जाती थी.

भारत में उन दिनों कोई निश्चित आर्थिक धरातल तो था नहीं, इसलिए ये सब जालसाज़ियां भी बहुत बड़ा विक्षोभ उत्पन्न नहीं कर सकी थीं. कहा जाता है कि एक बादशाह ने एक दिन के लिए एक भिश्ती को दिल्ली का शहंशाह बना दिया था और उसने उसी दिन चमड़े के सिक्के का चलन करा दिया था. उसके हिसाब से उसकी फटी हुई चमड़े की मशक ज़्यादा मूल्यवान वस्तु थी, बनिस्बत उन धातुओं से, जिनके सिक्के उस वक़्त प्रचलित थे. ख़ैर, चमड़े के सिक्के भले ही एक दिन चले हों, पर इससे यह नया दृष्टिकोण समझ में आता है कि शासन यदि किसी भी वस्तु को बिना धन के भी धन मनवाना चाहे तो कुछ समय के लिए तो यह भ्रांति पैदा हो ही सकती है. सारे विश्व में सोने या चांदी को द्रव्य या धन माना जाता था. उसी को आधार बनाकर बाद में काग़ज़ के नोट छापे गए. अगर मूल्य की दृष्टि से देखा जाए तो जो नोट 100 या 1000 रुपये का है, वह 6 इंच लंबे, 4 इंच चौड़े काग़ज़ का टुकड़ा है, जिस पर इतनी ज़्यादा छपाई हो गई है कि लिखने में काम आ नहीं सकता. शायद कोई एक नए पैसे के सौ या पचास की दर में भी उसे न पूछे, पर उसकी क़ीमत 100 रुपये या 1000 रुपये इसलिए है कि वह 100 रुपये या 1000 रुपये क़ीमत की वस्तुएं प्राप्त करा सकने का अधिकार पत्र है. आप अन्न, वस्त्र धन, पशु धन कुछ भी ख़रीद लीजिए, बदले में वे काग़ज़ के टुकड़े दे दीजिए, उनका उचित मूल्यांकन होगा. जिस तरह से सैकड़ों वर्ष पहले राजा लोग बेईमानी से सिक्कों में खोट मिलाकर चांदी या सोने की मात्रा कम कर दिया करते थे, इस वक़्त की सरकारें भी नोट ज़्यादा छापकर एक प्रकार से उसी तरह नोटों में जो धन है, उसे कम कर देती हैं.

प्रथम विश्व युद्ध में जर्मनी पराजित हुआ. विजयी देशों ने जर्मनी पर लड़ाई में हुए नुक़सान के हर्जाने में करोड़ों-अरबों का क़र्ज़ मढ़ दिया. अब जर्मनी की इतनी क़र्ज़

चुकाने की सामर्थ्य तो थी नहीं. उसने उतने ही मार्क्स (जर्मनी सिक्के) के नए नोट छापकर क़र्ज़ चुका दिया. जहां तक विदेशी क़र्ज़ चुकाने के लिए इस तरह नोट छापने पड़ें, वहां तक तो यह शायद देशभक्ति का और उचित काम भी कहा जा सकता है, पर चूंकि देश के अंदर भी सरकार ने करोड़ों मार्क्स उधार ले रखे थे, वे भी उसी तरह करेंसी बढ़ाकर चुकाने पड़े. एक बार ज़ब जर्मनी में झूठी करेंसी हो गई तो भेदभाव कैसे रखा जा सकता था? जर्मन सरकार के छापे हुए सब नोटों का इकसार ही तो मूल्य होगा. चाहे वह नोट जर्मन नागरिक के पास हो, चाहे अंग्रेजों के पास. हालत यह हो गई कि होटल में भोजन की क़ीमत 50 लाख मार्क्स हो गई. इसी तरह एक चाय की प्याली के लिए बोरों में भर-भरकर गाड़ी भर जाए, इतने करेंसी नोट देने पड़ते.

अपने लेनदारों को धोखा देने के लिए यह एक मार्ग है. अंतरराष्ट्रीय व्यवस्था में स्वीकार कर लिया गया है कि अपनी करेंसी यानी नोट छापने की मशीनें तेज़ कर दें. समझ में नहीं आता कि इस तरह मानसिक रूप से एक रुपये को एक हज़ार मान लेने से क्या फ़र्क़ पड़ने वाला है? जो वस्तु पहले एक रुपये में मिलती थी, वही एक हज़ार में मिलने लगेगी. फ़र्क़ सिर्फ़ क़र्ज़ चुकाने में पड़ेगा. इसी तरह जो देश लेनदार हैं, वे भी अपने देनदारों से ज़्यादा वसूल करने के लिए अपनी करेंसी घटा लेते हैं यानी जितने नोट छपे हुए चलन में हैं, उन्हें कम कर देते हैं. पहली परिस्थिति को मुद्रा स्फीति यानी फुगावा कहते हैं, दूसरी को मुद्रा अवस्फीति यानी संकोच कहते हैं. दोनों ही तरह की हरकतें ईमानदारी की नहीं हैं. ये बेईमानी की ही बातें हैं. जिस देश की आर्थिक नीति ने फुगावा या संकोच किया, वह देश बेईमान की श्रेणी में ही माना जाएगा. अतएव विश्व में अपनी या अपने राष्ट्र की सच्ची क़ीमत बनानी है, उचित मूल्यांकन कराना है तो आप अपनी मुद्रा का मूल्य स्थिर करिए, स्फीति या अवस्फीति नहीं होनी चाहिए. इसकी क़ीमत जहां तक हो, स्थिर होनी चाहिए.

भारत को आज़ाद हुए 12 साल बीत गए. इन 12 वर्षों में 5 या 6 वित्त मंत्री बदल चुके हैं. हर मंत्री की मुद्रा नीति भिन्न-भिन्न थी. पर हर्ष का विषय यह है कि अभी तक विश्व में भारत की आर्थिक नीति का डब्बा गुल नहीं हुआ है. हालांकि इन कुछ वर्षों में सरकार को स्फीति (फुगावा) की नीति कुछ मात्रा में अपनानी पड़ी है, पर चूंकि इसका भी एक निश्चित सिद्धांत है कि अमुक हद तक स्फीति निर्दोष ही नहीं, बल्कि विकास के लिए अत्यावश्यक भी है. भारत की परिधि उस सीमा के बाहर नहीं गई है और कोई ख़तरे की बात नहीं हुई. मुद्रा स्फीति कितनी और क्यों उपादेय है? यह एक स्वतंत्र विषय है, जिस पर विश्व के अर्थशास्त्रियों में भारी मतभेद है, पर प्रस्तुत पुस्तक का ध्येय मुद्रा की समस्याओं में घसीटने का नहीं है. इतना ही कहना पर्याप्त होगा कि काग़ज़ के रुपये (नोट) भी उसी तरह से न्यूनाधिक हो सकते हैं, जिस तरह से प्राचीन काल में रुपयों में चांदी कम-अधिक कर दी जाती थी. यह बताना कि भारत के लिए कितने नोट पर्याप्त हैं, बड़ी मुश्किल बात है. पहले यह देखिए कि नोट चाहिए ही क्यों!

जिस देश में बैंक पूर्ण रूप से विकसित न हुए हों, वहां ज़्यादा नोटों के लेन-देन की आवश्यकता होती है, नहीं तो ज़्यादातर हिसाब-किताब, लेन-देन चैकों से ही होता है. मान लीजिए, आपने पांच हज़ार रुपये का सामान ख़रीदा है और पांच हज़ार एक सौ रुपये

का बेचा है. तो वास्तव में एक सौ का ही नोट समझना चाहिए. बाक़ी पांच हज़ार का तो आपने चैक दे दिया. वही चैक आपको वापस मिल गया. यह सब तब होता है, जब आप सामान उसी आदमी से ख़रीदते हैं, जिसको आपने सामान बेचा भी है. अगर आप एक ही से सामान नहीं भी लेते–बेचते हैं, अलग–अलग आदमियों से व्यवहार करते हैं तो भी ख़रीदार और विक्रेता सबके खाते एक ही बैंक में हों तो सब अपने–अपने चैक बैंक में डाल देंगे. किसी को कुछ भी न देना पड़ेगा, न लेना पड़ेगा.

मान लीजिए, आप सबके खाते अलग–अलग बैंकों में हैं तो भी चैकों से सबका ब्योरेवार हिसाब रोज़ाना बनकर बैंक की आपस की एक या दो एंट्री में सारा लेन–देन भुगत जाता है. ख़ाली जो बेशी या कमी होती है, उसी का भुगतान होता है. यह सब बैंकों के एक समायोजन गृह के मार्फ़त होता है. यह ज़्यादा–थोड़ी रक़म , जिसका भुगतान करना पड़ता है, वह भी क्यों किया जाए, यह सिरदर्द बना रहता है. इसको भी हटाने के लिए सबने अपने–अपने खाते रिजर्व बैंक ऑफ इंडिया में खोल रखे हैं, जिससे सबके नामे–जमा के इंद्राज रिजर्व बैंक ऑफ इंडिया की बहियों में किए जाते हैं. कहने का मतलब यह है कि बंबई जैसे शहर में रोज़ाना करोड़ों रुपयों के लेन–देन होते रहने के बावजूद एक रुपये के करेंसी नोट की भी आवश्यकता नहीं पड़ती. तो फिर कितने नोट होने चाहिए? अगर इसी तरह रिजर्व बैंक के नामे–जमा ही करना है, तो नोटों का करना ही क्या है? क्यों कम–ज़्यादा छाप रहे हैं.

जैसा कि पहले कह आए हैं, बैंकिंग, बिजनेस, पूर्ण विकास किसी देश में हो ही नहीं सकता. भारत में तो यह बहुत ही पिछड़ा हुआ है. द्वितीय महायुद्ध के पहले भारत और पाकिस्तान के संयुक्त राज्य के लिए 4 अरब रुपयों के करेंसी नोट पर्याप्त माने जाते थे. आज ख़ाली भारत के लिए ही 20 अरब रुपयों की करेंसी पर्याप्त नहीं है. क्या यह सब मुद्रा स्फीति है? नहीं. स्फीति का अर्थ ख़ाली नोट ज़्यादा छापना ही नहीं है. बिना कारण, तदनुरूप धन की वृद्धि हुए बिना नोट छाप देना ही मुद्रा स्फीति है. भारत की आर्थिक या औद्योगिक व्यवस्था विकास के मार्ग पर अग्रसर हो रही है. अत: जैसा अर्थ तंत्र है, उसमें उसी अनुपात से नोटों को बढ़ाना अनिवार्य सा बन जाता है. दूसरे देशों की अपेक्षा भारतीय करेंसी अब भी विश्व में न्यूनतम है. यहां अभी तक एक आदमी के पीछे 100 रुपये की भी करेंसी नहीं है, जबकि अमेरिका में एक आदमी के पीछे 2000 रुपये से भी अधिक है. इतनी ही करेंसी ग्रेट ब्रिटेन में प्रचलित है. ज्यों–ज्यों भारतीय नागरिकों का जीवन स्तर ऊंचा होगा, त्यों–त्यों यहां का वित्त बढ़ेगा. अनिवार्य रूप से यहां की करेंसी उसी अनुपात से बढ़ती रहेगी और इसको कम स्फीति नहीं कह सकेंगे. आज भी कई बुजुर्गों का कहना है कि हमें तो इन काग़ज़ के नोटों का भरोसा नहीं है, हम तो सोने या चांदी को ही द्रव्य मानेंगे. वे सोना–चांदी ही इकट्ठा करते हैं. यही कारण है कि इन धातुओं की क़ीमत दिनोंदिन इतनी ज़्यादा बढ़ती जा रही है. मेरी राय में यह भी मानव बुद्धि की एक सनक है, वरना सोना–चांदी धन क्यों और नोट धन क्यों नहीं?

-: 58 :-

मुद्रा नियंत्रण

- टकसाल का राष्ट्रीयकरण
- नोट की तरह चैक और हुंडी का मूल्यांकन
- मुद्रास्फीति और बैंकिंग
- बैंकों का राष्ट्रीयकरण

आपको ज्ञात होगा कि बैंक, नोट अथवा सिक्के (करेंसी) आज के युग में कितने आवश्यक हैं. किसी भी सभ्य देश का काम इनके बिना चल ही नहीं सकता. सिक्कों में किस अनुपात में कौन सी धातु मिलाई जाए और इस पर कौन से राष्ट्रीय चिन्ह (अशोक स्तंभ) आदि की छाप लगाई जाए, ये सब काम सरकारी टकसाल के हैं. सिक्के बनाने के काम का राष्ट्रीयकरण हो चुका है. कोई भी व्यक्ति अपने घर पर या निजी कारख़ाने में सिक्के नहीं बना सकता. यह अवैध है. गत द्वितीय महायुद्ध से पहले रुपये के सिक्के में कुछ चांदी का भाग था. उससे पहले महारानी विक्टोरिया के शासनकाल में भारतीय रुपये में 91 प्रतिशत चांदी थी. आज के रुपये में चांदी नाम मात्र को भी नहीं है. पर आप अपने घर पर या अपने कारख़ाने में चांदी के रुपये बनाकर भी यह नहीं कह सकते कि हमारे सिक्के सरकारी सिक्कों से ज़्यादा क़ीमती हैं. इसमें कोई जालसाज़ी तो की नहीं गई, बल्कि बढ़िया सिक्के ही दिए गए हैं, फिर हम दोषी क्यों? यह दलील चल नहीं सकती, क्योंकि क़ानून द्वारा सिक्के बनाने का काम सिर्फ़ सरकारी टकसाल का ही है, अन्य किसी का नहीं. सिक्कों को जब तक धन माना जाए, तब तक ही तो धन है. अतएव उसका हिसाब सरकार के मुद्रा जारी करने वाले विभाग को रखना पड़ता है.

अगर अनुपात से ज़्यादा सिक्के बना दिए जाएं तो वही हालत होगी, जो जर्मनी में प्रथम युद्ध के बाद नोटों की हुई थी. अगर सिक्के बनाने की छूट हर व्यक्ति या कारख़ाने को दे दी जाए तो सिक्कों का नियमन नितांत कठिन हो जाएगा. आज़ादी के पहले कई देशी राज्यों को अपनी टकसाल में अपनी-अपनी छाप के सिक्के बनाने का अधिकार था. हर रियासत जो अपने सिक्के बनाती थी, अपने सीमित दायरे में उसी हिसाब या

नियमन के अंतर्गत बनाती थी. इसी तरह से सरकारी नोट कोई व्यक्ति छाप नहीं सकता. क़ानून द्वारा सिक्के बनाने पर या नोट छापने पर भारी जुर्म है, 7-7 या 10-10 साल के लिए सख्त जेल जाना पड़ता है. जिस तरह से डाक विभाग का राष्ट्रीयकरण है, उसी तरह इस करेंसी विभाग का भी राष्ट्रीयकरण है. आप देखिए, डाक विभाग इतना स्वाभाविक बन गया है कि इसका किसी को भान भी नहीं होता. यह किसी को अखरता भी नहीं.

शायद आपको यह क़ानून भी मालूम हो कि अगर आप किसी से पारिश्रमिक लेकर लोगों के पत्र एक जगह से दूसरी जगह पहुंचाएं तो आप पर मुक़दमा चल सकता है, अपराधी ठहराए जाकर आप जेल भेजे जा सकते हैं. चिट्ठी पहुंचाना डाक विभाग का काम है, आप यह कर नहीं सकते, यह क़ानूनन अवैध है. इसी तरह टकसाल चलाने और नोट छापने का भी राष्ट्रीयकरण है. हां, आप दूसरी तरह काग़ज़ के रुपये चला सकते हैं. आप अपनी हुंडी या चैक किसी भी वस्तु या वस्तुओं के मूल्य के रूप में दे सकते हैं. यह चैक या हुंडी वह व्यक्ति किसी दूसरे को, दूसरा किसी तीसरे को इसी तरह दे सकता है, लेकिन उसकी अंकित क़ीमत जब कोई मांगे तो आपको देनी पड़ेगी.

हर आदमी की हुंडी या चैक का चलन उसकी साख पर निर्भर है. कई करोड़पतियों की हुंडियां लाखों रुपयों की चलती हैं. लोगों को पूर्ण विश्वास होता है. दुकानदार जो सामान बेचता है, ख़ुशी-ख़ुशी रुपयों के बदले हुंडी या चैक ले लेता है. कई व्यक्तियों के 10 रुपये के चैक भी लेने को कोई तैयार नहीं होता. यह सब वैयक्तिक प्रतिष्ठा पर आधारित है. हुंडी या चैक नोट की तरह ही एक प्रकार से उसमें अंकित राशि को प्राप्त करने का अधिकार पत्र ही है. फ़र्क़ इतना ही है, नोट तो चूंकि सरकारी है, सब जानते हैं कि जितनी क़ीमत के नोट हैं, उतने का सामान मिलता ही है, कोई नोट लेने से इंकार नहीं कर सकता, पर हुंडी या चैक लेने से कोई भी इंकार कर सकता है. वैध द्रव्य बनाने का अधिकार सिर्फ़ शासन को ही है. अगर कोई व्यक्ति वैध द्रव्य को अस्वीकार करता है तो वह दंडित होता है.

रुपये आख़िर क्या चीज़ हैं? अगर इनसे आवश्यक वस्तुएं उपलब्ध न हों, तो रुपये चाहे विशुद्ध चांदी के बने हों या सोने के, किसी काम के नहीं. इच्छित वस्तु ख़रीदी जा सकती है, तो वह चाहे तांबे का हो, पीतल का, रांगे का, चमड़े का हो या कागज का, वह निश्चय ही धन है. इसका नियमन शासन द्वारा ही हो सकता है, कोई व्यक्ति विशेष नहीं कर सकता. बैंकों का अभी तक राष्ट्रीयकरण नहीं हुआ है, पर जब लोगों को राष्ट्रीयकरण के फ़ायदे मालूम हो जाएंगे, तब इनका राष्ट्रीयकरण होगा ज़रूर. भारत सरकार ने जनता को बहुत ही उचित एवं सुगम मार्ग बतलाया है. स्टेट बैंक ऑफ इंडिया एक ऐसा बैंक है, जिसका पूर्ण रूप से राष्ट्रीयकरण हो चुका है. आज जहां दूसरे बैंक पूंजीवादी आधिपत्य में चल रहे हैं, यह बैंक पूर्ण राष्ट्रीयकरण की बुनियाद पर शासन द्वारा चलाया जा रहा है. जिन व्यक्तियों को पैसे का लेन-देन करने का थोड़ा भी व्यक्तिगत अनुभव है, वे जानते हैं कि स्टेट बैंक ऑफ इंडिया से रुपया उधार लेने में औरों की अपेक्षा कम ब्याज देना पड़ता है.

स्टेट बैंक से किसी भी शहर या कस्बे में आर्थिक सहायता प्राप्त हो सकती है. हालांकि अभी तक स्टेट बैंक का संचालन पूर्ण रूप से राष्ट्रीयकरण की पद्धति पर हुआ नहीं है. अब भी सब ओहदेदार ऑफिसर वर्ग या कर्मचारीगण उसी पुराने साम्राज्य के प्यादे ही हैं, जो पूंजीपतियों के अधीन था. अतएव वर्षों से चली आ रही अपनी आदतों को वे सहसा छोड़ नहीं सकते. पर यह कहना उचित नहीं होगा कि राष्ट्रीयकरण का प्रधान उद्देश्य है फ़ालतू रकम लोगों को कम से कम किराए में उपलब्ध हो, ताकि वह उत्पादन वृद्धि में पूर्णरूपेण सहयोग दे सके. एक किसान 4 एकड़ भूमि में धान पैदा करता है. वह समय पर खाद-पानी नहीं दे सके या कटाई-बुआई इत्यादि के लिए उचित समय पर रुपयों के अभाव के कारण मज़दूर नहीं रख सके, तो निःसंदेह ही 25 मन चावल की जगह वह 15 मन ही उपजा पाएगा.

स्टेट बैंक का यह प्रथम कर्तव्य होगा कि वह किसी भी किसान को उसकी खड़ी फ़सल का मूल्यांकन करके उचित सहायता दे, ताकि समय पर खाद-पानी वग़ैरह सब काम हो सकें और उत्पादन में वृद्धि हो. आज की पूंजीवादी-प्रधान बैंकिंग प्रणाली द्वारा जिन उद्योगपतियों को करोड़ों की ज़रूरत है, उन्हें तो उचित ब्याज़ पर रुपये मिल भी जाते हैं, पर जिन मध्यम या छोटी संस्थाओं के लिए लाख-पचास हज़ार रुपये की ज़रूरत होती है, तो ब्याज़ की शर्तें उनके लिए ज़रा कड़ी होती हैं. छोटे व्यापारियों या किसानों को दस-दस, पांच-पांच हज़ार की ज़रूरत हो तो भारी ब्याज़ दर पर क़र्ज़ देने वालों के पास जाने के सिवा और कोई रास्ता ही नहीं है. ये लोग काफ़ी कड़ा ब्याज़ का किराया लेते हैं और इतनी कड़ी शर्तें लिखते हैं कि जिनको देख-सुनकर शेक्सपियर का साइलॉक यहूदी भी उदार व्यक्ति समझा जाने लगे. बैंकों के राष्ट्रीयकरण का यही फ़ायदा होगा कि हर व्यक्ति को हर उद्योग या व्यापार के लिए उचित किराए पर रुपये मिलते रहेंगे. बैंकों के पास फालतू रुपया बड़ी मात्रा में रहता है, उसको किराए पर देना अनिवार्य है.

अगर कोई बैंक का मैनेजर बिना अच्छी सिक्युरिटी के उधार दे देता है, जिससे असाध्य ऋण बनने का अंदेशा होता हो तो वास्तव में वह मैनेजर बैंक में रुपया जमा कराने वालों के साथ अन्याय कर रहा होता है, पर इससे भी ज़्यादा बड़ा अन्याय वह मैनेजर करता है, जो जमा रुपयों को बिना उधार लिए अपने बैंक में व्यर्थ पड़ा रहने देता है. कारण स्पष्ट है, वह अतिरिक्त धन जिस चीज़ का प्रतिनिधित्व करता है, वह चीज नाशवान है. दूसरे शब्दों में, एक लाख रुपया यदि उसके पास पड़ा है, तो मतलब हुआ कि एक लाख रुपये की लागत जितना गेहूं, कपड़ा या जूता भी पड़ा है. चूंकि पड़ा-पड़ा वह सारा सामान कालांतर में नष्ट होने वाला है, वही हालत रुपये की भी होने वाली है. अगर वही सामान, जिन-जिन लोगों को ज़रूरत है और वे बिना रुपये ख़रीद नहीं सकते हैं, तो वह माल नष्ट ही होगा. अगर वह रकम उन व्यक्तियों को उधार मिलती है तो वे वह सामान उपयोग में ले आते और संपत्ति नष्ट होने से बच जाती.

बैंकों के राष्ट्रीयकरण का मुख्य लाभ यह होने वाला है कि तमाम व्यक्तियों को सब ही तरह के उद्योग, इंडस्ट्री या व्यापार के लिए सस्ते किराए में रक़म उपलब्ध होगी.

राष्ट्रीयकरण में मध्यम मार्ग हो नहीं सकता. आलोचक लोग आज यह कहते हैं कि स्टेट बैंक ऑफ इंडिया, जिसका राष्ट्रीयकरण हो चुका है, दूसरे बैंकों की अपेक्षा ज़्यादा सफल हो तो राष्ट्रीयकरण सही माना जाए. पर यह बात नहीं है. जैसा कि ज़ाहिर है कि राष्ट्रीयकरण की मुख्य विशेषता एकाधिकार भी है. अगर स्टेट बैंक को संपूर्ण बैंकिंग प्रणाली पर एकाधिकार हो तो राष्ट्रीयकरण का असली उद्देश्य प्राप्त हो ही नहीं सकता. जहां दूसरे बैंकों का ध्येय मुनाफा कमाना रहता है, वहीं राष्ट्रीयकृत बैंक का ध्येय यही होता है कि वह उचित किराए पर रक़म दे या किसी को आवश्यक पूंजी प्राप्त हो जाए.

जैसे, मान लीजिए कि डाक विभाग की ओर से इजाज़त हो तो कई कंपनियां नज़दीक पहुंचाई जाने वाली चिट्ठियों को डाक विभाग की दरों से सस्ती दरों पर पहुंचाने का बंदोबस्त करने को राज़ी हो जाएंगी और ज़्यादा ख़र्च करके दूर जाने वाली चिट्ठियों को हाथ भी लगाना नहीं चाहेंगी. परिणाम यह होगा कि डाक विभाग अपना काम ठीक से नहीं कर पाएगा. वह सफल नहीं हो सकेगा. उसे मिलेगी सिर्फ़ वही डाक, जिसे पहुंचाना अधिक मुश्किल और अधिक ख़र्चीला है. आलोचकों की दृष्टि में सफलता का पैमाना है मुनाफ़ा. लिहाज़ा वे तत्काल कह देंगे कि सरकार द्वारा नियंत्रित यह विभाग घाटा उठा रहा है. उसमें हानि हुई. आंकड़े प्रस्तुत कर दिए जाएंगे कि निजी उद्योग वालों ने इतना मुनाफ़ा कमाया. इसलिए निजी उद्योग को अधिक प्रामाणिक और आवश्यक माना जाए. उन्हें अधिक मान्यता मिलनी चाहिए. वे यह भी कहेंगे कि राष्ट्रीयकरण सिर्फ़ क्षति पहुंचाता है. देश का धन आलस्य, प्रमाद और भ्रष्टाचार में बर्बाद हो रहा है, इत्यादि.

पिछले कुछ वर्षों से एक और क़िस्म की बैंकिंग प्रणाली भारत में चालू हुई है. यह है सहकारिता बैंक. कुछ किसान, मज़दूर अथवा उपभोक्ता अपने-अपने सीमित दायरे में सहकारिता बैंक खोल लेते हैं. सारे सदस्य थोड़ा-थोड़ा करके अपना फंड जमा करते हैं. शासन से मान्यता मिलने पर सरकार का सहकारी विभाग उस बैंक को पर्याप्त आर्थिक मदद दे देता है. सरकार द्वारा दिया गया ऋण काफ़ी सस्ते किराए पर इन उपभोक्ताओं के सहकारी बैंकों को मिल जाता है. ये सरकारी बैंक अपने सदस्यों की आवश्यकता के अनुसार, अपने-अपने अधिनियमों के तहत रक़म किराए पर देते हैं. किराए की यह दर भी अपेक्षाकृत ज़्यादा होती है. फिर भी उतनी नहीं, जितनी कि इन छोटे-मोटे व्यक्तियों को पठानी ब्याज़ के हिसाब से मिलती है कि उन्हें एक रुपये पर एक आना तक किराया देना पड़े. इससे तो बहुत ही कम दर पर उन्हें रुपया मिल जाता है.

ये सहकारी बैंक अपने सीमित दायरे में काम कर सकते हैं. इनके पास पर्याप्त मात्रा में फ़ालतू रुपये उपलब्ध भी तो नहीं होते. अतएव ज़रूरी है कि तमाम बैंकों का राष्ट्रीयकरण हो जाए. यही एकमात्र इलाज भी है. भारत सरकार धीरे-धीरे इस मार्ग का अवलंबन कर भी रही है. कई स्टेट बैंकों को स्टेट बैंक ऑफ इंडिया की सहायक कंपनियां बना लिया गया है. धीरे-धीरे राष्ट्रीयकरण के लिए मार्ग प्रशस्त तो हो रहा है, पर उचित मार्ग एक ही है, तमाम बैंकों का एक साथ राष्ट्रीयकरण हो. कुछ आलोचक ऐसे भी हैं, जो जीवन बीमा के राष्ट्रीयकरण की निंदा करते हुए कुछ उदाहरण देकर कहते हैं

कि जीवन बीमा में फैले भ्रष्टाचार के परिणाम स्वरूप जनता के ख़ून-पसीने की गाढ़ी कमाई का धन ग़लत अधिकारियों के हाथों में है और उस धन की सुरक्षा की कोई गारंटी नहीं है.

सही बात है. राष्ट्रीयकरण में यह ख़तरा ज़रूर है कि जब तक संचालक वर्ग सही अर्थ में कार्यदक्ष और ईमानदार न हो तो, इस तरह की बाधाएं और तकलीफ़ें सामने आएंगी ही. जीवन बीमा के राष्ट्रीयकरण की योजना में यही हुआ कि जो-जो मैनेजर, एकाउंटेंट अथवा अन्य पदाधिकारी अमुक-अमुक कंपनियों को संभालते थे, उन्हीं अधिकारियों को इस बृहत कॉरपोरेशन का संचालन करने के लिए नियुक्त कर दिया गया. पहले उन पर पूंजीपति डायरेक्टरों अथवा मालिकों का अनुशासन था, जिनमें बहुतों का निजी धन उन संस्थाओं में लगा हुआ था. स्वाभाविक रूप से उन संस्थाओं के लाभ में ही उनका हित था. इसलिए ये पदाधिकारी यदि उस समय चाहते, तो भी बेईमानी अथवा भ्रष्टाचार कर नहीं पाते थे. अचानक जब उनके सिर से यह कंट्रोल उठ गया तो परम स्वतंत्र न सिर पर कोई वाली कहावत ही चरितार्थ हुई. नौकरी की सुरक्षा और सरकारी लाल फीताशाही का नाजायज़ फायदा उठाने का उन्हें अधिक अवसर मिल गया, लेकिन इसका दोष राष्ट्रीयकरण पर नहीं थोपा जा सकता, न राष्ट्रीयकरण का इसलिए विरोध ही किया जा सकता है. इसका यह अर्थ कदापि नहीं हो सकता कि राष्ट्रीयकरण करना कोई गलत कदम था. जीवन बीमा का राष्ट्रीयकरण अत्यंत आवश्यक था.

कुछ डायरेक्टरों को छोड़ दीजिए, जिनके सामने अपनी संस्थाओं के हित की चिंता मुख्य थी. अधिकांश में स्थिति यह थी कि संस्थाओं के डायरेक्टर अपने स्वार्थ के लिए लाखों अथवा करोड़ों की जीवन बीमा की पूंजी, जो कि एक तरह से ट्रस्ट-फंड का धन था, गबन कर गए. क़ानूनन उन्होंने कितना अवैध काम किया अथवा गबन कितनी होशियारी से किया कि बात किसी की नज़र में भी न आ सकी, इस बारे में तो न्यायालय ही कोई फतवा दे सकता है. पर यह बात निर्विवाद है कि यदि कोई धरोहर आपके पास विश्वास पर रखी हुई हो, उसे आप अपने स्वार्थ के लिए अपने काम में ले आएं, तो सैद्धांतिक रूप से यह दोष ही है. क़ानूनी पंजे में यह अपराध आए या न आए, लेकिन नैतिक गुनाह तो है ही.

बैंकों का राष्ट्रीयकरण किए जाने में किसी भी राजनीतिक दल को कोई आपत्ति नहीं हो सकती. यदि आपत्ति है तो कुछ पूंजीपति बैंकरों को. उनका कहना है कि सरकार बैंकिंग चला नहीं पाएगी. कारण, यह आसान नहीं है. उनके कथनानुसार यह बड़ा रहस्यमय व्यापार है. रहस्यमय है तो नहीं, पर इन्हीं लोगों ने इसे रहस्यमय बना रखा है, क्योंकि वे स्वयं नहीं जानते कि बैंकिंग का मूलभूत सिद्धांत है क्या और होना क्या चाहिए. अपनी इसी अनभिज्ञता को छिपाने के लिए उन्होंने स्वयं इस रहस्यावरण की रचना कर रखी है. सैकड़ों लोगों का फ़ालतू रुपया आपके पास जमा पड़ा है. उन रुपयों को पड़ा रहने नहीं दिया जा सकता. नष्ट होने के रास्ते पर फेंकना भी संभव नहीं. तो फिर उनका उपयोग किस तरह से किया जाए, ताकि उनसे जो वस्तुएं बनती या पैदा होती हैं,

उनके लिए उनका उपयोग हो. भारत में जब ये बड़े-बड़े बैंक नहीं थे, तब साहूकारी गद्दियां या कोठियां ही बैंकिंग का काम किया करती थीं. चाहे वे छोटे रूप में ही काम करती हों, लेकिन बैंकिंग पद्धति की पूरी जानकारी उन्हें थी. यदि आज का बैंक मैनेजर, जिस तरह ज़िम्मेदारी के साथ, बैंक के हित को खयाल में रखकर काम करता है, उसी तरह राष्ट्रीयकरण के बाद भी वह बैंकिंग का धंधा करता रहे तो निश्चय ही आज के बजाय वह अधिक सफल और उपादेय सिद्ध होगा.

-: 59 :-

मुआवज़ा

- राष्ट्रीयकरण के लिए मुआवज़ा देना आवश्यक
- मुआवज़े की रक़म आएगी कहां से
- राष्ट्रीयकरण का अर्थ अधिक मुनाफ़ा नहीं
- अधिक व्यवस्था और सुविधा
- राष्ट्रीयकरण के लिए मुआवज़ा देना आवश्यक

बैंकिंग के राष्ट्रीयकरण की बात करते समय एक बात रह गई. हो सकता है कि आप बैंकों के शेयर होल्डरों हों. आपके मन में प्रश्न हो सकता है कि हमने जो रुपया बैंक के शेयरों में लगा रखा है, उसका क्या होगा? स्वाभाविक है कि बिना उनकी पूरी क़ीमत दिए अगर आपके शेयर आपसे ले लिए जाएं तो आप कभी सहमत नहीं होंगे. आपको अपने शेयरों को बाज़ार भाव या अन्य किसी हिसाब से उचित मूल्य मिलना ही चाहिए. सरकार को मुआवज़ा देना ही चाहिए. दरअसल, मुआवज़ा देने की पद्धति अत्यंत सरल और उत्तम है. ज़रा सोच-समझ कर ढंग से, व्यवस्थापूर्ण तरीक़े से काम किया जाए और किसी भी प्रकार के व्यवसाय का राष्ट्रीयकरण हो तो किसी को आपत्ति हो तो नहीं सकती. असल में निजी संपत्ति वालों की संपत्ति को हथिया लेना ही राष्ट्रीयकरण है. किसी व्यक्ति विशेष की वस्तु या संपत्ति पर से उस व्यक्ति का स्वत्व अथवा प्रभुत्व हटा देना और उसे राष्ट्र की संपत्ति या वस्तु बना देना ही तो राष्ट्रीयकरण है.

अब सवाल यह है कि यदि राष्ट्र उसका बाज़ार भाव या उचित मूल्यांकन करके मुआवज़ा देता है तो मुआवज़े की वह रक़म कहां से दी जाती है और किसका रुपया दिया जाता है? राष्ट्र के पास तो करदाताओं द्वारा प्राप्त पूंजी ही है. मुआवज़ा उसी में से दिया जाएगा. यदि पर्याप्त मात्रा में करों द्वारा प्राप्त पूंजी सरकार के पास नहीं है तो विशेष प्रकार के कर लगाकर अथवा करों की मात्रा बढ़ाकर रुपये प्रजा से वसूल करने पड़ेंगे, तभी मुआवज़ा दिया जा सकेगा. असल में उनके ही रुपये उन्हें दे दिए गए. फिर भी नाम है इसका मुआवज़ा. उनका ही जूता, उनका ही सिर. मान लीजिए, राष्ट्र के कुछ 10 आदमियों के पास ही बैंकों के शेयर हैं. यह भी मान लिया जाए कि वे दस आदमी ही

करदाता हैं. फ़र्क क्या पड़ा? मुआवज़ा देने के लिए सरकार को जब पैसे की ज़रूरत पड़ी तो अतिरिक्त करों द्वारा अथवा बढ़ाए हुए करों द्वारा उन्हीं करदाताओं से वह पैसे वसूल करेगी, उन्हें मुआवज़े में उन्हीं की संपत्ति मिलेगी और बैंकों का राष्ट्रीयकरण हो जाएगा. बैंक राष्ट्र की संपत्ति हो जाएगी. कहने को यह हो ही जाएगा कि उचित मुआवज़ा देकर सरकार ने बैंकों का राष्ट्रीयकरण कर लिया.

यह तो उदाहरण की सुविधा के लिए कहा गया कि दस ही व्यक्ति करदाता हों और उन्हीं को मुआवज़ा मिलता हो तो. वस्तुस्थिति में होता यह है कि जिन्हें मुआवज़ा मिलता हो, उन्हें संभवत: टैक्स देना ही न पड़े और जिन्हें टैक्स देना पड़ता हो, उन्हें कुछ मुआवज़ा मिलता ही न हो. समान वित्त–वितरण का यह पहलू आकर्षक और सर्वोत्तम है. मान लीजिए, आपके पास दस एकड़ ज़मीन है. नगरपालिका ने सार्वजनिक पार्क बनाने के लिए अथवा सड़क बनाने के लिए उस स्थान विशेष को चुन लिया. यदि यह ज़मीन बिना मुआवज़ा दिए आपसे छीन ली जाए तो सार्वजनिक हित को ध्यान में रखकर आप बहुत ज़्यादा ख़ुश नहीं होंगे, यह बात सच है. आपको लगेगा कि आपके साथ अत्याचार हो रहा है. आप उसे सहर्ष स्वीकार नहीं कर सकेंगे. आप कहेंगे, यह है क़ानूनी दादागिरी. लेकिन यदि उचित मूल्य देकर वह ज़मीन आपसे ले ली जाए तो शायद आपको उतना अधिक दर्द न हो और संभव है कि सार्वजनिक हित को देखते हुए आप उसे सहर्ष देना भी स्वीकार कर लें.

अब मान लीजिए, नगरपालिका को उस दस एकड़ भूमि का उचित मूल्य पच्चीस हज़ार रुपया देना पड़ रहा है. उस नगर के नागरिकों से, जिनको उस बनने वाले पार्क या सड़क का पूरा लाभ मिलने वाला है, हाउस टैक्स में वृद्धि करके अतिरिक्त कर के रूप में पच्चीस हजार वसूल कर आपको मुआवज़ा दे दें तो उन अतिरिक्त करों को चुकाने वालों में वह व्यक्ति भी शामिल है, जिसे पच्चीस हज़ार रुपया मुआवज़ा मिलने वाला है. मतलब यह हुआ कि सबके पास से थोड़ी–थोड़ी रकम निकली और उससे सर्वोपयोगी पार्क अथवा सड़क बन गई. इसी तरह निजी संपत्ति का राष्ट्रीयकरण उचित मुआवज़ा देकर होता हो तो बहुत ही कम लोगों का विरोध होगा. हालांकि बात एक ही है कि राष्ट्र उक्त संपत्ति के लिए बिना कुछ दिए उसे हथिया लेता है.

बैंकिंग के राष्ट्रीयकरण के विरुद्ध एक तर्क और पेश किया जाता है कि जब स्टेट बैंक ऑफ इंडिया का राष्ट्रीयकरण हो चुका है तो उस संस्था के परिणामों से निजी संपत्ति वाले बैंकों के परिणामों का मुक़ाबला क्यों न किया जाए? प्रतियोगिता में जो अधिक लाभदायक हो, वही क़ायम रहे. उत्तर यही है कि बैंकिंग में योग्यता का पैमाना नफ़ा ही नहीं है. दुर्भाग्यवश इस पूंजीवादी युग में हर बात की सफलता का पैमाना आर्थिक लाभ या अधिकतम मुनाफ़ा ही बन गया है. जिस उद्योग, फैक्ट्री अथवा कारख़ाने को बैंक का पूरा सहयोग मिले, वह उद्योग प्रतिस्पर्द्धा में अधिक समर्थ रूप से खड़ा हो सकता है. इस प्रतिस्पर्द्धा के कारण व्यापार में किस क़दर हानि होती है और उससे व्यापारियों के आपसी वैमनस्य के परिणाम स्वरूप पता नहीं कितने उद्योग–धंधे नष्ट हो जाते हैं, सामर्थ्य के ग़लत अंदाजे और अहंकार के मारे राष्ट्र की निर्माणकारी योजनाओं पर कितना कुठाराघात होता है, उसके लिए और अध्याय अपेक्षित है.

-: 60 :-

राष्ट्रीयकरण के विरोध में

- कुशल प्रबंधकों का अभाव
- पूंजीवादी मुनाफ़ाख़ोरी की घातक मनोवृत्ति
- राष्ट्रीय उद्योग धंधों की अव्यवस्था तत्काल प्रत्यक्ष हो जाती है

बैंकिंग अथवा सार्वजनिक सेवा का राष्ट्रीयकरण होने पर ही आवश्यक वस्तुएं जनता को उचित मूल्य पर सुलभ हो सकती हैं. यह भी स्पष्ट हो चुका है कि मुआवज़े के रूप में दी जाने वाली रकम वास्तव में कमंडल की हेराफेरी वाली बात ही है. तो सैद्धांतिक रूप से निश्चित हुआ कि राष्ट्रीयकरण की नींव मज़बूत है. पर कार्यान्वित करते समय यह देखना और भी ज़्यादा ज़रूरी है कि किसी भी उद्योग विशेष के लिए यह घोषित कर देना कि फलां उद्योग का सरकार राष्ट्रीयकरण कर रही है, पर्याप्त नहीं है. इससे कुछ होगा नहीं, बल्कि वह धंधा या उद्योग बंद हो जाएगा. किसी भी उद्योग, संस्था अथवा सेवा का राष्ट्रीयकरण करने से पहले शासन के पास उस काम को उचित रूप से संभालने वाले सुयोग्य प्रबंधकों का बंदोबस्त होना चाहिए.

बिना समुचित प्रबंध के राष्ट्रीयकरण करने की ज़िद्द ख़तरे से ख़ाली नहीं. उदाहरण स्वरूप कोई भी सरकार चिट्ठी-पत्री ले जाने की सेवा का राष्ट्रीयकरण तब तक नहीं कर सकती, जब तक कि डाक विभाग और उसके ऑफिसर, पोस्ट मास्टर जनरल से लगाकर डाकिए तक नियुक्त न कर लिए जाएं. बिना सुरक्षा मंत्रालय के सेना विभाग को नहीं चलाया जा सकता. बिना टकसाल के मिंट मास्टर और अन्य अधिकारीगण नियुक्त किए टकसाल नहीं चलाई जा सकती. बिना गृह विभाग के पुलिस विभाग नहीं चलाया जा सकता. बिना रेलवे बोर्ड के रेलें नहीं चल सकतीं.

इसी तरह राष्ट्रीयकरण करने से पहले आवश्यकता इस बात की है कि शासन प्रबंधकर्ताओं की व्यवस्था करे. इन प्रबंधकों तथा अधिकारियों का उचित बंदोबस्त सिर्फ़ स्थायी, लोकप्रिय और न्याय पसंद सरकार ही कर सकती है. महज़ विद्रोह, आलोचना

अथवा तानाशाही से ही यह काम नहीं किया जा सकता है. उन पाश्चात्य देशों में, जहां-जहां राष्ट्रीयकरण हुआ, इन प्रबंधकों को अंधाधुंध बदल दिया गया, जबकि दूसरे चुनाव में दूसरी राजनीतिक पार्टी के जीतने पर विद्रोह जनित, राष्ट्रीयकरण द्वारा अपनी विपक्षीय राजनीतिक पार्टी की ताक़त का दमन भले ही कर लिया गया, पर वे राष्ट्रीयकृत उद्योग या कारख़ानों को चला नहीं सके. अंतत: निराश होकर उन्हें फिर उन्हीं पूंजीवादी निजी संपत्ति वालों के सामने नतमस्तक होना पड़ा.

राष्ट्रीयकरण में, चाहे जिस उद्योग अथवा सेवा का हो, आर्थिक मामलों में स्पष्टता और ईमानदारी आवश्यक है. साथ ही यह अटल निश्चय भी ज़रूरी है कि वे राष्ट्रीयकरण को सफल बनाएंगे. राष्ट्रीयकरण के बहाने से यदि लूटमार मचा दी जाए अथवा अधिक मुनाफ़ा कमाने के फेर में देश के जनरल रेवेन्यू में वृद्धि कर दी जाए या इसी तरह अस्त-व्यस्त प्रबंध द्वारा सारी योजना को नष्ट-भ्रष्ट कर दिया जाए, ताकि घूम-फिरकर फिर उन्हीं पूंजीवादी मुनाफ़ाख़ोरों को ही प्रबंध के लिए राष्ट्रीयकृत संस्थाएं मिल जाएं तो निश्चय ही राष्ट्रीयकरण से कोई लाभ होने वाला नहीं.

उदाहरणस्वरूप राष्ट्र की रेलों को ही ले लिया जाए. रेल विभाग में किराए अथवा माल लाने-ले जाने से जो भी लाभ होता है, उसका बड़ा भाग जनरल रेवेन्यू में ले लिया जाता है. उसे जनरल रेवेन्यू में ट्रांसफर कर दिया जाता है. परिणामस्वरूप जो क्षति अतिरिक्त करों से वसूल की जानी चाहिए थी, वह रेलवे के महसूल या भाड़े की आय से हो जाती है. जब निजी कंपनियों की रेलें थीं, तब शेयर होल्डर्स को जो मुनाफ़ा मिलता था, वह कंपनी की सारी संपत्ति की देखभाल और हिफ़ाज़त के बाद हुई बचत के अमुक भाग से लाभांश के रूप में दिया जाता था. जिस उद्योग से जो काम होता है यानी रेलवे से यात्रा का या सामान ढोने का जो काम होता है, उसके अच्छे रखरखाव पर हुए खर्च के बाद जो नफा हो, वही शेयर होल्डर्स को दिया जाता था. और राष्ट्रीयकरण का ध्येय होना चाहिए था कि वे तमाम सुविधाएं उसी तरह, बल्कि उससे भी कहीं अच्छी तरह चलाई जाती रहें. फिर भी जो नफ़ा हो, उसको महसूल या किराया कम करके उपभोक्ताओं को वापस दे दिया जाता. सही मायने में औद्योगिक राष्ट्रीयकरण को सफलतापूर्वक और ईमानदारी से चलाने का यही तरीक़ा है.

अगर एक काम के लिए आपको कोई चीज़ सौंप दी जाए, उससे लाभ कमाकर आप दूसरे काम में रुपया लगाने लगें तो वह धंधा पूंजीवादी मालिकों से होने वाले जघन्य कृत्यों से भी ज़्यादा दोषपूर्ण है. कम से कम राष्ट्रीयकरण का तो यह लक्ष्य नहीं होना चाहिए. इस तरह की गलत परंपरा का नतीजा दु:खदायक ही होगा. वह उद्योग, जिसका राष्ट्रीयकरण हो चुका है, जैसे रेलवे, उनके डिब्बे, इंजन, वैगन, स्टेशन आदि सब धीरे-धीरे नष्ट होते जाएंगे. उनकी सार-संभाल मुश्किल से हो पाएगी. चूंकि प्रतिस्पर्द्धा में कोई दूसरा आदमी है नहीं, इसलिए चाहे जो किराया या महसूल लिया जाए, आप यात्रा करने के लिए बाध्य हैं अथवा माल भेजने के लिए और कोई उपाय नहीं है. रेलवे विभाग की शरण में आपको जाना ही पड़ेगा. इसके बाद यदि जनता त्राहि-त्राहि करने लगे कि रेलों का राष्ट्रीयकरण रद्द किया जाए और उन्हें निजी कंपनियों को चलाने के लिए दे दिया जाए

तो आश्चर्य की बात नहीं. कई जगह तो ख़तरनाक तरीके से उसका नतीजा भुगतना पड़ता है, लेकिन उनका उत्तरदायित्व अपने आप तक ही सीमित है. उन्हें जवाब तो किसी को देना है नहीं. इसलिए उनके कारनामे इतने व्यापक रूप से सामने आ नहीं पाते.

सरकार द्वारा किए गए दुष्कर्म जल्द ही सामने आने लगते हैं. सरकारी दोष अथवा दुष्कर्म जल्द ही लोगों को खटकने लगते हैं, जबकि प्राइवेट पूंजीपतियों द्वारा किए गए कर्म करीब-करीब गुप्त ही रह जाते हैं और इस तरह से एक भ्रम यह फैल जाता है कि सरकार द्वारा संचालित उद्योगों में या सेवाओं में बदइंतज़ामी या भ्रष्टाचार बहुत ज़्यादा है, अपेक्षाकृत प्राइवेट कंपनियों अथवा निजी उद्योग-धंधों के. इस वक्त विकसित आर्थिक वातावरण में हमारे देश में भी यह प्रचार ज़ोरों से हो रहा है. किसी हद तक इसमें सच्चाई भी है. कारण यह कि राष्ट्रीयकरण तो अंधाधुंध हो रहा है, लेकिन उचित प्रबंध के बिना ही. राष्ट्रीयकरण के विरुद्ध प्रचार करने वाले अधिकतर वे ही लोग हैं, जिनके स्वार्थ पर प्रत्यक्ष अथवा अप्रत्यक्ष रूप से कुठाराघात होता है. इसलिए भी भारत के मतदाताओं के लिए यह बड़ा ही महत्वपूर्ण प्रश्न है कि चुनावों में जिन्हें वोट देकर वे भेजें, वे अपने स्वार्थ की रक्षा के लिए आतुर न हों, बल्कि आम जनता के हितों को जान-समझ सकें और उसका उत्तरदायित्व निभा सकें.

यदि मुआवज़ा न दिया जाए

- बिना मुआवज़ा दिए ज़मीन ले ली जाती तो?
- खेती भी होगी, उद्योग-धंधे भी चलेंगे ही!
- जनता की क्रय-शक्ति का ह्रास
- आर्थिक संतुलन मुश्किल

मुआवज़ा देकर राष्ट्रीयकरण करने की बात तो हो चुकी. जनता में एक दल ऐसा भी है, जिसका कहना है कि राष्ट्रीयकरण के लिए किसी को किसी तरह का मुआवज़ा दिया ही क्यों जाए? क्यों न उनकी निजी संपत्ति को यों ही छीन लिया जाए? उनका तर्क यह है कि जिस तरह से ज़मीन-जायदाद ज़मींदारों से ले ली गई और जो भी किसान जोते-बोए, उसे ही मिल गई, उसी तरह से उद्योग या बैंकिंग के शेयर भी अगर ले लिए जाएं तो क्या फ़र्क़ पड़ेगा? ज़मीन में जो पहले अन्न पैदा करता था, वही आज भी पैदा कर रहा है. फ़र्क इतना ही तो हुआ कि जो लगान अथवा महसूल वह उस वक़्त ज़मींदार को दिया करता था, वह अब सरकार को दिया करता है. इसी तरह वे उद्योग या बैंक भी चल तो रहे हैं. शेयर बाज़ार में शेयरों की लेवा-बेची के कारण शेयरों के मालिक भी बदलते ही रहते हैं. कोई स्थायी मालिक तो रहता नहीं. फिर क्यों न सारे शेयरों को बिना मुआवज़ा दिए सरकार अपने हाथ में ले ले? इससे जिन कंपनियों के शेयर हैं, उनका काम तो बंद होगा नहीं. एक और तर्क है उनका कि संपत्ति कर की दर इस हद तक बढ़ा दी जाए कि निजी संपत्ति वाले उन करों को चुका ही न सकें और मजबूरन उन्हें अपने मकानात, शेयर आदि सारी संपत्ति कर चुकाने के लिए सरकार को दे देनी पड़े.

जब तमाम आदमी शेयर बेचने निकल पड़ेंगे तो उन्हें दो कौड़ी में भी लेने वाला कोई मिलेगा नहीं. उस समय सरकार कह सकती है कि हम टैक्स की जगह तुम्हारे ये शेयर अमुक क़ीमत के हिसाब से ख़रीद लेते हैं. यों बाज़ार में बेचने पर तुम्हें कुछ भी नहीं मिलने वाला. हम तो उचित क़ीमत देकर तुम्हारी टैक्स देनदारी का भुगतान कर रहे हैं. इस तरह की परिस्थिति में फंस जाने पर पूंजीवादी कहता है कि यह तो ठीक, पर हमको इससे

जो सालाना आय होती थी, उसका क्या होगा? हम अपना गुजारा किस तरह चलाएंगे? उसका उत्तर एक ही होगा. वह यह कि भाई काम करो, मेहनत करो. दूसरे लोग जिस तरह मज़दूरी करके कमाते–खाते हैं, तुम भी उसी तरह कमाकर खाओ. अर्जित कमाई का ही उपयोग करो. बिना कमाई की आमदनी की उम्मीद छोड़ दो. हालांकि समाजवादी पहल के अंतर्गत समान वित्त वितरण के लिए, संपत्ति कर या कैपिटल लेवी शायद उचित ही है, शासन के ख़र्च के लिए जनरल रेवेन्यू को बढ़ाने के उद्देश्य से तो यह प्रस्ताव निरा मूर्खतापूर्ण है. हां, सारी इंडस्ट्री का, तमाम खानों का अथवा सेवाओं का राष्ट्रीयकरण बिना मुआवज़ा दिए एक साथ हो ज़रूर सकता है.

योजना प्रशंसनीय अवश्य है, पर बिना मुआवज़ा दिए, संपत्ति को हथिया लेने में आपत्ति है. लोग कहते हैं, धनिकों की संपत्ति छीन लेने पर बेकारी बढ़ेगी. कारण कि वे बहुतों को रोज़ी देते हैं. यह बात सही है कि वे नौकर रखते हैं, इसलिए कई व्यक्तियों को रोज़ी मिलती है. पर यह रोज़ी तो ठीक इसी तरह की है कि एक पागल आदमी को संभालने के लिए जैसे आदमी रखना ज़रूरी होता है या चोर–डाकुओं को पकड़ने के लिए पुलिस के सिपाही बढ़ाने पड़ते हैं या जेलखाने बढ़ाए जाएं जो जेल के कर्मचारियों की संख्या बढ़ानी होती है. तब फिर ये तमाम चोर–डाकू–बदमाश भी कह सकते हैं कि वे भी बहुतों को रोज़ी देते हैं, इतने आदमियों को बेकारी से मुक्त रखते हैं.

इस तरह की रोज़ी जो फ़िज़ूल है, कुछ उपार्जित नहीं करती, वह रोज़ी नहीं है. यह महज़ किसी की दया पर या भिक्षा पर जीना मात्र है. निश्चय ही जब उस रोज़ी को देने वाले की स्थिति कमज़ोर हो जाएगी, वह जब इस योग्य नहीं रह पाएगा कि अपने नौकरों की तनख्वाह दे सके तो उन काम करने वालों की भी स्थिति बिगड़ जाएगी. कारण, उन्हें तो वही पराधीनता का काम ही करना आता है. स्वावलंबी कभी वे थे नहीं. स्वावलंबी होने में उन्हें डर लगता है. जो कुछ भी हो, यह निश्चित है कि जब वे धनिक संपत्ति विहीन हो जाएंगे तो उनके आश्रित तमाम व्यक्ति बेकार हो जाएंगे. इन लोगों की संख्या काफ़ी है. कहा जा सकता है कि भारत में कुल मिलाकर एक तिहाई जनता इन दोनों प्रकार की श्रेणियों में आ जाती है. इसके अतिरिक्त मध्यम श्रेणी के वे लाखों व्यक्ति भी हैं, जिनका रोज़गार इन्हीं की बदौलत चलता है. जौहरी बाज़ार के सब जौहरी, दलाल, सर्राफ़ा, बाज़ार के सब सुनार या चांदी–सोने के गहने बनाने–बेचने वाले इत्यादि. हज़ारों इस तरह के व्यापार या रोज़गार हैं, जो धनिकों की श्रेणी के ख़त्म होते ही अपने आप समाप्त हो जाएंगे. ये तमाम लोग बेकार हो जाएंगे. इसलिए वे सब इस बात के लिए सहमत नहीं हो सकते कि इन पूंजीवादी मालिकों और धनिकों की संपत्ति बिना मुआवज़ा दिए ले ली जाए.

अगर उद्योग, कारख़ाने, ख़ज़ाने या बैंक सब राष्ट्रीय संपत्ति बन जाएं तो उन सबके शेयर उन्हें जो सालाना मुनाफ़ा देते थे और जिनकी वजह से उस धनिक वर्ग की या मध्यम वर्ग की क्रय शक्ति बन रही थी या बढ़ रही थी, वह सारी शक्ति सरकार के पास हस्तांतरित हो जाएगी. अगर क्रय शक्ति सरकार के हाथ में जमा हो जाएगी तो स्वाभाविक है कि उसमें से ख़र्च होगा नहीं. राष्ट्र–संपत्ति क्षीण होगी, नष्ट होगी और साथ–साथ राष्ट्र

के लाखों लोग भी नष्ट हो जाएंगे. भयंकर दिवालियापन या बेकारी चारों ओर फैल जाएगी. क़ानून व्यवस्था को बनाए रखना राष्ट्र के लिए मुश्किल हो जाएगा. अराजकता होगी. भूख के मारे लोग दंगा-फ़साद करेंगे और स्थिति ऐसी बन जाएगी कि प्रजातंत्र राज्य में किसी तानाशाह को तमाम अधिकार अपने क़ब्ज़े में करने पड़ेंगे और निर्दयता के साथ दंगाइयों को क़त्ल करवाना होगा. इस तरह के तूफान में कोई सरकार स्थिर रूप से चल नहीं सकती.

अंततोगत्वा सरकार को बाध्य होकर वह सारी निजी संपत्ति वापस उन मालिकों के चरणों में चढ़ा देनी पड़ेगी, जिनसे वह ली गई थी, इस क्षमायाचना के साथ कि उन्होंने राष्ट्रीयकरण करके बड़ी भारी भूल की. एक तरीक़ा यह भी बताया गया है कि इस तरह से धनिकों से छीना हुआ सारा धन प्रजा में छोटे-छोटे भागों में बांट दिया जाए. मुश्किल यह है कि इसमें भी वही बुराई मौजूद है, जिसे मिटाने के लिए राष्ट्रीयकरण आवश्यक है. जब बिना उपार्जित किए, बिना मेहनत किए कोई धन कमाया गया हो, वह ले लेना ही राष्ट्रीयकरण का ध्येय है, तो वही बुराई तो इस तरह के वितरण करने से होगी. जिन लोगों को इस तरह के बंटवारे से धन मिलेगा, उन्हें मुफ्त में ही तो मिलेगा.

राष्ट्रीय बैंक यदि सस्ते किराए में सबको ज़रूरत से ज़्यादा उधार देना शुरू कर दें, तो उसका परिणाम भी यही होगा कि लोग एक ही जगह चार-चार, पांच-पांच कारख़ाने खोलने लगेंगे. व्यर्थ की प्रतिस्पर्धा बढ़ेगी. कहने वाले कहेंगे उनकी ख़रीद शक्ति बढ़ेगी. परिणामस्वरूप जो भय बेकारी बढ़ने का है, वह नहीं रहेगा. शायद यह संभव भी हो जाए. पर इस चीज़ को बदलने में समय बहुत ज़्यादा लगेगा. उन मज़दूरों या ग़रीब वर्ग की क्रय शक्ति संतुलित हो सके, इसमें इतना समय लग जाएगा कि तब तक आर्थिक स्थिति धराशायी होने से बच नहीं बच सकती. बेकारी इतनी ज़्यादा बढ़ जाएगी कि अंतर्विग्रह उत्पन्न हो जाएंगे और राष्ट्रीयकरण का सारा ध्येय विफल होते देर नहीं लगेगी. अतएव आवश्यक है कि राष्ट्रीयकरण हो तो, मुआवज़ा देकर ही हो, जिससे एक वर्ग की ख़रीद शक्ति का धीरे-धीरे ह्रास हो और सारी प्रजा की क्रय शक्ति धीरे-धीरे बढ़ती जाए, ताकि बेकारी न फैलने पाए.

-: 62 :-

उद्योग के संचालन का राष्ट्रीयकरण

- बिना मुआवज़ा दिए मुनाफ़े पर राष्ट्र का नियंत्रण
- छोटे उद्योगों को प्रोत्साहन देने की नीति
- राष्ट्रीय उत्पादन में क्षति

राष्ट्रीयकरण का एक नया स्वरूप भारत सरकार ने अपनाया है. इसका मतलब यह है कि उद्योग के संचालन का राष्ट्रीयकरण कर डालना, बिना वास्तविक राष्ट्रीयकरण किए ही. शुरू-शुरू में इस प्रस्ताव को परीक्षण के तौर पर ही समझा गया था. यह निश्चित नहीं था कि सफलता होगी अथवा नहीं. इसमें जो-जो कठिनाइयां हैं, उन पर ज़रा ग़ौर कर लिया जाए. इस तरह के राष्ट्रीयकरण का प्राथमिक नियम यह है कि हर उद्योग को वे उद्योगपति ही चलाते रहें, जिनकी मालिकी उस उद्योग में है, सिर्फ़ उत्पादन को भोगने वाले उपभोक्ताओं की सुरक्षा की व्यवस्था क़ानून द्वारा कर दी जाए. गत द्वितीय महायुद्ध में जबकि हर वस्तु का उत्पादन आवश्यकता के अनुपात में बहुत ही कम था तो उत्पादन और क़ीमतों पर नियंत्रण किया गया था. जब संकटापन्न स्थिति हो तो ऐसे सब क़ानून प्रजा राजी या बेराजी मन से बर्दाश्त कर भी लेती है, पर जब़ वे ही क़ानून साधारण परिस्थिति में भी लागू रहें तो इससे जनता का संत्रस्त होना स्वाभाविक ही है.

इन कंट्रोलों को चालू रखने में सरकारी नौकरों और अफ़सरों को भ्रष्टाचार की कुछ ऐसी चाट पड़ गई है कि वे किसी भी हालत में कंट्रोल को हटाना नहीं चाहते. हर बार इस तरह से आंकड़े प्रस्तुत किए जाते हैं कि यही जाहिर होता है कि कंट्रोल हटा दिया गया तो मुनाफाखोर कालाबाज़ारी करने वाले क़ीमतों को आकाश तक पहुंचा देंगे और जनता को सहज रूप से वस्तुएं उपलब्ध नहीं हो सकेंगी. इस बनावटी कमी को दूर करने के लिए सन् 1948 में राष्ट्रपिता महात्मा गांधी ने कंट्रोल हटाने के लिए सरकार को एक तरह से बाध्य ही किया था. पर चूंकि सरकारी अफ़सरों के मुंह में एक बार ख़ून लग चुका था, सो वे चाहते नहीं थे कि नियंत्रण उठा देने की योजना सफल हो जाए. बहुत वर्षों के बाद देश

की उत्पादन शक्ति बढ़ी. कुछ हिम्मत करके बहादुरी का काम किया उस समय के खाद्य मंत्री स्व. रफी अहमद किदवई ने. उनके उस साहस के कारण ही आज भारतीय प्रजा को खाने के लिए अन्न या अन्य आवश्यक वस्तुएं उपलब्ध हो रही हैं.

इस नए राष्ट्रीयकरण का स्वरूप है कि आपको कच्चा माल निश्चित भाव में मिलेगा और उत्पादन किया हुआ माल भी आपको निश्चित भाव में अमुक नियत नुमाइंदों को ही बेचना पड़ेगा. उद्योगपतियों को किसी भी प्रकार की स्वतंत्रता नहीं रहेगी. उदाहरण के लिए बिजली कंपनी को ले लीजिए. बिजली का भाव प्रत्येक यूनिट के हिसाब से सरकार ने तय किया हुआ है. अगर आपने 1 करोड़ रुपया लगाकर बिजली पैदा करने का प्लांट लगाया है तो आपको बिजली सप्लाई करने का जो लाइसेंस मिलेगा, वह इसी शर्त पर कि आप मनमाना चार्ज नहीं कर सकेंगे. बिजली एक्ट के अंतर्गत आपकी कुल पूंजी पर और जो उत्पादन में ख़र्च होता है, उसको ध्यान में रखकर आपको उचित किराया मान लीजिए, पांच प्रतिशत प्रति वर्ष के हिसाब से मिल जाए, इसी हिसाब को ध्यान में रखकर बिजली की दर निश्चित की गई. खर्चे में यदि कोई मालिक बुद्धिमत्ता से काम ले और बहुत ही ईमानदारी से काम करे तो उसे भी यही पांच प्रतिशत मुनाफ़ा मिलने वाला है और जो मालिक फिजूलखर्ची करते हैं या बेईमानी या बदइंतजामी से काम चलाते हैं, उन्हें भी वही पांच प्रतिशत मुनाफ़ा ही मिलने वाला है.

खुलेआम ईमानदार व्यक्ति को तकलीफ़ उठानी पड़ती है और बेईमान आदमी सब कुछ कर चुकने पर भी साहूकारों के साथ बैठता है. इसे देखते हुए कहा जा सकता है कि राष्ट्रीयकरण में बेईमानी में मुनाफ़े का अधिक अनुपात होता है. दूसरा उदाहरण लीजिए चीनी उद्योग का. हमारे देश में लगभग 150–200 चीनी की मिलें अथवा कारख़ाने हैं. उनको किस भाव से गन्ना ख़रीदना है, इस बारे में सरकार द्वारा दर तय की हुई है. चीनी किस भाव से बेचनी है और किसे बेचनी है, यह भी निश्चित किया हुआ है. चीनी बनाने के सारे कार्यकलाप में सरकारी रसायन शास्त्रियों का हस्तक्षेप मौजूद है. कहने को चीनी उद्योग निजी क्षेत्र के अंतर्गत चल रहा है, पर दरअसल इसका राष्ट्रीयकरण हो चुका है. इसी तरह ऐसे अनेक उद्योग या व्यवसाय हैं, जिनका नियमन इतना कठोर और व्यवस्थित है कि यह निश्चित रूप से कहा जा सकता है कि उचित मुआवज़ा देकर सरकार सारे उद्योग को हस्तांतरित कर ले, तो मालिकों को ज़्यादा ख़ुशी ही होगी. राष्ट्रीयकरण से होने वाली तमाम असुविधाएं तो उन्हें इस समय भी भुगतनी ही पड़ती हैं, जबकि उससे हो सकने वाले मुनाफ़े से वे वंचित रह जाते हैं.

-: 63 :-

अनिश्चित आर्थिक नीति

- कुटीर उद्योग को प्रोत्साहन बनाम राष्ट्रीय उत्पादन का विकास
- उत्पादन टैक्स

भारत सरकार की अर्द्ध विक्षिप्त अथवा उलझी हुई आर्थिक नीति का एक दुष्परिणाम और हो रहा है. वे यह ठीक–ठीक तय नहीं कर पा रहे हैं कि उन्हें क्या करना चाहिए. उत्पादन वृद्धि करने की बात ज़ोर–शोर से की जाती है, पर साथ ही उस बैलगाड़ी युग अथवा गोबर सभ्यता को छोड़ा भी नहीं जाता. गांधी जी की सर्वोदय अर्थ व्यवस्था को शासकीय राजनीतिक पार्टी अपना ध्येय बनाए हुए हैं. कुटीर उद्योग अथवा ग्रामोद्योग को प्रोत्साहन देने का क्रंदन भी जारी है. इससे राष्ट्रीय उत्पाद की कितनी क्षति हो रही है, यह विचारणीय है. चीनी के उद्योग को ही ले लिया जाए. चीनी की जितनी भी मिलें हमारे देश में हैं, उनके उत्पादन पर प्रति मन चीनी पर लगभग 11 रुपये शुल्क देना पड़ता है. अगर कोई कुटीर उद्योग या गामोद्योग के बहाने छोटी–छोटी फैक्ट्रियां थोड़े ख़र्चे से लगाकर चालू कर ले तो उसे कुछ भी ख़र्च देने की ज़रूरत नहीं पड़ेगी. इस तरह से उत्पादित चीनी उतनी साफ़–स्वच्छ होती नहीं है. उस चीनी को बेचने के भाव पर कोई नियंत्रण नहीं है. परिणाम यह है कि उस चीनी का भाव क़रीब–क़रीब मिलों में बनी चीनी जितना या उससे भी अच्छा मिल जाता है.

अगर मिलों में गन्ने की पेराई से चीनी बनाई जाए, तो लगभग दस प्रतिशत ही चीनी निकलती है और उन छोटी खांडसारी की फैक्ट्रियों में क़रीब 6 प्रतिशत यानी क़रीब 4 प्रतिशत चीनी गन्ने के भूसे में रह जाती है, जिसका उपयोग इसके अलावा और कुछ नहीं है कि उसे ईंधन की जगह जलाया जाए. आर्थिक विवेचन की बात एक मिनट के लिए छोड़ भी दी जाए, फिर भी यह बात तो निश्चित ही है कि अगर एक करोड़ मन गन्ना मिलों में पेरने के बदले इन खंडसारी फैक्ट्रियों में पेरा जाए तो लगभग चार लाख मन चीनी के

उत्पादन की क्षति राष्ट्र को होगी. निश्चय ही इस तरह राष्ट्रीय उत्पादन को अप्रत्यक्ष रूप से हानि पहुंचाने की इस प्रवृत्ति की निंदा ही की जानी चाहिए. एक बात और ध्यान देने योग्य है कि जिस कुटीर उद्योग को प्रोत्साहन देने का शासकों को बड़ा उत्साह है, वे उद्योग भी पूंजीवादी मालिकों की निजी संपत्ति ही हैं. यह समझना बड़ी भारी भूल होगी कि वे छोटे-छोटे कारख़ाने ग़रीब मज़दूरों या किसानों के अपने होंगे. कदापि नहीं. मज़दूरों और किसानों को तो इस व्यवस्था में वही मज़दूरी और खेती करनी है. वही भाग्य के भरोसे काम चलाते रहना है. इस कर मुक्ति का लाभ वही हिसाब लगाने वाला धनिक मालिक ले लेता है. तुरंत ही एक नहीं, अनेक जगह-जगह खांडसारी के कारख़ाने लगाने की योजनाएं बन जाती हैं और उन्हें पुरज़ोर लाभ मिलता है.

मनुष्य की दूसरी सबसे बड़ी भारी अनिवार्य आवश्यकता है, कपड़ा. भारत में लगभग चार सौ मिलों में कपड़ा बनता है. मिल में बने हुए हर प्रकार के कपड़े पर उत्पादन शुल्क है. औसतन बारीक कपड़े में क़रीब पच्चीस नए पैसे फी गज़ के हिसाब से यह टैक्स लगाया गया है. अगर इन्हीं करघों को, जो इस समय मिलों में काम कर रहे हैं, वहां से हटाकर अलग-अलग करके ग्रामोद्योग अथवा कुटीर उद्योग के आधार पर चलाया जाए तो फिर इस टैक्स को देने की ज़रूरत नहीं रहेगी. भारत के विभिन्न प्रांतों में सामूहिक रूप से या अलग-अलग चलाए जाने वाले इस तरह के बिजली के करघों की संख्या एक लाख से भी ऊपर है. मिल में जो करघे चलते हैं और मान लीजिए, औसत उत्पादन रोज़ाना 8 घंटे चलाकर 50 गज कपड़ा बनाते हैं तो बिजली चालित करघे क़रीब 40 गज़ ही बना पाते हैं. मान लिया जाए, वे एक लाख करघे मिलों में होते तो आसानी से 10 लाख गज़ कपड़ा रोज़ाना ज़्यादा बुना जाता. उत्पादन की यह क्षति आख़िर तो राष्ट्र को ही उठानी पड़ेगी. कुटीर उद्योग या ग्रामोद्योग के बहाने वे ही मिल मालिक, जिनको मिलों में बुने गए कपड़े पर लगभग पच्चीस नए पैसे प्रति गज़ उत्पादन कर देना पड़ता था, ये करघे चलाते हैं या चलवाते हैं और भारी मुनाफ़ा कमाते हैं. राष्ट्र की हानि होती है. कमाई तो पूंजीपतियों की जेबों में चली ही जाती है, इसमें तो कोई संदेह नहीं.

आज के प्रगतिशील मशीन युग में खांडसारी या हाथ करघों या पावर करघों को प्रोत्साहन के रूप में कर मुक्त रखना इस तरह का क़दम है, जिससे हर व्यक्ति को प्रत्यक्ष प्रलोभन दिखाई देने लगता है कि क्यों तकलीफ़ उठाई जाए, क्यों लाखों रुपये का ख़तरा उठाया जाए, लाखों रुपये ही उत्पादन कर के रूप में सरकार को दिए जाएं? क्यों न छोटे-छोटे कारखाने ही कुटीर उद्योग अथवा ग्रामोद्योग के बहाने से चालू किए जाएं और सरकारी टैक्सों से जान बचाई जाए? लाखों रुपये कमाए जाएं. जहां देश का हित अधिक उत्पादन में है, वहां शासन की यह नीति सीधे तौर पर उत्पादन वृद्धि में रोड़ा अटकाती है. यही हालत लगभग सभी उद्योगों की है. सरकार की इस अधकचरी योजना के फलस्वरूप आज भारत में बेईमानी पर लाभ या काम न करने पर लाभ या प्राकृतिक स्रोतों को बर्बाद करने पर लाभ मिल रहा है. ऐसी हालत में चाहे जितनी पंचवर्षीय योजनाएं बना ली जाएं, राष्ट्र अपने ध्येय को हासिल करने में किस तरह सफल होगा, यह विचारणीय प्रश्न है.

-: 64 :-

समाजवाद का प्रस्तुत स्वरूप

- कांग्रेस द्वारा प्रस्तुत स्वरूप
- एक ग़लत क़दम अगले सौ सालों के लिए घातक
- राष्ट्रीयकरण से जनमत सहमत न हो सका

समाजवाद की स्थापना अत्यावश्यक है. कांग्रेस सरकार ने या पार्टी ने समाजवाद का जो रूप बना रखा हो (संदेह तो इस बात का भी है कि उन्होंने सचमुच कोई रूप बनाया भी है), उसको पूरा करने में जो कार्य करना आवश्यक है, वे क्या दरअसल किए भी जा रहे हैं? भारत में योजना आयोग ने दो पंचवर्षीय योजनाएं राष्ट्र के सामने प्रस्तुत कीं. तीसरी पंचवर्षीय योजना की रूपरेखा भी बन चुकी है. हम सबके सामने बहुत ही जल्द आने वाली है. सीने पर हाथ रखकर, ईमानदारी के साथ, क्या यह कहा जा सकता है कि पिछली दो योजनाओं के फलस्वरूप देश के वित्त-वितरण में कोई समानता आई या समानता का लक्ष्य स्पष्ट हो सका? पूंजीवाद बुरी चीज़ है, इसको निर्मूल करना ही होगा, पर इसको हटाने के लिए जो क़दम उठाए जाने चाहिए, उनमें से क्या एक क़दम भी सही तौर से उठाया गया? यह बात सुनिश्चित है कि सामाजिक अर्थव्यवस्था का पुनरुद्धार करने के लिए अगर समाजशास्त्री कोई भी ग़लत क़दम उठा लेते हैं तो अपने ध्येय की पूर्ति को कई सालों के लिए पीछे की ओर धकेल देते हैं.

उद्योग या व्यवसाय, व्यापार का राष्ट्रीयकरण होना चाहिए, पर अगर यह राष्ट्रीयकरण बिना उचित प्रबंधकों के ही संपन्न कर लिया गया या बिना उचित मुआवज़ा दिए किया गया अथवा जनता के दिल को ठेस पहुंचा कर किया गया या किसी प्रकार के विद्रोह के परिणामस्वरूप हुआ, तो यह सुनिश्चित है कि एकबारगी काम हो ज़रूर जाएगा, लेकिन प्रजा मत साथ नहीं दे पाएगा. जनहित का परम हितैषी कार्य भी जनता की नज़रों में कुछ ही अर्से में हेय बन जाएगा और राष्ट्रीयकरण का असली मक़सद कई वर्षों के लिए रुक जाएगा. जीवन बीमा का उदाहरण काफ़ी ज्वलंत है. जीवन बीमा का राष्ट्रीयकरण हुआ.

यह आवश्यक था, पर चूंकि शासन के पास उचित प्रबंधकों की कमी थी, इसलिए आज पूंजीवादी हित वाले यह प्रचार आराम से कर सकते हैं कि जीवन बीमा में पूरी तरह से भ्रष्टाचार छाया हुआ है. किसी भी नागरिक को अपनी सुरक्षा या परिवार की सार-संभाल के लिए जीवन बीमा कराना हो तो उसे इस तरह झकझोरा जाता है, मानो उसने कोई चोरी कर ली हो अथवा डाका डालने की चेष्टा की हो. आम जनता का यह अभिप्राय बनता जा रहा है कि इस तरह की ज़लालत भुगतने के बजाय जीवन बीमा न कराना ही ठीक है.

जीवन बीमा के धन को किस तरह से काम में लाया जाए, उसे किस तरह व्यवसाय में लगाया जाए, इसकी फ़िक्र में चेयरमैन से लेकर नीचे के जनरल मैनेजर या ब्रांच सहायक तक लगे हुए हैं. कॉरपोरेशन के प्रधान लक्ष्य की पूर्ति में जरा भी सहायक होने का अवकाश उनके पास नहीं है. राष्ट्रीयकरण करके तमाम कंपनियों का एक बड़ा निगम जीवन बीमा निगम बना दिया गया है, जिसका कि सारा प्रबंध ठीक उसी तरह चल रहा है, जिस तरह पहले कंपनियों का चलता था. फ़र्क इतना ही है कि कंपनियों के मालिकों या डायरेक्टरों का व्यक्तिगत हित उन्हें अधिक सावधान और कार्यक्षम बनाता था और वे अपने हितों की रक्षा के लिए ही सही, जीवन बीमा के मूल उद्देश्यों की पूर्ति में प्रयत्नशील रहते थे. जबकि जीवन बीमा निगम के ऑफिसरों का व्यक्तिगत हित तो अब है नहीं, निगम का क्या भला होता है अथवा क्या हानि होती है, सो उनकी बला से. वे क्यों किसी की धौंस सहें? उन्हें मालूम है कि जीवन बीमा कराने के लिए किसी के पास कोई उपाय तो है नहीं. घूम-फिरकर आख़िर जिसे बीमा कराना होगा, उसे वहीं आना पड़ेगा. जोर-शोर से विज्ञापन छपते हैं कि राष्ट्रीयकरण के बाद जीवन बीमा बहुत प्रगति कर रहा है. लोगों का पूंजीवादी शोषण से उद्धार हो गया है, इत्यादि. पर लोगों को यह मालूम है कि ये दावे कितने थोथे हैं. दोष किसी अधिकारी विशेष का नहीं है. दोष इस व्यवस्था का है कि बिना पूरी तैयारी किए राष्ट्रीयकरण कर लिया गया. जहां कहीं भी उचित प्रबंधकों के अभाव में आंख मूंद कर राष्ट्रीयकरण किया गया है, वहां की हालत यही हुई है.

जीवन बीमा कंपनियों के शेयर होल्डरों को जो मुआवज़ा दिया गया, उसकी भी एक अजीब कथा है. अच्छे-अच्छे मैनेजमेंट की कंपनियों को, जो ईमानदारी से काम कर रही थीं, जिनकी पिछले वर्षों की साख थी, जिनका फंड सुरक्षित था, उनको विशेष फायदा नहीं हुआ. मगर जिन कंपनियों का कारोबार बेईमानी के आधार पर चल रहा था, जो जीवन बीमा के फंड के धन का दुरुपयोग कर चुके थे अथवा हज़म कर चुके थे या जिस कंपनी की हालत बिल्कुल बिगड़ चुकी थी, उनको विशेष कष्ट नहीं उठाना पड़ा. गरज यह कि निष्पक्ष जनता के सामने यह उदाहरण प्रस्तुत किया गया कि ईमानदारी से कारोबार करने वाले सदैव घाटे में ही रहते हैं. इसी तरह अब तक भारत सरकार ने जिन व्यापारों अथवा उद्योगों का राष्ट्रीयकरण किया है, उन सबसे लोगों के मन को ठेस ही पहुंची है. उससे जनता के लिए राहत का कोई मार्ग नहीं निकाला गया. स्वाभाविक रूप से जनता का सहयोग हासिल करने में सरकार असफल रही. यहां तक कि एक पूरा तबका ऐसा है, जो कहने लगा है कि अंग्रेजी हुकूमत कहीं अधिक अच्छी थी. उस वक़्त प्रजा

ज़्यादा सुखी थी, बनिस्बत प्रस्तुत भारतीय प्रजातांत्रिक कांग्रेस सरकार की शासन व्यवस्था के. आज जो उत्पीड़न महसूस किया जा रहा है, उससे ऐसा लगता है कि समाजवाद की अर्थव्यवस्था लागू करने में बहुत देर कर दी गई है और अनुभवहीनता की वजह से प्रगति के रास्ते में अधिकाधिक रोड़े अटका दिए गए हैं.

-: 65 :-

विशेषज्ञ की विशेष राय

- डॉ. काल्दर की राय
- उनके सुझावों की अर्द्ध मान्यता
- असफलता

समाजवादी अर्थव्यवस्था को सफलतापूर्वक सिद्ध करने के लिए आज से चार-पांच वर्ष पहले तत्कालीन वित्त मंत्री महोदय ने भारत सरकार की ओर से एक पश्चिमी विद्वान और महान अर्थशास्त्री डॉ. काल्दर को यहां की परिस्थितियों का अध्ययन करने तथा उचित मार्गदर्शन की सलाह देने के लिए बुलाया था. डॉ. काल्दर ने भारत में कई महीने निवास किया. यहां की आर्थिक स्थिति का अध्ययन किया. समाजवादी अर्थव्यवस्था के ध्येय को हासिल करने के लिए उन्होंने कई सुझाव रखे. डॉ. काल्दर ने जो सुझाव रखे, जो मार्गदर्शन दिए, वे दरअसल अध्ययन करने लायक़ हैं. उनके विचारों को भारत सरकार ने एक पुस्तिका में प्रकाशित भी किया है. दुःख इस बात का है कि डॉ. काल्दर के सुझाए गए उन सुझावों में से कुछ सुझावों को सरकार ने मान्य करके बाक़ी के संबंध में, किन्हीं अज्ञात कारणों से, मौन धारण कर लिया. यदि आप किसी ख़ास समस्या के बारे में किसी विशेषज्ञ से सलाह लेते हों और उसकी आधी सलाह मानते हों और आधी को टाल देते हों तो परिणाम निश्चय ही घातक ही होगा.

मान लीजिए, किसी रोगी को दिखाने के लिए आपने किसी विशेष चिकित्सक को बुलाया. उसने आकर बताया कि बीमारी भयंकर तो नहीं है, लेकिन मलेरिया बुख़ार है. कई दिनों तक तो पर्याप्त मात्रा में कुनैन देना चाहिए. मुंह से तथा इंजेक्शन से कई दिनों तक दवा देते रहने से बुख़ार के कीटाणु बिल्कुल मर जाएंगे. पर चूंकि बीमार बहुत कमज़ोर होता है, मलेरिया के जंतुओं और दवा की गर्मी अत्यधिक होने की वजह से यह आवश्यक है कि रोगी को हर तीसरे घंटे एक कप दूध या ग्लूकोज पिलाया जाए. अब यदि परिचर्या करने वाला यह अक़्ल बघारे कि आख़िर बुख़ार की दवा तो कुनैन है. दूध

और ग्लूकोज तो दवा है नहीं. सो इनकी ज़रूरत ही क्या है? यदि कुनैन ही देते रहें, तो निश्चय ही रोगी की हालत सुधरने के बजाय बिगड़ने का ही ज़्यादा अंदेशा है. या मान लीजिए, रोगी का निदान क्षय रोग कर दिया गया. इस रोग के कीटाणु और भी अधिक भयानक होते हैं. पाठ्य पुस्तकों से पता चलता है कि ये जंतु तेज़ाब से भी नहीं मरते. लकड़ी से निकलने वाले एक विशेष प्रकार के तेज़ाब से इन्हें मारा जा सकता है. अन्वेषणकर्ताओं ने बताया कि अगर क्षय रोग का रोगी अमुक मात्रा में क्रीओजोट ले ले तो उस रोग के कीटाणु निश्चय ही मर जाएंगे. पर अनुभवी लोग जानते हैं कि उक्त मात्रा में क्रीओजोट सेवन करने से रोगी किसी भी हालत में बच ही नहीं सकता. न रहेगा रोगी, न रहेगा रोग.

ऐसी दवा या ऐसे इलाज का क्या फ़ायदा? हां, कुछ वर्षों पहले तक क्रीओजोट क्षय रोग के अत्यल्प मात्रा में उपादेय औषधि मानी जाती थी. कोई भी यह दावा नहीं कर सकता था कि उस अत्यल्प मात्रा से रोगी रोगमुक्त हो सकेगा. कुछ लाभ होने की आशा हो सकती थी. अब कोई अनुभवहीन रोगी की परिचर्या करने वाला इस तथ्य को न समझ कर, क्रीओजोट को ही परम हित की वस्तु मानकर रोगी को भारी मात्रा में देता चला जाए, तो परिणाम वही होगा कि न रहेगा रोग, न रहेगा रोगी. भारत सरकार ने भी डॉ. काल्दर की सलाह या राय के साथ कुछ ऐसा ही बर्ताव किया. डॉ. काल्दर ने समाजवादी ध्येय की सिद्धि के लिए कई उपाय बताए, जिनमें संपत्ति कर प्रधान था. साथ ही उन्होंने भावी आर्थिक ख़तरे से सावधान करते हुए यह भी बताया था कि देश की आयकर की दर जो उच्चतम है, वह रुपये में 45 नए पैसे से ज़्यादा न हो और दूसरे भी अनेक सुझाव रखे गए थे. जिन–जिन सुझावों से सरकार को टैक्स की आमदनी बढ़ने वाली थी, वे सब सुझाव वित्त मंत्री ने स्वीकार कर लिए और कार्यान्वित भी कर लिए. पर जहां भी इस प्रकार के सुझाव आए, जिनसे कि प्रजा का सरकार पर विश्वास उठ न जाए, उस सारी व्यवस्था को टाल दिया गया. न वे सुझाव माने गए, न उन पर अमल ही हुआ.

संपत्ति कर एक प्रकार से कैपिटल टैक्स ही है पूंजी कर वास्तव में माया चक्र जैसे ही होते हैं. फिर भी वे हमेशा अव्यवहार्य ही हों, सो बात भी नहीं. संपत्ति कर की दर शत–प्रतिशत करके सरकार चाहे तो किन्हीं व्यक्तियों की सारी संपत्ति को हथिया सकती है. उस टैक्स के एवज में जो भी चीज़ें उनके पास हों, चाहे वह ज़मीन–जायदाद के रूप में हो, चाहे शेयर, सिक्युरिटी के रूप में, चाहे सोने–चांदी या नोटों के रूप में हों, सभी कुछ उसी

शत–प्रतिशत कर के मुद्दे में जमा किया जा सकता है. इस तरह के विधान को राष्ट्रीयकरण न कहकर निर्धनीकरण कहा जा सकता है. इस तरह के क़दम का एक ही उद्देश्य होगा कि किसी की भी संपत्ति सहज रूप से हड़प ली जाए. देश की आर्थिक स्थिति संकटापन्न हो गई है. सरकार अपना क़र्ज़ा चुका सकने में असमर्थ है, अतएव ऐसे भयानक क़दम उठाने पर बाध्य हुई है. इस तरह के विचार के विरुद्ध जो ख़ास आपत्ति है, वह यह कि निजी संपत्ति पर जो हमला होता है, वह एक तरह का डाका है. धीरे–धीरे निजी संपत्ति को जन संपत्ति बना देने का प्रयत्न यह नहीं है.

इस तरह के आक्रमणों से सबसे बड़ा ख़तरा यह है कि लोगों के मन की भावना, जिस सुरक्षा का आश्वासन चाहती है, वह उखड़ जाती है. लोग अपने आपको ख़तरे से घिरा हुआ समझते हैं. जो व्यक्ति अपनी कमाई का कुछ भी हिस्सा बचाने की स्थिति में है, वह बचाने का जरा भी प्रयत्न नहीं करेगा. इस प्रकार की निद्वंद्व अनिश्चितता को ध्यान में रखकर वे जीवन की क्षण भंगुरता को लक्ष्य मान बैठते हैं. वर्तमान में ही जीना है, यह मानने लग जाते हैं. जो आज कर सको, कर लो, कल पर कुछ भी उठा न रखो. जो भी रुपया आपके पास बचता है, ख़र्च कर डालो. पुरानी लोकोक्ति के अनुसार धन की तीन ही गतियां दान, भोग और नाश, लोगों को याद आने लगती हैं. दान का अर्थ वही, बिना श्रम किए दूसरों को दे देना, जिसके बारे में पिछले अध्यायों में काफ़ी विस्तार से लिखा जा चुका है. भोग का मार्ग श्रेयस्कर मानकर लोग मनमाना ख़र्च करने लगते हैं. ऐशो-आराम में फ़िज़ूलख़र्ची बढ़ती है. देश की दौलत का ह्रास शराब और जुए के अड्डों में होने लगता है, क्योंकि वे इस तरह बौखलाए हुए रहते हैं कि यदि अपने मन से ख़र्च करके आत्मा की आनंदाभूति प्राप्त न कर लेंगे तो 100 प्रतिशत संपत्ति सरकार तो हथिया लेगी, इसलिए क्यों न मन की तृप्ति के लिए इस धन का उपभोग ही किया जाए?

अगर किसी शहर में जोरों से प्लेग फैल जाए और असंख्य आदमी रोज़ाना मरने लगें, तो निश्चय ही उस शहर के लोग अपना जीवन हफ्ते या दस दिन से ज़्यादा सुरक्षित नहीं समझेंगे. जिन व्यक्तियों को यह निश्चित मालूम हो जाता है कि हफ्ते-दस दिन में उनका शरीरांत होने वाला है, तो उनका सारा चरित्र निर्माण समाप्त हो जाता है और वे क्या कर बैठें, इसे कोई ठीक-ठीक नहीं बता सकता. निजी संपत्ति पर हमले इसी तरह आर्थिक प्लेग ही है. इससे एक और असर होता है कि संपत्ति कर के रूप में इस प्लेग रूपी मौत ने एक बार घर देख लिया कि सरकारों की यह आदत बन गई कि जब भी अपना कर्जा चुकाने के लिए रुपया आवश्यक हुआ कि इस तरह की डाकेजनी के हमले शुरू हुए. विद्वान डॉ. काल्दर इन सब ख़तरों से पूर्ण रूप से परिचित थे, इसलिए उन्होंने सुरक्षात्मक मूल्यों का सुझाव दिया था. यदि डॉ. काल्दर की रिपोर्ट संपूर्ण रूप से स्वीकार की गई होती, तो आज भारत अपनी समाजवादी अर्थव्यवस्था की योजना सफल बनाने में कहीं ज़्यादा समर्थ सिद्ध हुआ होता. जनता का अधिक सहयोग मिलता. विश्वास और श्रद्धा उठती नहीं और एक के बाद एक उद्योग का राष्ट्रीयकरण प्रजा मत को अपने साथ रखते हुए, आसानी से किया जा सकता.

-: 66 :-

उभय पक्ष

- प्रत्येक वस्तु के अच्छे-बुरे दो पहलू
- शासकीय पूंजीवाद
- समाजवाद के बारे में मिश्रित भ्रम

समाजवादी अर्थव्यवस्था को सफलतापूर्वक कार्यान्वित करने के लिए सरकार द्वारा समान वित्त वितरण के लिए अब तक जिन-जिन उपायों का प्रयोग किया गया, उनमें क्या-क्या कठिनाइयां हैं, उनका स्पष्ट आभास भी हो चुका है. निजी संपत्ति, उद्योग या व्यापार का राष्ट्रीयकरण करके सरकार के पास वितरण करने के लिए समस्त राष्ट्र की आय अब जमा हो जाती है तो सवाल यह उठता है कि क्या उसका उचित रूप से समान वितरण भी समाजवादी तरीक़े से हो सकता है? प्रत्येक अच्छे काम को करने में उसके साथ ही बुराइयां भी रहती हैं. भगवान श्रीकृष्ण ने गीता में कहा है, अमृतं च मृत्युं च सदसचाहमर्जुन.

अर्थात अमृत अथवा मृत्यु दोनों ही मैं स्वयं हूं. कहने का भावार्थ यही है कि एक ही वस्तु के दो नाम हैं. हर अच्छा काम जो अमृत है, वही मृत्यु भी बन जाता है और जो मृत्यु है, वही अमृत बन जाती है. सृष्टि के आदिकाल में जब देवताओं और असुरों ने अमृत की खोज में समुद्र मंथन किया था तो अमृत के पहले हलाहल विष ही निकला था. कथानक चाहे वास्तविक घटना से संबंधित हो, चाहे सिर्फ़ आध्यात्मिक हो, यह बात निश्चित ही है कि अच्छाई या बुराई दोनों के मार्ग एक ही हैं यानी हर अच्छी चीज़ बुरी बन सकती है या हर बुरी चीज़ में अच्छाई भी मौजूद रहती है. पूंजीवादी उद्योगपतियों के अन्याय को सहन न कर सकने पर मज़दूर श्रमिकों ने अपने संगठन या संघ बनाए. वे ही संघ आगे चलकर, उन्हीं बुराइयों को, जो पूंजीवादी करते थे, कहीं ज़्यादा मात्रा में करने लगे. यह ख़तरा हमेशा बना रहता है. पूंजीवाद निश्चय ही भयानक वस्तु है. चाहे वह वैयक्तिक पूंजीपतियों द्वारा संचालित हो या श्रमिक संघों द्वारा. चाहे वह सरकार या शासन द्वारा ही संचालित क्यों न हो. इसकी बुराई या दोष वैसा का वैसा ही बना रहता है.

देखना यह है कि समाजवाद की स्थापना करने के प्रयत्न में, प्रत्येक मनुष्य को पूर्ण स्वतंत्रता, समान अधिकार और समान वित्त वितरण का लक्ष्य बिंदु प्राप्त होता है या नहीं. कहीं हम सरकारी पूंजीवाद तो नहीं बना बैठे. दोनों में प्रत्यक्ष फ़र्क़ बहुत ही कम है. अतएव इस भ्रांति की गुंजाइश रह जाती है कि जिसे समाजवाद समझ बैठे हैं, वह असल में शासकीय पूंजीवाद ही न हो. संसार के इतिहास में ऐसी ग़लतियां होती हैं. महान क्रांतिकारी मार्क्स के अनुयायी श्री लेनिन, जो तत्कालीन रूस की एक महान विभूति सिद्ध हुए थे और जिन्होंने शुद्ध समाजवाद की स्थापना का बीड़ा उठाया था, उनके हाथों भी ऐसी भूल हो चुकी है कि जिस वाद विशेष की पुष्टि के लिए उन्होंने अथक परिश्रम किया, घनघोर उद्यम किया, वह अंत में शासकीय पूंजीवाद के अलावा कुछ भी न रहा. कहने को तो आज भी उसे साम्यवाद के नाम से ही संबोधित किया जाता है, पर वास्तव में वह किस तरह की व्यवस्था है, इसका थोड़ा दिग्दर्शन आगे के स्वतंत्र अध्याय में करना आवश्यक होगा. इस रूसी साम्यवाद का नग्न स्वरूप शासकीय पूंजीवाद ही है.

समाजवाद में या इस शासकीय पूंजीवाद में थोड़ा सा अंतर ही क्यों दिखाई देता है? शासकीय पूंजीवाद और पूंजीवादी तानाशाही, जिसे फासीवाद कहा जाता है, दोनों से ही समाज के वे कुछ लक्ष्य सिद्ध हो जाते हैं, जो समाजवाद के मूल तत्व हैं. जैसे कामगारों के वेतन की वृद्धि, प्रजा की मृत्यु संख्या में कमी, औसत उम्र में वृद्धि, योग्य व्यक्तियों की योग्यता को सही रूप से काम में लाना, अकर्मण्यता अथवा काम के ढीलेपन का निर्दयतापूर्वक दमन करना इत्यादि. पर उपरोक्त वादों का अंतिम परिणाम यही होता है कि वे असमानता के प्रलोभन का शिकार हो जाते हैं, ताकि कोई भी सभ्यता इस असमानता का सामना न कर सके. किसी भी रूप में, किसी भी अवस्था में, कोई उसका बहिष्कार अथवा विरोध न कर सके.

यही वजह है कि अभी तक मैंने जो कुछ लिखा है, उसमें समाजवाद क्या है, इसका आभास देकर, यह प्रश्न अधूरा ही छोड़ दिया है कि समाजवाद का रूप कैसा हो? समाजवाद को सुरक्षित रखने के लिए किस प्रकार की संसद हो? किस तरह की अर्थव्यवस्था हो? पहले जिन पूंजीवादी प्रकारों का ज़िक्र किया जा चुका है, उनके अथवा अन्य किसी प्रकार के पूंजीवादी चक्र में कहीं फंस न जाएं. यदि आज हम भी ग़लती कर बैठे तो समाजवाद के धोखे में रूस या चीन के विषाक्त साम्यवाद को गले लगा बैठेंगे और संभव है, हमारी भारतीय मान्यता, दर्शन, सभ्यता एवं संस्कृति ही समाप्त हो जाए. इन तमाम परिस्थितियों पर तत्वात्मक दृष्टि से अच्छी तरह विचार करने के लिए आवश्यक यह है कि इस नक़ली समाजवाद का पहले अच्छी तरह से अध्ययन कर लिया जाए, ताकि मुग़ालते में किसी भी वाद विशेष को समाजवाद समझ बैठने की भूल न हो जाए.

–: 67 :–

क़ानूनी लूटमार

- क़ानूनी ज़ोर से किसी वर्ग विशेष से धन छीन लेना
- प्राप्त धन दूसरे वर्ग को दे दें
- इससे समस्त राष्ट्र को क्या लाभ

गत महायुद्ध के समय सरकार ने आपात स्थिति की घोषणा कर दी थी और भारत सुरक्षा क़ानून बना दिया था, जिसके अंतर्गत किसी भी संपत्ति को किसी भी समय सरकार बिना मुआवज़ा दिए या नाममात्र का मुआवज़ा या हिस्सा देकर ले सकती थी. उन दिनों के क़ानून अथवा नियमों ने आज भी यहां अपना अड्डा जमाया हुआ है. उस समय की आवश्यकता आज की स्थायी मांग बन बैठी है. संसद में क़ानून पास करके किन्हीं भी व्यक्तियों की संपत्ति हड़प की जा सकती है. प्रजातंत्रात्मक राज्य में प्रत्येक काम जनहित के लिए ही होता है. इसलिए किसी भी वर्ग विशेष की संपत्ति का अपहरण किया जा सकता है. किसी दूसरे के हाथों में उसे सौंपा भी जा सकता है. इसमें राष्ट्रीय हित निहित है, ऐसा उस क़ानून का प्राक्कथन होता है.

क़ानून बनाकर सरकार द्वारा किसी भी श्रेणी के व्यक्तियों की आय को हथिया लेना और उस आय को किसी भी दूसरी श्रेणी के व्यक्तियों में बांट देना कितना सरल होता है, लेकिन इससे समान वित्त वितरण के ध्येय की पूर्ति होना आवश्यक नहीं है. न इसके कारण किसी उद्योग अथवा व्यापार का राष्ट्रीयकरण करना ज़रूरी है. अगर कोई भी श्रेणी या कोई भी व्यापारी वर्ग अथवा किसी भी गुट के लोग किसी प्रकार से संसद में अपना बहुमत कर लें तो उस शक्ति से वे दूसरी किसी भी श्रेणी या किसी भी व्यापारी वर्ग को या किसी भी गुट को लूट सकते हैं, अपने स्वार्थ की सिद्धि के लिए. इस तरह की लूटखसोट वास्तव में अपने स्वार्थ के लिए विशेष रूप से होती है, पर बाना उसे भी यही पहचाना जाता है कि राष्ट्र का हित इसी में समाया हुआ है. लोक कल्याण के लिए यही उत्तमोत्तम मार्ग है. यह काम जनहित के लिए किया जा रहा है.

यदि उदाहरण के लिए माना लिया जाए कि शहर के मकान मालिकों का संसद पर क़ब्ज़ा हो गया तो वे इस तरह के क़ानून बनाने में ही स्वार्थ सिद्धि देखेंगे कि हर शहर की गंदी बस्तियां अनिवार्य तौर पर हटा दी जाएं. सड़कें चौड़ी की जाएं. बगीचे या पार्क लगाए जाएं इत्यादि. देखने में विशुद्ध लोकोपयोगी या जनहित से परिपूर्ण दिखाई देने वाली सुधार योजना आदि की बातें भी होती हैं. जबकि दरअसल उनका हेतु यह होता है कि शहरों में जो उनके मकान हैं, उनका किराया दोगुना या चौगुना हो जाए. उनकी आय कई गुना बढ़ जाए. दूसरा वर्ग जो बड़ी मुश्किल से उन झोपड़ियों में रह रहा है, उनको और भी अधिक कष्ट उठाकर मकानों को किराए पर लेना पड़ेगा. पेट भर खाने के बाद जितना उन लोगों के पास बचता है, उसे उन्हें उसी योजना के लिए अर्पित कर देना होगा. इस तरह सामाजिक सुधार की आड़ में मकान मालिकों की वह सरकार अपना स्वार्थ सिद्ध कर बाकी ग़रीबों की आय को अपनी आय बना डालेगी.

दूसरा एक और उदाहरण

भारत वर्ष में कपड़े की कई मिलें हैं. काफी नुक़सान उठाने के बाद जब मिल के मालिक और अधिक नुक़सान बर्दाश्त करने में अपने आपको असमर्थ पाते हैं, तो मज़दूर संघ के नेतागण (कहा जाता है कि वर्तमान सरकार उन्हीं की है) क़ानून बनाकर वे मिलें अथवा कारख़ाने अपने हाथ नें ले लेते हैं और अपनी पसंद के किसी दूसरे मिल मालिक अथवा मिल मैनेजर से उस मिल को चलवाते हैं. जो मुनाफ़ा होता है, वह सरकार ले लेती है या उन मज़दूरों को अतिरिक्त वेतन में दे दिया जाता है. वही बात हुई. क़ानूनन एक वर्ग (यानी मज़दूर वर्ग) दूसरे वर्ग (यानी मिल मालिक वर्ग) की आय हड़प कर अपनी आय का इंतज़ाम कर बैठा.

इस तरह के एक–दो नहीं, अनेक उदाहरण दिए जा सकते हैं. हर उदाहरण में देश के हित के रक्षण की बात मौजूद है, पर वास्तव में जिस वर्ग का शासन होता है, वह विशुद्ध रुप से अपने वर्ग की स्वार्थ सिद्धि के लिए क़ानून द्वारा दूसरे वर्ग के व्यक्तियों की संपत्ति या आय को हड़प लेता है. जहां तक उद्योग की बदइंतज़ामी का सवाल है, जिसके फलस्वरूप घाटा हो रहा हो, वहां तक यह स्थिति बर्दाश्त भी की जा सकती है या इसे क्षम्य माना जा सकता है. मगर ऐसे वाक़ियात भी बनते हैं, जहां सिर्फ़ बेकारी को रोकने के लिए अनुदान दिया जाता है. अगर किसी पूंजीपति के विशाल कारख़ाने के मज़दूरों को औसत 50 रुपया प्रति मास के हिसाब से मज़दूरी मिलती है और दूसरे कारखाने वालों को 100 रुपया औसत मिलता हो तो मज़दूर वर्ग की हिमायती सरकारें उन मज़दूरों की क्षतिपूर्ति के लिए उस कारख़ाने को इतना अनुदान दे देती हैं कि वे भी 100 रुपये माहवार वेतन अपने मज़दूरों को दे सकें. इस तरह के वृहत अनुदान कई देशों में दिए जाते हैं. इस देश में पिछले तीन–चार वर्षों में ऐसी कई घटनाएं घटित हुई हैं, जहां कि अनुदानों द्वारा वित्त–वितरण की व्यवस्था की गई है.

परिणाम यह होता है कि जब भी संसद में मज़दूर वर्ग का ज़ोर हुआ, वे इन अनुदानों को प्रोत्साहन देंगे ही और जब भी मिल मालिकों का ज़ोर होगा, मज़दूर वर्ग उसका

विरोध कर नहीं पाएंगे. नतीजा यह होगा कि आम जनता के करदाता को इन स्वार्थ जनित तत्वों के आलस्य, प्रमाद और अदूरदर्शिता का दर्द भुगतना पड़ेगा. यानी करदाताओं का रुपया मज़दूर संघ के सदस्यों के पास अथवा मिल मालिकों की जेबों में जाता रहेगा. कुछ भी हो, यह अनुदान वास्तव में एक प्रकार की भिक्षा ही है, जो करदाता चाहे मिल मालिकों को देता हो अथवा मज़दूरों को.

लोग कहते हैं कि ऐसे अनुदान समाजवाद का ही अंग हैं, वे बड़ी भारी भूल करते हैं. यदि उनकी यह बात ठीक है तो फिर यह भी ठीक होगी कि अवध के नवाब वाजिद अली शाह के हज़ारों नाती–पोते जायज़ या नाजायज़, जो आज भी लखनऊ में मौजूद बताए जाते हैं, उन सबको सरकारी वज़ीफ़ा दिया जाना चाहिए और इसे भी समाजवाद का अंग कह दिया जाना चाहिए. उन दिवालियों, पूंजीवादियों अथवा उनके आश्रित मज़दूर वर्ग द्वारा जनता पर की गई यह खुलेआम डाकेजनी है. जो दरअसल में समाजवाद को जानतां–समझता है, वह इन अनुदानों को कभी बर्दाश्त नहीं करेगा. साथ ही उसे यह भी कहना होगा कि इस तरह के अनुदान देकर आलसी पूंजीपतियों को और अधिक धनिक बनाया जा रहा है, जो स्वयं काम नहीं करते और न किसी और को काम करने देना चाहते हैं. ये तमाम बातें सिर्फ़ ख्याली पुलाव ही नहीं हैं, इस तरह की व्यवस्था भी कुछ देशों में रह चुकी है.

अमेरिका का पूंजीवाद इसी आधारशिला पर अवलंबित है. बड़े–बड़े पूंजीपति संस्थान और बड़े–बड़े श्रमिक संघ, संस्थाएं, बड़े–बड़े कारख़ाने या फैक्ट्रियां इस आधुनिक वैज्ञानिक ढंग से चलाई जाती हैं कि देखकर दंग रह जाना पड़ता है. यहां तक कि चुनाव प्रचार में वे सरकार पर अपना क़ब्ज़ा जमा लेते हैं और जो मार्ग वे अपनाते हैं, वह देखने में बिल्कुल समाजवाद का प्रशस्त मार्ग ही दिखाई देता है. लोगों के जीवन स्तर को सुधारने के लिए और प्रत्येक प्रकार की सुधार योजना को कार्यान्वित करने में वे तत्पर हैं, जिन्हें रोकना अथवा जिनका विरोध करना अमानवीय सा ही लगता है. संगठित मज़दूर गंदी बस्तियों में रहने के बजाय साफ़–सुथरे शहरों में अच्छे मकानों में रहते हैं. बड़े–बड़े उद्योगपति जैसे कि हेनरी फोर्ड, लार्ड लिवरह्युम, रॉकफेलर या केडबरी वग़ैरह आम बन जाते हैं, न कि हज़ारों में एक. श्रमिक वर्ग को अपने अधीन मानने की भावना स्वावलंबन की भावना में परिणित हो जाती है. पुरानी चिल्लपों की जगह नए नारे स्थान ग्रहण कर रहे हैं. म्युनिसिपल टैक्स बढ़ाकर स्वास्थ्यप्रद शहर की मांग के बजाय फोर्ड जैसों की यह पुकार कि ज़्यादा वेतन और अत्यधिक मुनाफ़ा हो, आज अधिक महत्व का रूप धारण कर रही है.

मुनाफ़े का यह अनुपात ही सारे उपद्रव की जड़ है. ये मुनाफ़े फिर भी असमान वित्त वितरण की ओर ही ले जाते हैं. चतुर्दिक उन्नति होते हुए भी सही समाजवादी की यह मांग शेष रह ही जाती है कि वित्त वितरण और आय का बंटवारा समान होना चाहिए और इसका नियमन जनता के हाथों में हो. बिना इसके बड़े–बड़े पूंजीपति, संगठित श्रमिक संघों के साथ मिलकर शासन पर अधिकार जमाएंगे और अपने स्वार्थ की पूर्ति में लगे

रहेंगे. वास्तविक समाजवादी का लक्षण ही यह है कि जो निजी संपत्ति है, उसे सार्वजनिक संपत्ति बना दे. जबकि भ्रमपूर्ण समाजवाद की आड़ में, जिसका कि ऊपर ज़िक्र किया जा चुका है, एक वर्ग का धन अथवा उसकी आमदनी छीनकर दूसरे वर्ग को दे दी जाती है. सो भी इसलिए नहीं कि एक पक्ष के पास कम है, इसलिए समान स्तर पर लाने के लिए इस तरह का वितरण किया जाए. इसके मूल में प्रवृत्ति यह है कि अपनी राजनीतिक सत्ता का लाभ उठाते हुए जिनके पास ज़्यादा है, उन्हें और ज़्यादा दिया जा सके.

संसार गतिशील है. कोई वस्तु विशेष किसी एक हालत में अधिक दिनों तक ठहर नहीं सकती. यह प्रकृति का एक नैसर्गिक नियम है. क्या-क्या परिवर्तन हो रहे हैं और होंगे, इसे समझने के लिए पहले भूतकाल के परिवर्तनों के इतिहास को टटोल लेना आवश्यक है. पिछली कुछ ही शताब्दियों में भारत में क्या हो गया? शासन-प्रशासन अथवा राज्य किसी का कभी स्थिर नहीं रहता. जिन चीज़ों को या बातों को आज से दो-तीन सौ वर्ष पहले निर्दयतापूर्ण, घृणित या सामाजिक बहिष्कार की वस्तु माना जाता था, आज अगर उन्हें न किया जाए तो दंडित होना अवश्यंभावी है. सारा ज़माना ही बदल गया है. मैंने स्वयं देखा है कि किसी गांव का ठाकुर या ज़मींदार किसी भी अछूत या नीची जाति वाले श्रमिक को जबरन मज़दूरी के लिए बुला लेता था. ज़रा भी आनाकानी करने पर उसे इस अवज्ञा के लिए दंड भुगतना पड़ता था. कोड़ों की मार पड़ती. अनेक तरह से शारीरिक यातनाएं दी जातीं. ठाकुर अथवा ज़मींदार ही नहीं, वह साहूकार बनिया भी, जो ऊंची दर के ब्याज़ पर रुपया उधार देता था, वह ब्याज़ के अलावा मुफ्त में उनसे मज़दूरी भी करा लेता था. उनके खेतों से फल-फूल अथवा साग-सब्ज़ी किंवा धन उठा लेना वह अपना जन्मसिद्ध अधिकार ही समझता था. ज़मींदार या मकान मालिक अपने किराएदार अथवा ज़मीन पर जोतने-बोने वाले किसान को जब चाहे तब, शीत हो या चिलचिलाती धूप, निकाल बाहर कर सकता था. कभी-कभी इस तरह के दंड देने के कारण बड़े अजीबोग़रीब होते. मसलन, उस चौगान में राजा साहब के मुर्ग़े लड़ाए जाएंगे या उनकी रानी साहिबा जो पर्दानशीन हैं, उधर से सुबह-शाम सैर को निकला करेंगी, जिन पर सूर्य की रोशनी भी नहीं पड़ सकती, फिर मानव दृष्टि की तो बात ही क्या! इस तरह के हज़ारों उदाहरण राजा-महाराजा, ज़मींदार, ठाकुर, सेठ-साहूकारों की पिछली सत्ता के अध्याय में मिल जाएंगे, जिनका अत्याचार आज तो अविश्वसनीय सा ही लगता है. लेकिन एक ज़माना था, जबकि यह सब बिल्कुल सहज स्वाभाविक था. उनकी एकछत्र प्रभुसत्ता में, जो उनके मन में आया, वह अत्याचार-अनाचार अबाध गति से जनता के साथ होता था.

आज भी कुछ लोग ऐसे मौजूद हैं, जो उसी पुरानी पीढ़ी से संबद्ध हैं. ज़माना बदल गया, लेकिन उनका दिमाग़ नहीं बदला. आज भी वे अपने मूलमंत्र को बड़े गौरव से दोहराते हैं, ढोल गंवार शूद्र पशु नारी, ये सब ताड़न के अधिकारी अर्थात इन सबसे ठोक-पीटकर ही काम लिया जा सकता है. बुद्धि अथवा प्रतिभा तो किसी धनिक या ग़रीब की बपौती है नहीं. बुद्धिमान, प्रज्ञावान आदमी धनिक वर्ग अथवा ग़रीब वर्ग में, कहीं भी पैदा हो सकता है. होता है कि जो व्यक्ति अपनी प्रतिभा, बुद्धिमत्ता तथा साहस के साथ देश

के लिए कुछ करता है, वह चाहे किसी भी श्रेणी का व्यक्ति क्यों न हो, इतिहास बदलने का श्रेय उसे ही प्राप्त होता है. वे ही नायक बनने के अधिकारी भी हैं. सामाजिक चिंतन अथवा व्यवस्था में ये परिवर्तन कालक्रम से आते गए. हमारे देश के विचारों में क्रांतिकारी परिवर्तन का बहुत कुछ श्रेय महात्मा गांधी के नेतृत्व को है, जिनकी निर्भीकता ने समाज का सारा ढांचा ही बदल दिया. अछूतों को आज कोई अस्पृश्य मान ही नहीं सकता. भारत के संविधान में मानव हक़ों का स्पष्ट उल्लेख है और हर बालिग़ भारतीय को समान मताधिकार हासिल है. आज चाहे महाराजा बीकानेर हों अथवा जूता गांठने वाला एक साधारण मोची, जब चुनाव का समय आता है, दोनों की हैसियत लगभग समान है. संदेह नहीं कि इस सामाजिक समानता का बोध कराने का श्रेय कांग्रेस को है, लेकिन आर्थिक समानता का उद्देश्य संभवतः इस संस्था का रहा ही नहीं. काश, यदि गांधी जी ज़िंदा होते तो शायद समाज की इस विषमता की भी कोई औषधि बताते. सरकार ने समाजवादी अर्थव्यवस्था के ध्येय की जो घोषणा की है, उस व्यवस्था की रूपरेखा क्या है, वह किस तरह का समाजवाद होगा, इस संबंध में औसत भारतवासी अज्ञानांधकार में ही हैं.

-: 68 :-

प्रगति चक्र की रफ्तार

- पूंजीवाद की तीव्र गतिशीलता
- राष्ट्रीम पूंजी के संचालक
- लोकमत

पूंजीवाद में क्रिया है, गति है. क्रियाशील या गतिशील मनुष्य ही प्रगति कर सकता है. जड़–स्थिति अथवा स्थिरता तो मृत्यु की ही द्योतक है. पूंजीवादी युग का यह सबसे बड़ा गुण है कि वह तमाम क्रियाओं को गति प्रदान करता है. गति में ही आनंद है. मनुष्य सदा परिवर्तन चाहता है. एक ही तरह के जीवन से वह जल्दी ही ऊब जाता है. परिवर्तन का रुख चाहे जिस ओर हो, फिर भी परिवर्तन की आकांक्षा मनुष्य की प्राकृतिक उत्कंठा है. इसलिए कि इस क्रियाशीलता में मनुष्य सुखानुभूति महसूस करता है. जब भी आप पहली बार किसी बैलगाड़ी या घोड़ा–गाड़ी में बैठें, जब आप, आपके बच्चे उसमें सवार थे, आपको याद होगा कि उस समय आप किस किस्म का आनंद महसूस कर रहे थे. पूंजीवाद की महती कृपा से गति तेज हुई. मोटर, रेलगाड़ी और अब वायुयानों की सवारी का मौक़ा आ गया. इन गतियों की आनंदानुभूति ने ही गति की होड़ सी लगा दी है. यदि किसी एक देश ने 600 मील प्रति घंटा चलने वाला वायुयान बनाया, तो दूसरा देश कोशिश कर रहा है कि उसका वायुयान 800 मील प्रति घंटा चले.

गति को जब चाहे मध्यम किया जा सके, जब चाहे रोका जा सके या स्वेच्छा से उसे कम–बेशी कर सके. यह नियंत्रण यदि अपने हाथ में हो, तब तक यह गति आनंददायक है, पर जब गति तेज होते–होते इस हद तक पहुंच जाए कि उसे संभालना मुश्किल हो जाए तो दुर्घटना अवश्यंभावी है. यही हालत पूंजीवादी अर्थव्यवस्था की है. इसकी चाल मर्यादा में न रहे, यदि नियंत्रण से बाहर चली जाए तो अंततोगत्वा भीषण टक्कर होगी ही. इस अर्थव्यवस्था रूपी मोटर–गाड़ी को चलाने वाले चाहे राजा–महाराजा हों, तानाशाह सम्राट हों, जनता के चुने हुए नेता या प्रतिनिधिगण हों, मज़दूरों के, श्रमिक संघों द्वारा

संचालित व्यक्ति हों या सोवियत रूस द्वारा संचालित साम्यवादी वर्ग के लोग हों, इसकी चाल को कोई मर्यादा में नहीं रख सकता. इस पर पूरा नियंत्रण नहीं रख सकता, इसकी गति तेज़ होती ही जाती है, साथ ही पूंजी का उद्दाम चक्र भी इसी तरह तेज़ी से गति पकड़ता रहता है. जब–जब चालक बदलता है, वह इस आत्मविश्वास के साथ स्टेयरिंग हाथ में लेता है, मानो इस चाल पर वह क़ाबू पा ही लेगा, पर अंत में उसका भी वही हाल होता है. धन्य हैं वे लोग, जिन्होंने कभी इस ओर ध्यान ही नहीं दिया. यह अज्ञान ही संभवतः ईश्वरीय अनुग्रह है. असली ख़तरे को जानने वाला आदमी कभी किसी रेलवे के फाटक का पहरेदार नहीं बन सकता. वहां तो अर्द्ध शिक्षित आदमी ही, जो ख़तरे से अनभिज्ञ है, पहरेदारी का काम अच्छी तरह से कर सकता है.

इस पूंजीवादी अर्थव्यवस्था की गाड़ी किस रफ्तार से, किन लोगों द्वारा विभिन्न देशों में चलाई जा रही है, यह जानने वाले अथवा जानने की फ़िक्र करने वाले भी संसार में बहुत ही कम हैं. पांच–पचास विशेष पढ़े–लिखे विद्वान हैं भी तो, उनकी पुस्तक को कोई पढ़ता नहीं, उनकी बात पर कोई ध्यान देता नहीं अथवा उन्हें खब्ती समझ कर छोड़ दिया जाता है. भारत के मतदाताओं में तो 100 आदमियों में से संभवतः एक आदमी भी शायद ही कुछ जानता हो. वे तो कोउ नृप होय हमें का हानि के अनुसार निश्चिंत हो जाते हैं. शासक वर्ग इस भ्रम में हैं कि वे 5 रुपये को 100 रुपया माने बैठे हैं. मतदाताओं को इतना भी भान नहीं. बहुतों को पूंजी के संबंध में इतना ही मालूम है, जितना किसी भेड़ को किसी ऊन की मिल के बारे में. यद्यपि यह निर्विवाद सत्य है कि उस ऊनी मिल में उसी भेड़ की ऊन निकाली जाती है. सो, शासक वर्ग और शोषित प्रजा में एक ख़ास फ़र्क़ है. हमारे शासक यह भले न जानते हों कि शासन किस तरह से किया जाना चाहिए, पर यह उन्हें अवश्य मालूम है कि शासन होना ज़रूर चाहिए. मतदाता समझता है कि शासन व्यर्थ ही हमारी वैयक्तिक स्वतंत्रता में बाधा डालता है. करों के संबंध में उन्हें इतना ही मालूम है कि यह शासन वर्ग के अधिकारियों द्वारा अत्याचारपूर्ण डकैती है. पुराने ज़माने में शासक वर्ग की यह हालत होती तो कोई बात नहीं थी, क्योंकि उनके लिए किसी के मत की आवश्यकता नहीं थी. नवाबों या राजा–महाराजाओं के राज्यकाल में और उसके बाद अंग्रेजी हुकूमत में भी आम जनता को कह दिया जाता था कि राज्य के कामकाज में दख़लंदाज़ी न की जाए और न अपनी कोई राय ही ज़ाहिर की जाए. इसके विरुद्ध यदि कोई नागरिक हिम्मत करके कुछ कहता भी तो उसे गिरफ्तार कर लिया जाता और उसे जेल में ठूंस दिया जाता. जनता ने इस तरह के दमन के विरुद्ध आंदोलन किया. राजनीतिक जागृति देश में आई और अंत में विदेशी हुकूमत को यहां से हट जाना पड़ा.

प्रजा की राय से भारत में प्रजातंत्र राज्य का श्रीगणेश हुआ. यद्यपि ऐसे लोगों की कमी नहीं है, जो कहते हैं कि ये बालिग़ मताधिकार और चुनाव कोई मानी नहीं रखते. दरिद्रता से त्रस्त और राजनीतिक ज्ञान अथवा शिक्षा से बिल्कुल अनभिज्ञ अनपढ़ लोग वोट देना क्या जानें. उन्हें मत देने का अधिकार तब तक नहीं होना चाहिए, जब तक वे राजनीतिक वातावरण से पूरी तरह अवगत न हो जाएं या भले–बुरे को पहचानने लायक शिक्षा सामर्थ्य उन्हें हासिल न हो जाए. भारत के पड़ोसी देश पाकिस्तान के भूतपूर्व प्रधान

श्री सिकंदर मिर्ज़ा ने तो खुलेआम कहा था कि इस तरह के नागरिकों को मताधिकार देना तो गाय-भैंस या अन्य मवेशियों को मताधिकार देने के बराबर है. जो हो, यह बात सही है कि ऐसी स्थिति संसार के कई देशों में पैदा हुई है. संसद में चुने गए कुछ व्यक्तियों ने यह राय कायम की है कि संसदीय पद्धति की यह सरकार उपादेय नहीं. इसके बदले किसी मजबूत, ताकतवर व्यक्तियों की सरकार बने. बहुमत इस मत में या किसी भी मत में शामिल नहीं था, क्योंकि बहुमत का कोई राजनीतिक मत होता ही नहीं. उन व्यक्तियों के अधिकार में पर्याप्त धन हो, घूसख़ोरी, भ्रष्टाचार का जोर रहे, इत्यादि. प्रजातंत्र के समर्थकों को जब इस बदइंतज़ामी का आभास हुआ तो उन्होंने अनुशासन के लिए चीख-पुकार की. परिणामस्वरूप संसद भंग करके इटली में मुसोलिनी, जर्मनी में हिटलर, स्पेन में फ्रेंको या पाकिस्तान में अयूब ख़ां की सरकारें बनीं.

रूस में कुछ अल्पसंख्यक लोगों के गुट ने मार्क्सवाद को केंद्र बिंदु बनाकर मज़दूर या किसान समुदाय को बहका कर नए वाद की सरकार स्थापित की. इसी तरह शासन करने में अपने आपको असमर्थ पाकर, अपनी ही चुनी हुई संसद भंग कर दी जाती है और किसी तानाशाह जैसे, मुसोलिनी, हिटलर इत्यादि को अपना रक्षक या उद्धारक समझ कर उसे समस्त सत्ता से विभूषित करके, अराजकता से बचने के लिए उसकी आराधना करना आरंभ कर दिया जाता है. अच्छे शासन की खोज में दौड़-धूप करते हुए कभी-कभी अपनी परम प्रिय वस्तु आज़ादी तक का बलिदान कर दिया जाता है. इस प्रकार सरकारों द्वारा मानव स्वतंत्रता कहां तक उत्पीड़ित होती है, यह विषय विचारणीय है.

-: 69 :-

छंदबद्ध स्वतंत्रता

- संपूर्ण स्वतंत्रता असंभव
- राजनीतिक स्वतंत्रता के बाद आर्थिक स्वतंत्रता

जब स्वतंत्रता के बारे में विचार करते हैं तो लगता है कि मनुष्य पूरी तरह स्वतंत्र तो कभी हो ही नहीं सकता. पूर्ण स्वतंत्रता तो अंत में उच्छृंखलता में परिणत हो जाती है और यह विनाशकारी है. मृत्यु है. आज आपको, हमको अथवा किसी को किसी की दासता भले न करनी पड़े, पर प्रकृति के कुछ नियम हम पर लागू हैं, जिससे हम अपने आपको पूर्ण स्वतंत्र कभी नहीं कह सकते. प्राचीन साहित्य में मनुष्य की स्वतंत्रता का विषद वर्णन है. जब यहां छंद शब्द प्रयुक्त हुआ था, उस वक़्त मानव समाज को चार वर्णों या श्रेणियों में विभक्त किया गया था. हर श्रेणी को अमुक छंद में रहना पड़ता था. अर्थात सीमा की मर्यादा में रहने का नियम था. इसे परतंत्रता भी कहा जा सकता है. कहने के लिए ब्राह्मणों का गायत्री छंद था, क्षत्रियों का अनुष्टुप छंद था, वैश्यों का जगति छंद था. ये किस रूप में कार्यरूप में बरते जाते थे. भौतिक रूप से दैनिक जीवन में इनका क्या स्थान था, यह विषय काफी गहन, गंभीर और विस्तृत है. कहना यही है कि मनुष्य छंदबद्ध थे. पशु ही स्वच्छंद थे, यानी पशुओं को ही पूरी आज़ादी थी. आगे चलकर मानव बुद्धि ने पशुओं को ही दास बनाकर अपने आधीन कर लिया, यह अलग बात है, पर ईश्वर ने सृष्टि रचना में पशुओं को स्वच्छंद शायद बनाया भी हो, लेकिन मनुष्य को नहीं.

प्रात:काल से लेकर दिन भर के कार्यक्रम पर नज़र डाल लीजिए. कुछ नियमों के अंतर्गत आप अहोरात्र बंधे हुए हैं. मसलन सुबह 6 बजे, 8 बजे अथवा 10 बजे आपको बिस्तर छोड़कर उठना ही पड़ता है. आप स्वतंत्र नहीं हैं. दैनिक क्रियाओं से निवृत्त होने का उत्तरदायित्व प्रकृति ने आपके ऊपर लगा रखा है. भूख की निवृत्ति करने के लिए भोजन आवश्यक है. इसलिए उसके लिए वस्तु अथवा वस्तुएं जुटानी ही पड़ती हैं. आग सुलगा

कर खाद्य पदार्थ पकाना होता है आदि, अनेक कर्म आपको करने ही हैं. फिर कहां हैं आप स्वतंत्र! कहने का तात्पर्य यही है कि मनुष्य जन्मजात ही परतंत्र है. फ़र्क सिर्फ़ इतना ही है कि जहां प्रकृति का नियंत्रण किसी को अखरता नहीं, वहां दूसरे आदमी का या मानव समुदाय का आधिपत्य मनुष्य का हृदय या दिमाग सहज ही स्वीकार करने को तैयार नहीं.

स्वभावत: मनुष्य स्वतंत्रता का उपासक है. ज़्यादा से ज़्यादा समय वह अपने मन की रुचि के अनुसार काम करने का अभिलाषी है. इसलिए तो जहां समाजवाद समान वित्त वितरण पर जोर देता है, वहां इस बात का भी हिमायती है कि अवकाश का भी समान रूप से वितरण हो. इस संबंध में वाद-विवाद काफ़ी है. फुरसत या अवकाश शारीरिक परिश्रम पर ही अवलंबित नहीं है. आदमी के काम-काम में फ़र्क़ है और यह फ़र्क़ हमेशा ही रहेगा. रसायनशास्त्र का विशेषज्ञ डॉक्टर, जो नई-नई दवाइयों का अनुसंधान कर रहा हो, अपनी प्रयोगशाला में बैठा कुछ सोच रहा है, घंटों सोच रहा है. बहुत से लोग कहेंगे, वह बिल्कुल निठल्ला बैठा है, उसे फुरसत ही फुरसत है. उसके पास काम ही क्या है? जबकि फैक्ट्री में काम करने वाला श्रमिक आठ घंटे रोज़ाना कड़ी मेहनत करके पसीना बहाता है. अगर फुरसत का यही अर्थ लगाया जाए तो मनुष्य मनुष्य न रहकर मशीन बन जाएगा. जिस तरह से एक मशीन को निश्चित समय तक चलाया जा सकता है और बाद में उसे विश्राम देना आवश्यक होता है, उसी तरह यह मानव भी मशीन बन जाएगा. इस तरह की विचारधारा में मेधा, बुद्धि या प्रतिभा के विकास का अवसर रहेगा ही नहीं. समाजवाद की यह मंशा कभी नहीं रही कि देश की प्रतिभा का विकास न होने पाए या मेधा शक्ति का हनन हो. मेधावी या प्रतिभावान व्यक्तियों के लिए उनके कार्यक्षेत्र का एवं उनके अवकाश-आराम का समुचित प्रबंध अनुपात से होना आवश्यक है, ताकि संतुलन बिगड़ने न पाए. यही तो दरअसल में समाजवाद का मूल ध्येय है.

भारत के आज़ाद हो जाने के बाद राजनीतिक स्वतंत्रता का प्रश्न नहीं रहा. जब अंग्रेजों का शासन था या अन्य किसी विदेशी हुकूमत का कंट्रोल भारतीय प्रजा पर था, तब दासता या गुलामी का अनुभव हो रहा था. उस वक़्त मनुष्य की व्यक्तिगत स्वतंत्रता का विचार करने का प्रश्न ही नहीं उठता था. जब सारा राष्ट्र ही परतंत्रता की बेड़ियों में जकड़ा हुआ हो तो व्यक्तिगत स्वतंत्रता का सवाल ही नहीं उठता. आज, जबकि विदेशी शासन से छुटकारा मिल चुका है, भारतीय प्रजा का हर व्यक्ति पूरी तरह आज़ाद है और संविधान द्वारा दी गई पूर्ण स्वतंत्रता है, तब विचार यह करना है कि सबसे बड़ी पराधीनता, आर्थिक पराधीनता से किस तरह छुटकारा पाया जाए? समाजवादी अर्थव्यवस्था का प्रधान उद्देश्य भी यही है कि हर भारतीय को आर्थिक पराधीनता से छुटकारा दिलाया जाए. अस्तु. संप्रति पूंजीवादी अर्थव्यवस्था में कई लोगों को सारे दिन फुर्सत ही फुर्सत है. बिना कुछ किए-कराए लाखों रुपये की आय बनी रहती है. जबकि कई लोगों को दिन भर घनघोर परिश्रम करने पर भी अपने या अपने परिवार के लिए पेट भर खाना जुटाना भी मुश्किल होता है. किसको कितना मिलना चाहिए, किस तरह आर्थिक

बंटवारा हो, इस संबंध में अब तक हम लोग काफ़ी विचार विमर्श कर चुके, अब किसे कितनी आज़ादी मिले, किसे कितना अवकाश या फुरसत मिले, प्रश्न यह है.

आज के प्रगतिशील युग को मशीनी युग कहा जा सकता है. नई-नई मशीनों का आविष्कार हो रहा है. परिणामस्वरूप मनुष्य का विश्राम या अवकाश का समय भी बढ़ रहा है, लेकिन समस्या यह है कि उस फालतू समय का उचित वितरण नहीं हो रहा है. यहां वही परिस्थिति है कि आविष्कार जनित समय की इस बचत का लाभ एक श्रेणी को विशेष रूप से मिलता है, जिन्हें कि शायद अवकाश की ज़रूरत ही नहीं है. कारखानों अथवा फैक्ट्रियों में 8 घंटे प्रतिदिन काम करने का समय निर्धारित है. मज़दूर संघों की मांग है कि रोज़ाना काम करने के लिए 7 घंटे नियत होने चाहिए. साल में एक महीने की छुट्टी हर श्रमिक को मिलनी चाहिए, इत्यादि. फैक्ट्री, कारख़ाने आदि उद्योग-धंधों में काम करने वाले श्रमिकों को जाने दीजिए. उनके काम करने के घंटे घटाकर चार घंटे रोजाना भी किए जा सकते हैं, पर बाक़ी जितने काम करने वाले हैं, उनके लिए क्या किया जाए? बहुत से पेशे ऐसे हैं, जिनका काम इस तरह से दिनपाली या रातपाली को कुछ निश्चित घंटों का नहीं है. वह तो अहर्निश होता ही रहता है. मान लीजिए, एक डॉक्टर या कैमिस्ट है. वह नई दवाओं का अन्वेषण करने में लगा हुआ है. यह उसका दिमागी काम है. वह रात में सोते हुए भी उस बारे में सोचता रहता है. एक डॉक्टर अथवा नर्स किसी रोगी की परिचर्या या चिकित्सा में संलग्न है, उस रोग के संबंध में वे अधिकाधिक जानकारी अथवा कारगर उपाय ढूंढ निकालना चाहते हैं. अगर वे भी अपने काम के निश्चित घंटे पूरे करके, दूसरों के ज़िम्मे काम छोड़ दें, तो उनका काम कोई भी नहीं संभाल सकेगा.

एक खगोलशास्त्री या ज्योतिषी है, जो ग्रहों अथवा नक्षत्रों की चाल का या गणित से उनकी भूमंडल से दूरी का हिसाब लगाता रहता है, उसके काम करने के समय का नियमन किस तरह से किया जा सकता है. एक मंत्री है, जिसे देश के हर कोने में होने वाली प्रत्येक घटना, दुर्घटना, कहां दुर्भिक्ष पड़ा या कहां अंतर्विग्रह हुआ, कहां किस तरह का उपद्रव हुआ, ये तमाम ख़बरें प्रत्येक घड़ी, प्रत्येक मिनट ख्याल में रखनी होती हैं, उसे भी काम करने के नियमित घंटों में बांधा नहीं जा सकता. इसी तरह जितने भी तत्वान्वेषक हुए हैं, वे सब इतने ज़्यादा श्रमशील होते हैं कि रात-दिन वे कठिन कार्य में संलग्न रहते हैं और जब तक उनकी इहलीला समाप्त न हो जाए, इसी तरह लगे ही रहते हैं.

हज़ारों वर्ष पहले ब्रह्म को जानने के लिए ईश्वर या सृष्टि का रूप निरूपण करने के लिए, सांगोपांग अध्ययन करने के लिए, तत्कालीन ऋषियों ने सैकड़ों वर्षों तक घोर तप किया. यानी कठिन परिश्रम किया, रात-दिन काम ही करते रहे. आधुनिक युग में भी, जो तत्वान्वेषक हैं, वे इतना अधिक काम करते हैं कि उन्हें समय का बोध ही नहीं रहता. ऑफिस या फैक्ट्री-कारख़ानों में काम करने वाले, हाथ से काम करने वाले श्रमिकों के काम करने की अवधि भले आप पांच या चार घंटे कर लें, पर एक डॉक्टर की, एक वकील की, एक बैरिस्टर की, एक लेखक की और इसी तरह केअनेक दिमाग़ी काम करने

वालों की श्रेणियों के काम करने का समय निर्धारित करना संभव नहीं है. हां, साल में 8–9 महीने कठिन परिश्रम करके 3–4 महीने विश्राम करें, यह संभव है और होता भी है कि जितने व्यक्ति इस तरह के अध्ययवसायी हैं, उन्हें इसी तरह अवकाश ग्रहण करना पड़ता है.

इसके अतिरिक्त जो रोज़मर्रा का काम है, उसमें और नवीन आविष्कार के काम में या रचनात्मक मौलिक काम में बड़ा अंतर है. जब आप यह सुनें कि अमुक आदमी ने गत तीस वर्षों में 16 घंटे प्रतिदिन काम करके, अपने ख़ून–पसीने की कमाई से यह हासिल किया तो उसका यह अर्थ कभी मत लगाइए कि उसने कोई महान कार्य कर डाला. वास्तव में आप यह सोच सकते हैं कि वह व्यक्ति कोई महान कार्य कर सकने में समर्थ ही नहीं है. असल में कोई भी नवीन काम, जो पहले किया न जा चुका हो, वह शायद कर ही नहीं सके. वह मौलिक रूप से कभी सोच ही नहीं सकता. ऐसे ही आदमियों से अगर आपको दिलचस्पी है तो भारत में उनकी कमी नहीं है. किसी गांव में चले जाइए, बड़े–बूढ़े मिल ही जाएंगे. शाम को चौपाल में बैठकर विगत जीवन की डींग भरी उनकी रोचक दास्तान आराम से सुनी जा सकती है. कितने ही विशाल अथवा महान इतिहास का वे उल्लेख करें, आपको थोड़ी देर में सहज ही मालूम हो जाएगा कि उन्होंने सिर्फ़ उसी क्षेत्र में काम किया है, जिनमें इनके पूर्वजों ने या इनके समकक्ष के लोगों ने किया था. कोई नवीन कार्य करने के क़ाबिल वे हैं ही नहीं.

कहने का मतलब यही है कि काम–काम में फ़र्क़ है. एक बहीखाता लिखने वाला आठ घंटे तक काम करता है, थकता नहीं. पर एकाउंटेंट अथवा हिसाब का निरीक्षण करने वाला तीन घंटे से ज़्यादा वही काम नहीं कर सकता. एक हाथ से लिखने का अभ्यस्त व्यक्ति दिन में 6 घंटे तक लेखन का कार्य बख़ूबी कर लेता है, पर एक टाइपिस्ट यदि वही लेखन का कार्य करे तो 3 घंटे में थक कर चूर हो जाएगा. इसी तरह विभिन्न कामों को देखते हुए तमाम व्यक्तियों के काम का पैमाना समय से मापा नहीं जा सकेगा. यदि ऐसा करें तो, वह असंगत होगा. फिर क्या करना होगा? सब काम करने वालों को आप समान अवकाश अथवा विश्रांति दे सकेंगे? यह बात ध्यान में रखने लायक़ है कि थकान दूर करने के लिए जो विश्राम या आराम के घंटे, काम करने के समय से भी ज़्यादा कष्टप्रद है.

सारांश में, प्रकृति द्वारा मनुष्य को पूर्ण स्वतंत्रता तो मिल ही नहीं सकती. पर कार्यरूप में, वास्तविकता में, जो प्रश्न प्रस्तुत हैं, वे हैं 1–कितनी फुर्सत या अवकाश हम अपने आपको दे सकते हैं, 2–और अवकाश के समय हम जो चाहते हैं, उसे कर सकने में हम कहां तक स्वतंत्र हैं? उदाहरण के लिए क्या हम शहर के बाहर वाले जंगल में जाकर लोमड़ियों का शिकार कर सकते हैं? अपने में से ही कई कहेंगे नहीं. कारण, शहर के इतने नज़दीक गोली चलाने से किसी को चोट लग सकती है, कम से कम ऐसी संभावना अवश्य है या फिर लोमड़ी मारना जीव हिंसा है, इत्यादि. इसी तरह की जनता की राय पर आधारित क़ानून बन जाएगा कि शहर के पास अमुक–अमुक क्षेत्रों में शिकार करना या कहीं भी शिकार करना अवैध है, अपराध है.

क्या हम एकादशी के दिन प्रातःकाल फुटबॉल खेल सकते हैं? आज से हज़ारों वर्ष पहले महाराज अंबरीष के राज्य में यह अपराध था कि कोई भी व्यक्ति एकादशी के दिन सुबह मंदिर में न जाए और हरि कीर्तन में भाग न ले. अंग्रेजों के राज्य के बाद रविवार को गिरजाघर जाने के लिए छुट्टी रख दी गई. शुरू में कठिन नियम थे कि रविवार को आप बाहर कोई काम नहीं कर सकते. अनेक ऐसे उदाहरण हैं, जिनसे मनुष्य की व्यक्तिगत स्वतंत्रता पर अपनी फुर्सत के समय स्वेच्छा से कर सकने वाले कामों पर भी प्रतिबंध है. कई ऐसी भी चीज़ें हैं, जिन्हें करने के लिए हम बिल्कुल आज़ाद थे, लेकिन अब नहीं कर सकते. पहले पति अपनी पत्नी को व्यक्तिगत संपत्ति समझता था, चाहे जो किया जाए, उसे बोलने का कोई अधिकार नहीं था. पांडव जुए में द्रौपदी को हार गए, उसे बरबस दुर्योधन की दासी बनना पड़ा. आज कोई भी पति चाहे कितना ही दुष्ट या नीच क्यों न हो, ऐसी हरकत अव्वल तो कर ही नहीं सकता और करे भी तो क़ानून द्वारा दंडित होता है. उसकी पत्नी की रक्षा क़ानून करता है. बच्चों को भी माता–पिता अपनी निजी संपत्ति समझते थे. अपने स्वार्थ–साधन के लिए कुछ दुष्ट माता–पिता अपने बच्चों को अंग–भंग करके भिक्षार्जन का कौशल सिखा देते थे. लेकिन, आज कोई भी माता–पिता अपने बच्चों को किसी भी अवैध काम करने के लिए बाध्य नहीं कर सकते. अगर ऐसा करने का प्रयत्न भी करते हैं तो क़ानून द्वारा दंडित हो सकते हैं.

फुर्सत के समय अपने मनपसंद के काम कर सकें, इस बारे में भी कुछ निश्चित मर्यादाएं हैं. सड़क पर दिगंबर होकर आप नहीं घूम सकते. सड़क पर मोटर या गाड़ी मनमाने तरीक़े से चला या खड़ी नहीं कर सकते. हिंसक पशुओं का शिकार भी नहीं कर सकते. बिना इजाज़त प्राप्त किए सड़क पर बैंडबाजा नहीं बजा सकते. हर किसी नदी, नाले या तालाब अथवा कुएं पर साबुन से कपड़े नहीं धो सकते. अधिक उदाहरण हो सकते हैं, लेकिन इतने ही काफ़ी होंगे. कहना यह है कि बिना अवकाश या फुर्सत के स्वतंत्रता नहीं है और बिना क़ानून के कोई अवकाश या फुर्सत नहीं है. यदि हर नागरिक को फुर्सत के समय अपनी मर्ज़ी के अनुसार काम करने दिया जाए तो निश्चय ही उनमें से अधिकांश जेलख़ानों में होंगे, क्योंकि स्वेच्छा से वे कोई भी ऐसा काम नहीं कर सकते, जो समाज को या दूसरे व्यक्तियों को अप्रिय अथवा अहितकर लगे. आप अपनी सनक के अनुसार ऐसा कोई काम भी नहीं कर सकते, जिससे किसी दूसरे व्यक्ति को प्रत्यक्ष अथवा अप्रत्यक्ष रूप से नुक़सान होता हो अथवा किसी को किसी तरह की आपत्ति हो. मतलब यह कि आप सिर्फ़ वही काम कर सकते हैं, जो लोग करते आए हैं. समाज द्वारा जो ग्राह्य हो, जिससे दूसरों की स्वतंत्रता में किसी प्रकार की बाधा न पहुंचती हो.

आपके हाथ में छाता या छड़ी है. आप बिल्कुल स्वतंत्र हैं, रास्ता चलते हुए उसे घुमाते हुए चलें, पर दूसरे राहगीरों को भी राह में बिना किसी प्रकार की रुकावट या ख़तरे के चलने की स्वतंत्रता है. यदि आपका छाता या छड़ी घुमाते रहने से, रास्ता चलते किसी और व्यक्ति के ख़तरे का अंदेशा भी हो तो उसका मतलब यह होगा कि आपकी स्वतंत्रता किसी दूसरे की आज़ादी में बाधा डालती है. लिहाज़ा ऐसा कोई काम आप स्वेच्छा से नहीं कर सकते.

राज्य शासन की मनाही का विरोध करना भी एक स्वभाव है. आपने देखा होगा कि जहां–जहां सड़कों पर लिखा होता है, यहां थूकना मना है, वहीं लोग जानबूझ कर थूकते हैं. जहां कचरा फेंकने का निषेध होगा, वहीं लोग जाकर कचरे का ढेर लगा देंगे. मनाही के ये हुक्म अत्याचारपूर्ण न हो जाएं, इसलिए इनके विरोध करने की भावनाओं को भी जीवित रखना ज़रूरी है. जो हो, जब लोग स्वतंत्रता अथवा उसकी वास्तविक सीमा का समुचित रूप से जाने–समझे बिना विरोध करने लगते हैं और समाजवाद या अन्य किसी प्रकार के समाज सुधार को दासता या गुलामी का फ़तवा देने लगते हैं तो बात हास्यास्पद हो जाती है. प्रश्न यह उठता है कि कोई किसी के मुंह पर थप्पड़ या घूंसा न मार दे, इसलिए तमाम लोगों के हाथों में क्या हथकड़ियां पहना दी जाएं.

-: 70 :-

औद्योगिक नियंत्रण और राजनीतिक सत्ता

- साधारण विशिष्टता का मूल्यांकन
- सत्ता तथा नेतृत्व की भूमिका

स्वतंत्रता और उसकी नैसर्गिक सीमा पर विचार कर चुकने के बाद प्रश्न यह रह जाता है कि मनुष्य की योग्यता में, बुद्धिमत्ता में जो फ़र्क़ है, जिसकी वजह से समाजवाद का, समान वित्त वितरण या समान अवकाश वितरण कहीं मज़ाक न बन जाए. मान लीजिए, किसी एक स्त्री का कंठ स्वर अत्यधिक मधुर है, इतना सुरीला है, जैसे कोयल का. उसका गायन सुनने के लिए अच्छे थिएटरों में भीड़ लग जाती है और वह गायिका दैनिक हज़ारों रुपये कमा लेती है. या किसी चित्रकार के पास उसका बनाया हुआ इतना बढ़िया चित्र है कि उसे किसी आर्ट गैलरी में लगाकर, उसे देखने मात्र का टिकट लगाकर वह रोज़ सैकड़ों रुपये एकत्रित कर ले. एक डॉक्टर अपने कौशल और अनुभव के बल पर ऑपरेशन अथवा कठिन रोग के इलाज की मुंहमांगी फीस, जो कि हज़ारों रुपयों तक हो सकती है, मांग लेता है. अतीव आकर्षक सुंदरी स्त्रियां ज़रा सी मुलाकात में इतनी रकम मांग लेती हैं और उन्हें मिल भी जाती है, जितनी कोई दूसरी स्त्री सारा दिन या सारी उम्र मेहनत करके भी नहीं कमा सकती. प्रसिद्ध सिने तारिकाएं इतने नाज़-नख़रे करती हैं कि जिनकी वजह से फ़िल्म कंपनियों को काफी क्षति उठानी पड़ सकती है, फिर भी जनता की रुचि को ध्यान में रखते हुए उनके वे तमाम नाज़-नख़रे बर्दाश्त करने ही पड़ते हैं.

दृष्टांत और भी हो सकते हैं, लेकिन इन सबसे डरने की ज़रूरत नहीं. कारण यह है कि सब अल्पसंख्यक ही हैं. इन्हें उंगलियों पर गिना जा सकता है. अगर कहीं इनकी संख्या ज़्यादा होने लग जाए तो धन कमाने की इतनी शक्ति रहेगी भी नहीं. ये धन भले ही कमा लें, इनको औद्योगिक अधिकार अथवा राजनीतिक शासन-सुविधाएं तो प्राप्त होने से रहीं. संसार के इतिहास में कहीं भी किसी कोकिल कंठी अथवा सुंदरी का साम्राज्य न रहा

है, न रहेगा. न कोई चित्रकार अपनी विशेषताओं के कारण कोई विशेष प्रभुत्व हासिल कर सका है. इस तरह के व्यक्ति अथवा अन्य पेशेवर अद्वितीय प्रज्ञावान मनुष्य धन भले ही कमा लें, पर उसके लिए भी उन्हें काम करना पड़ता है. एक बैरिस्टर, जो रोज़ाना तीन हज़ार रुपये तक कमा लेता है, उससे एक मिल का मैनेजर, जो महज़ पांच सौ रुपये ही कमाता है या श्रम संघ का मंत्री, जो शायद सौ रुपये ही कमा पाता हो, ज़्यादा महत्व के हो सकते हैं. कारण स्पष्ट है. एक सुंदरी जो इस तरह से धन एकत्रित करती है, वह हीरों के या मोतियों के कंठों से अपने आपको सुसज्जित किए हुए है, किसी भी प्रकार से किसी मज़दूरी करके कमाने वाली स्त्री को हानि नहीं पहुंचा सकती, जो कि शायद लाल चिरमियों की कंठी पहन कर ही अपने आपको धन्य समझ कर गुजारा चला रही है. पर वह मिल का मैनेजर या वह श्रम संघ का मंत्री उस मज़दूर स्त्री की दैनिक रोज़ी कमाने में प्रतिघातक या बाधक बन सकता है.

अतएव औद्योगिक नियंत्रण या राजनीतिक सत्ता रुपयों के बनिस्पत ज़्यादा महत्व की है. इसके अलावा अनुभव से हम सब जानते हैं कि धनिक से धनिक व्यक्ति भी अपनी निज की ज़रूरत के लिए ज़्यादा से ज़्यादा जितना ख़र्च कर डालता है, वह साधारण व्यक्तियों से बहुत ज़्यादा नहीं होता. अत्यंत धनवान होकर आख़िर कर ही क्या सकता है? भारत में टाटा, बिड़ला, डालमिया, मफतलाल या बांगड़ अथवा अन्य देशों के फोर्ड, रॉकफेलर, कार्नेगी या न्यूफील्ड या रोथसचाइल्ड क्या कर सकते हैं अपने धन का? निजी उपयोग में किसी हालत में वे अपने धन का बड़ा भाग ख़र्च कर ही नहीं पाते. लाखों या करोड़ों रुपया लाचार होकर उन्हें जनता के कामों के लिए, कॉलेजों के लिए, विश्वविद्यालयों, अस्पतालों आदि के लिए ख़र्च करने की व्यवस्था करनी पड़ती है. आम जनता के किसी भी आदमी की तुलना में अपनी आय का कितना प्रतिशत ये अपने लिए ख़र्च कर पाते हैं, इस ओर शायद ही कभी किसी ने ग़ौर किया हो. उनकी विशाल माया से अभिभूत होकर लोग चकाचौंध में आकर, अपने से सही माने में तुलना कर ही नहीं पाते. इस बात के प्रमाण स्वरूप इन धनवानों द्वारा दिए गए विविध प्रकार के दान–वृत्त हर राष्ट्र और प्रांत में नज़र आ जाएंगे, जहां वे जनता के हितोपयोगी कामों में अपने धन का बहुत बड़ा भाग ख़र्च करने के लिए बाध्य हैं.

अगर जनता की आय समान हो जाए तो कुछ इक्के–दुक्के आदमियों की विशेष कमाई भी उनके जीवन स्तर में किसी प्रकार का फ़र्क़ पैदा नहीं कर सकेगी. उनको भी देश के बाक़ी लोगों की तरह ही जीना पड़ेगा. मान लीजिए, एक प्रसिद्ध गायिका नाट्य घर या थिएटर में संगीत का आयोजन करती है और दैनिक सैकड़ों रुपये प्राप्त कर लेती है, पर जब उसे नौकरानी या सेविका की ज़रूरत हो तो वह उसे कभी मिल ही नहीं सकेगी, क्योंकि समान आय वितरण के बाद कोई नौकरानी या सेविका बनना पसंद ही क्यों करेगी? नौकरानी या सेविका का कार्य भी तो समाजवादी संस्था ही करेगी. न वह धनिक गायिका अपने बच्चों के लिए वसीयत में कुछ पैसे छोड़ सकेगी, न वह उस धन से कोई ऐसे शेयर अथवा इंवेस्टमेंट या अनुपार्जित आय का ज़रिया ही ख़रीद कर सकेगी,

क्योंकि उत्तराधिकार अथवा वारसा भी सारा समाजवादी संस्था का ही होगा. पूंजीवादी इंवेस्टमेंट प्रथा भी सारी समाजवादी संस्था की ही होगी. हालांकि किसी भी सरकार के लिए आयकर या बहु आयकर लगाकर उन व्यक्तिगत प्रतिभा वाले व्यक्तियों को ज़्यादा धनिक होने पर रोक लगाना कठिन होगा, पर अगर ये अतिरिक्त धन एकत्रित कर भी लें तो भी अंतिम गति क्या होगी? इस तरह की व्यक्तिगत प्रज्ञा या प्रतिभा से जो व्यक्ति अपने जीवन के लिए या जीवनोपयोगी वस्तुओं को उपलब्ध करने के लिए कुछ विशेष सहूलियतें प्राप्त करने में समर्थ हो भी जाता है तो कोई हानि नहीं. पर हम यह भी देखते हैं कि कई लोग दूसरे आदमियों की प्रज्ञा या प्रतिभा से लाभ उठाते हैं. अगर कोई सुंदरी अथवा गौहर बानो अपने रूप–लावण्य के आकर्षण से रुपया कमाती है, इसमें तो किसी को आपत्ति नहीं होगी, पर यदि कोई दूसरा धनिक सौ–पचास गौहर बानो को एकत्रित कर उन्हें पांच- पांच रुपये देकर रखे और दूसरों से पच्चीस–पच्चीस रुपये किराया ले और धन कमाए तो समाज उसे कैसे लेगा?

यदि कोई चोर या पॉकेट मार अपने हाथ की सफाई से आपका पॉकेट मार लेता है, उसके हाथ की सफाई की दाद दी जा सकती है, शायद उसे माफ भी किया जा सकता है, पर उस आदमी को, जिसने उस चोर से चुराया हुआ सामान कौड़ियों के मोल ख़रीद लिया है और जो इसी तरह हमेशा चोरी का सामान ख़रीद कर रुपये पैदा करने का अभ्यासी है, ऐसे आदमी के साथ किसी को सहानुभूति हो नहीं सकती. इसी तरह के अनेक कार्य और भी हैं, जहां व्यक्तिगत निपुणता या बुद्धि कौशल या प्रतिभा का उपयोग दूसरे व्यक्ति, जो माल ख़रीदते हैं, बेचते हैं, दलाली करते हैं या पैसा पैदा करने के लिए रुपया उधार देते हैं, उन्हें माफ नहीं किया जा सकता है. अब सोचना यह है कि इन सबमें कौन निपुण है, प्रतिभावान है? सब ही कह सकते हैं कि अपने–अपने ज़िम्मे के काम में सब ही दक्ष हैं, इसलिए यह क्यों कहा जाए कि किसी दूसरे की प्रतिभा का लाभ दूसरा उठा रहा है? खाली चीज बनाना ही तो काम नहीं, बल्कि उससे संबंधित तमाम सेवाओं का भी मूल्य है, इसके लिए भी किसी प्रकार की दक्षता की आवश्यकता है.

उदाहरण के लिए पहले खेतों में जो कपास उगाया जाता था, चर्खे पर कात कर घर की औरतें सूत कात लेती थीं, पुरुष वर्ग कपड़ा बुन लेता था और सारे परिवार के लिए तन ढांपने की उचित व्यवस्था हो जाती थी. इसी काम के लिए आज लगभग इतने लोगों की ज़रूरत होती है:– 1) किसान, जो कपास उगाता है. 2) पूंजीपति जो रुपये उधार देता है. 3) कपास को ओटा कर रुई बनाने वाला. 4) रुई का व्यापारी और दलाल. 5) सूत बनाने की मिल चलाने वाले अनेक व्यक्ति. 6) कपड़ा बुनने वाले अनेक व्यक्ति. 7) कपड़ा बेचने वाले थोक व्यापारी और उनके दलाल. 8) कपड़े की दुकान वाले दुकानदार. 9) फुटकर कपड़ा बेचने वाले इत्यादि. राम जाने कितने और लोग हैं, जो यह दावा कर सकते हैं कि उनकी ही कार्य दक्षता अथवा निपुणता की वजह से आपका परिवार कपड़े पहने हुए है. बात सच भी है. इनमें से किसी एक के बिना भी हालत ऐसी हो सकती है कि सारी सेना–फौज तैयार, पर तोप या बारूद की कमी है. लेकिन लोगों

की इस भीड़ में खोजने पर भी आपको एक भी आदमी ऐसा नहीं मिलेगा, जो मौलिक तरीक़े से काम करने का आदी हो. सब लोग वही काम करने को तैयार हैं या करते हैं, जो उन्हें बताया जाए या कहा जाए. हमेशा ही उन आदमियों की संख्या बहुत ज़्यादा होती है, जो कहा हुआ काम करने के आदी हैं, बनिस्बत उनके, जो कह सकें कि तुम यह काम करो. इसीलिए काम करने वालों को अगर सौ रुपया माहवार मिलता है तो ऐसे व्यक्ति को, जो यह निर्णय कर सके कि क्या काम करना है और कैसे करना है और जिसके निर्णय पर भरोसा किया जा सकता है, उसे चार सौ अथवा पांच सौ या इससे भी अधिक तनख्वाह माहवार मिल सकती है.

जहां मौलिक निर्णय करने की भी विशेष ज़रूरत न हो, पर दूसरे सब व्यक्तियों को अपने-अपने ज़िम्मे के कामों को कराते रहने भर का भार हो और साधारणतया जो अनुशासन कायम रख सके, ऐसे काम की विशेष क़ीमत होती है. हर जगह ऐसी योग्यता वाला व्यक्ति प्रधान या नेता बन ही जाता है. कारखाने में जोबर या मास्टर, जेलखाने में वार्डन, स्कूलों में प्रधानाध्यापक इत्यादि लोग काम का नेतृत्व करने वाले या अनुशासन स्थिर रखने वाले बहुधा अप्रिय ही होते हैं, लेकिन उनके काम का भी महत्व है. इसलिए मालिक लोग ऐसे पदों पर अपने मनपसंद व्यक्ति ही अपेक्षाकृत ज़्यादा तनख्वाह देकर रखते हैं.

यही स्थिति सब जगह है. संयुक्त हिंदू परिवार का हर भारतीय सदस्य जानता है कि घर में एक स्त्री या पुरुष अगर क्रूर स्वभाव का या मालिकाना स्वभाव का हो तो सारे परिवार पर वह अंकुश या कंट्रोल कर लेता है और अगर उसके इस प्रकार तानाशाही कंट्रोल में जरा भी स्वार्थ या परपीड़न हो तो कालांतर में विद्रोह ज़रूर पैदा होता है. पर अगर किसी प्रकार का किसी का भी नियमन या कंट्रोल न रहे तो दशा और भी बिगड़ सकती है. बिना लगाम के घोड़े की सवारी वाली हालत हो जाती है. इसलिए बहुत थोड़े ही लोग ऐसे होते हैं, जो निर्देशानुसार कार्य करने में आपत्ति करें. ज़्यादातर लोग ऐसे ही हैं, जो सोचने या योजना बना सकने की ज़हमत उठाने से बच जाएं तो बड़े प्रसन्न रहते हैं. अनुशासन के प्रति विद्रोह करने वाले बहुत थोड़े लोग हैं. हां, अगर अधिकार वाले लोग अधिकार का दुरुपयोग करने लगें या अधीनस्थ काम करने वालों को जलील करने लगें तो हर व्यक्ति स्वाभाविक रूप से उस वृत्ति का विरोध ही करेगा. इस तरह का हमारा मानसिक आलस्य हमें सदा पीछे-पीछे चलने का ही आदेश देता है. इसीलिए प्रत्येक युग में महापुरुष, नेता अथवा अति मानव एकाध आदमी ही हुआ करते हैं.

माता-पिता बच्चों से पूछते हैं कि बिना मेरी आज्ञा के कहां गए थे या यह क्या किया, क्यों किया? इस तरह के प्रश्न पूछने वाले यही माता-पिता थोड़े दिनों बाद कहने लगते हैं, तुम अपनी अक्ल से काम क्यों नहीं करते, क्या जरा-जरा सी बात में मुझे परेशान करते हो? कहने का मतलब यह है कि मनुष्य की यह सहज वृत्ति है कि काम हम करें और सोचने का या योजना बनाने का उत्तरदायित्व दूसरा कोई वहन करे. किसी भी नियोजित योजना के बुरे परिणाम का सेहरा अपने सिर बंधवाने के लिए कोई राज़ी नहीं होता,

क्योंकि उसमें ख़तरा रहता है. ख़तरे से सभी को डर है. हर काम सफल ही हो, यह भी ज़रूरी नहीं, इसीलिए नेतृत्व अथवा मार्ग निर्देशन, यदि वह विश्वास करने लायक़ हो तो, उसके नीचे काम करने में ही लोग अधिक कुशलता समझते हैं. परिस्थितियां ही मनुष्य की मनोवृत्ति का सही विश्लेषण कर सकती हैं. मान लीजिए, किसी बड़े रेलवे स्टेशन पर आपने किसी रेलवे कर्मचारी या कुली से पूछ लिया कि लखनऊ जाने वाली गाड़ी कौन से प्लेटफार्म पर है? उस रेलवे कर्मचारी ने जानबूझ कर हैरान करने की नीयत से मान लीजिए, आपको ग़लत ट्रेन में बैठा दिया या उसने बिना मतलब ही आंखें तरेर कर कह दिया कि उसे मालूम नहीं है, तो आप हमेशा के लिए रेलवे कर्मचारियों या कुलियों के ख़िलाफ़ मनोवृत्ति वाले हो जाएंगे. इसके विरुद्ध यदि उसने आपको सही गाड़ी का मार्ग बता दिया, आपके साथ सौम्यतापूर्ण व्यवहार किया तो आपकी मनोवृत्ति समस्त रेलवे कर्मचारियों या कुलियों के पक्ष में हो जाएगी. यह उदाहरण सापेक्ष है. हम सभी छोटे-बड़े किसी न किसी पथ प्रदर्शक की आवश्यकता महसूस करते हैं. यह स्वाभाविक भी है, क्योंकि प्रत्येक व्यक्ति प्रत्येक बात न जानता है, न जान ही सकता है.

अब यदि मार्ग प्रदर्शन करने वाले से आपको लाभ पहुंचता है, सुविधा होती है तो आप उसका यशोगान करने लगेंगे, उसकी उपासना करने लगेंगे और कहीं उसके मार्गदर्शन में आपको कष्ट झेलना पड़ जाए तो निश्चय ही आपके मन में उसके प्रति विद्रोह की भावना जाग्रत हो जाएगी. संसार भर में जितनी भी तकलीफ़ें हैं, उसका कारण यह नहीं है कि हम अच्छा शासन नहीं है, इससे असंतुष्ट हैं, बल्कि कोई भी शासन क्यों है, हमारी आपत्ति दरअसल यह है. यह बात सही है कि कोई भी आदमी अपने किसी काम में किसी तरह का हस्तक्षेप पसंद नहीं करता. हर आदमी अपने मन की ही करना चाहता है. पर अगर किसी काम को करने की या कर सकने की जानकारी सौ में से सिर्फ़ पांच (या उससे भी कम) लोगों को हो, तो वे बाक़ी के लोग उन पांच (या उससे भी कम) लोगों द्वारा संयोजित निर्देशन में काम करने को ज़रूर राजी होंगे. बल्कि उत्कट अभिलाषा रहेगी कि किसी भी प्रकार से वे पांच हमारा नेतृत्व करते रहें, हमें मार्ग निर्देशन करें. अगर कोई इस बात का विरोध करेगा तो वे उस पर नाराज़ होंगे और हिंसा तक को अपनाने से नहीं चूकेंगे. यही वजह है कि कई महत्वाकांक्षी जालसाज लोग भी अपने आपको नेता मनवाने में सफल हो जाते हैं, हालांकि उनकी जानकारी नहीं के बराबर ही होती है.

योग्य नेता भी अपने क्रूर स्वभाव के कारण जल्द ही अप्रिय बन जाते हैं. चाहे वे कितने ही काबिल क्यों न हो, अगर वे अपने अनुयायियों को झूठमूठ डांटते रहें, उन्हें जलील करते रहें अथवा अपनी उच्चता का प्रदर्शन करते रहें तो वे उनमें यह भाव पैदा कर ही देते हैं कि उनके अनुचर आत्मसम्मान खो बैठे हैं या जलालत भुगतने के आदी हो गए हैं. परिणामस्वरूप बहुत से लोगों में क्षोभ की भावना पैदा हो जाती है. फिर इन्हीं नेताओं की नेतागिरी ख़तरे में पड़ जाती है. पर यह भी आप निश्चित मानिए कि नेता का अधिकार अथवा अनुचरों-अनुयायियों के आदेश मानने की प्रवृत्ति कभी स्थायी रूप से नष्ट नहीं होती. क्षणिक क्षोभ के पश्चात फिर नेताओं की नेतागिरी जम ही जाती है. इसमें

डरने की कोई बात नहीं. यह तो बिल्कुल स्वाभाविक ही है. पर जिस चीज का भय है, वह यह कि इस तरह से जो नए नेता सामने आ खड़े होते हैं और पुराने नेताओं को उखाड़ फेंकते हैं, वे ही कहीं आदर्श न मान लिए जाएं. ऐसा होने पर तानाशाही हुए बिना रहेगी नहीं. नेल्सन अपने नाविकों द्वारा उपास्य देव बन गया था. रूस के लेनिन और बाद में स्टालिन महान देवता के रूप में पूजे जाने लगे थे. इटली का मुसोलिनी देश का उद्धारक मान लिया गया. जर्मनी का हिटलर प्रजा के लिए पितातुल्य बन गया. पर कोई भी नेता, जो अराजकता फैलाने या विद्रोही क्रांति द्वारा किसी भी प्रकार के शासन को सहन न करने की वकालत करते थे, वे कभी भी स्थायी रूप से लोकप्रिय नहीं बन सके. न भविष्य में ही ऐसे लोग लोकप्रिय हो सकेंगे.

दुर्भाग्य यह है कि पूंजीवाद का सबसे बड़ा अवगुण यही है कि जिस किसी व्यक्ति के हाथ में बागडोर आई, उसने सामाजिक समानता को ठुकराया. एक और श्रेणी सामने आई, नेता और अनुचर. अनुचर शब्द का अर्थ ही ज़लालत भुगतने वाला, हीनभावना वाला व्यक्ति बन गया. इस व्यवस्था के अंतर्गत योग्यता बाज़ार में बिकने लगी और हर चीज की क़ीमत महंगी या सस्ती, इसी अनुपात पर आधारित हो गई कि बाज़ार में खपत कम है या ज़्यादा. योग्यता चूंकि कम मात्रा में प्राप्त है, इसलिए इसकी क़ीमत महंगी हो गई. जब भी नेता का या पथ प्रदर्शक का दर्जा अथवा उसकी आय अनुचरों से अधिक हुई कि श्रेणी विभाजन हुआ. जब श्रेणी में ऊंच–नीच का भेद बना कि सहज मानव विद्रोह जाग्रत हुआ. यह दलील कि तुम हम पर क्यों हुक्म चलाते हो, हम तुमसे क्या कम हैं, इस तरह के राग–द्वेष आरंभ हो गए. इस तरह के खयालात सेना में नहीं आते, जबकि हवलदार सैनिकों को हुक्म देता है तो उस समय यह नहीं कहा जाता कि तुम हमें क्यों हुक्म देते हो, हम किस तरह तुमसे कम हैं, पर सैनिकों की दैनिक जीवनचर्या में, आसपास रहने वाले उनके पड़ोसियों के साथ उनके व्यवहार में अथवा उनकी स्त्रियों में यह प्रतिस्पर्द्धा सहज ही दृष्टिगोचर हो सकती है. बल्कि देखा गया कि लोगों को अपनी तरक़्क़ी से उतना आनंद नहीं आता, जितना कि पड़ोसी की अवनति या अधोगति को देखकर आता है. यदि कोई यह कहे कि हम तो बहुत प्रसन्न हैं, तो मान लीजिए कि सौ में निन्नानवे लोग झूठ बोलते हैं.

पूंजीवादी अर्थव्यवस्था के अंतर्गत कोई भी व्यक्ति प्रेम या आदरपूर्वक प्रार्थना किए जाने पर शायद ही काम करता हो. लेकिन जब उसे जलील किया जाए, उसके साथ गाली–गलौज किया जाए या धमका कर हुक्म दिया जाए तो दुम हिलाकर दौड़ दौड़ कर काम करने लगता है. इस दुर्दशा के मूल में आर्थिक कमजोरी ही है. दासवृत्ति या गुलामी की प्रवृत्ति मानव की निम्नतम वृत्ति, इस ग़रीबी या दरिद्रता की वजह से ही जन्म लेती है. ज्यों–ज्यों हमारे देश की ग़रीबी दूर होगी, मानसिक दरिद्रता भी अपने आप नष्ट हो जाएगी.

नेतृत्व से बचने की प्रवृत्ति ज़्यादा मुश्किल पैदा करती है. अगर आप पांच सिपाहियों को एक ड्यूटी पर भेज दें तो उनका नेतृत्व कौन करेगा, इसके लिए पांचों ही हीला हवाला करेंगे और स्वीकार करने वाला सिर्फ़ वही होगा जो अपने उत्तरदायित्व की गहनता

को न समझता हो. इसी तरह भारत में आज उच्च न्यायालयों के लिए या सर्वोच्च न्यायालय के लिए न्यायाधीश प्राप्त नहीं होते. कारण, कोई भी उच्च महान उत्तरदायित्व को वहन करने के लिए तैयार नहीं है.

इसका इलाज वही है जो आम जनता के सदस्य को जूरी का सदस्य बनाकर अपनाया जाता है. आपने देखा होगा कि लोग जूरी के सदस्य बनने से कैसे कतराते हैं. पर उनका नाम आ ही जाए तो इच्छा अथवा अनिच्छा से उन्हें जूरी की सेवा में जाना ही पड़ता है. इसी तरह अनिच्छा से भी उपयुक्त लोगों पर इस तरह नेतृत्व का उत्तरदायित्व ज़बरदस्ती थोपना ही पड़ता है. यही इसका सही इलाज भी है.

इसके अलावा हर आदमी में किसी न किसी काम को करने की नैसर्गिक प्रतिभा होती ही है. कई आदमी जन्मजात नेता ही होते हैं. वे कभी अनुचर की तरह काम कर ही नहीं सकते. कई व्यक्ति जन्मजात अनुचर ही होते हैं, वे कभी किसी दस का या कार्य का नेतृत्व या स्वामित्व कर ही नहीं सकते. इस तरह जो जन्मजात प्रतिभाशाली हैं, उन्हें आप तनख्वाह चाहे जो दें, वे वही काम अधिक सफलता के साथ कर सकेंगे. इसलिए हुक्म देने वाले या योजना बनाने वाले विचारक का मूल्य उसके अनुचरों से ज़्यादा हो ही, यह ज़रूरी नहीं. दुर्भाग्य से पूंजीवादी व्यवस्था ने इस तरह की एक लक्ष्मण रेखा अवश्य बना डाली है, जिसके द्वारा जो असाधारण प्रतिभा संपन्न और योग्य व्यक्ति हैं, नेता बन नहीं पाते और बिलकुल अयोग्य, तुच्छ प्राणी नेता बना दिए जाते हैं, महज स्वार्थपरायणता अथवा लाभ के वशीभूत होकर.

अतः इस बात से डरने की भी बिलकुल ज़रूरत नहीं कि विशेष योग्यता वाले व्यक्तियों से काम लेने के लिए उन्हें अधिक आर्थिक प्रलोभन चाहिए ही. अनुभव तो यह बताता है कि प्रलोभन की बात तो दूर, उन्हें रुकावटों का सामना करना पड़े, कष्ट है कि एक बार नेता बन जाने के बाद वे कहीं अपने अधिकारों का दुरुपयोग न करने लगें और कहीं तानाशाह न बन बैठें. इन अधिकारों अथवा प्राप्त प्रभुसत्ता की आड़ में स्वार्थ साधन करके तानाशाह न बन बैठें. इन अधिकारों अथवा प्राप्त प्रभुसत्ता की आड़ में स्वार्थ-साधन करके समान आय वाली बात की बिल्कुल अवहेलना न करने लगे. ऐसा होता है, हो सकता है.

समाजवादी व्यवस्था में सेवाएं सार्वजनिक कर्तव्य बन जाती है. एक सिविल सर्वेंट एक न्यायाधीश, एक फ़ौज का कप्तान या जनरल, या कॉलेज का प्रिंसिपल चाहे वे कितने ही योग्य और प्रतिभा संपन्न क्यों न हों, ज़्यादा वेतन मिले इसका प्रलोभन नहीं रखते. वे सज्जन नागरिक राष्ट्र से बस यही चाहते हैं कि वे चिंतारहित ज़िंदगी बसर करसकें, इसके लिए इतना मिल जाए कि वे अपनी योग्यता से राष्ट्र की अच्छी तरह सेवा कर सकें. पर पूंजीवादी व्यापारी मनोवृत्ति में सब लोग सज्जन नागरिक भी रह पाते हैं, इसमें संदेह है. जब उन्हें मालूम हो कि उनकी सेवा के बिना काम चल नहीं सकता तो वे मुंहमांगी अनाप-शनाप ऊंची तनख्वाह मांगने लगते हैं, लेते हैं और राष्ट्र के हिताहित का ध्यान छोड़कर स्वयं धनाढ्य बनने के प्रयत्न में संलग्न हो जाते हैं.

कारख़ाने, फैक्टरियां या उद्योगों को चलाने में नेतृत्व या संचालन में योग्य लोगों की सेवाओं की आवश्यकता होती है. वे भी अपनी अपनी उपयोगिता को ध्यान में रखते हुए उसकी ऊंची क़ीमत मांगते हैं.

चाहे मज़दूर वर्ग हो या श्रमिक संघ के नेतगण हों या पूंजी लगाने वाले शेयर होल्डर हों, उनको वे बिन हिचक कह देते हैं कि हम तो इन्हीं शर्तें पर काम करेंगे, अगर यह स्वीकार नहीं है तो आप स्वयं चला लें. श्रमिक संघ के कतिपय व्यक्ति शायद तैयार भी हो जाएं, पर निश्चय ही वे निष्फल होते हैं. कारण अनेक हैं. उनकी अनुभवहीनता की वजह से वे संचालक लोग पूंजी लगाने वाले शेयर होल्डरों से सीधे संघर्ष में आ जाते हैं और दो समान दलों में एक निरर्थक विवाद खड़ा हो जाता है.

वे मैनेजर या संचालक फिर कहते हैं कि हमारी शर्तों पर हमें संचालन करने दिया जाए तो हमें जो आप बहुत अधिक या अनुचित वेतन दे रहें हैं, उसे देकर भी श्रमिकों को ज़्यादा वेतन मिलेगा और शेयर होल्डरों को दुगना-चौगुना लाभांश मिलेगा.

बात भी सही है. वे पूंजीवादी संचालक उसी तरह अपनी कार्य क्षमता या योग्यता की भारी से भारी रकम वसूल कर लेते हैं.

तो इस प्रकार पूंजीवादी अर्थव्यवस्था में ज़मीन जायददा के किराए की रकम या पूंजी के किराए के साथ साथ योग्यता का किराया भी ये लोग लेते रहते हैं.

अतएव जब ज़मीनों, जायदाद का या पूंजी का राष्ट्रीकरण होतो साथ ही मानव-योग्यता का राष्ट्रीकरण होना भी उतना ही आवश्यक है. योग्यता का किराया या मूल्यांकन अथवा मुनाफ़ा अब किसी हद तक राष्ट्रीकरण के अंतर्गत आ भी गया है. कारण, जो आयकर, बहु-आयकर इत्यादि कर हैं वे सब इस मुनाफ़े पर ही हैं. सर्वथा नहीं तो कुछ अंशों में ही सही, उसका ख़ासा भाग राष्ट्र की संपत्ति बन ही जाता है.

किराए शब्द का उपयोग कुछ विस्तृत रूप से किया जा रहा है. किराया शब्द का प्रयोग अधिकतर मकान मालिक अथवा ज़मीन के ज़मींदार को उसके मकान अथवा ज़मीन के उपयोग में लेने के किराए के लिए ही काम में लाया जाता रहा है. पर, असल में किसी भी वस्तु या सेवा का सामान्य से अधिक कुछ भी शुल्क देना पड़े वह चीज़ का किराया ही है. एक खेत में अनाज ज़्यादा पैदा होता है या एक आदमी में व्यापारिक योग्यता दूसरों से अधिक है, तो वह जो फ़र्क़ है, वह उसके किराए का ही फ़र्क़ है. प्रकृति ने जिन खेतों की उत्पादन शक्ति में फ़र्क़ रख दिया है, उसे तो स्वीकार करना ही होगा. खान-पान में जो फ़र्क़ है उसे भी अस्वीकार नहीं किया जा सकता. इसी तरह आदमी आदमी के फ़र्क़ को भी मंज़ूर करना ही होगा. पर इन सबका राष्ट्रीकरण अवश्य किया जा सकता है. इन सब प्रकृति की अतिरिक्त कृपाओं को आप कर के रूप में या अन्य प्रकार से राष्ट्र की संपत्ति बना सकते हैं. जब तक यह नहीं होगा वे लोग अधिक लाभ प्राप्त करते ही रहेंगे और उनके बाल-बच्चे कालांतर में आलसी जमींदार ही न बन जाएंगे और धनिक पूंजीपति बन कर वित्त-समानता या सामाजिक समानता का ध्येय शताब्दियों के लिए स्थगित हो जाएगा.

स्थिति यही बनी रहेगी कि महान तत्ववेत्ता, विज्ञान-वेत्ता, खगोलशास्त्री, रसायनविज्ञानी,गणक,दार्शनिक या अन्वेषक, शिक्षक वर्ग, उपदेशक वर्ग, समाजशास्त्री, संत जन आदि इतने ग़रीब बने रहें कि उनकी पत्नियां, बच्चे पेट भर खाना मुश्किल से पा सकें और वे व्यापार संचालक या उद्योग-मैनेजर इतने धनाढ्य हो जाएं कि करोड़ों कमाते रहें या एकत्रित करते चले जाएं और उनकी स्त्रियां या बच्चे हीरे जवाहरात के ज़ेवर शरीर पर लादे फिरें और अपने पतियों या माता-पिता के धन का विज्ञापन करते रहें

इन स्त्रियों या बच्चों को देखकर समाज के दूसरे स्त्री-बच्चे या तो अपने को हीनभावना से ग्रसित पाएंगे या उनमें विद्रोह के बीज अंकुरित होते रहेंगे. वे धनिक-स्त्रियां या बालक किसी ग़रीब आदमी की स्त्री या बालकों से सामाजिक समकक्षता से बातचीत भी नहीं कर पाएंगे, आपस में शादी ब्याह की तो चर्चा ही व्यर्थ है. आर्थिक भेदभाव इतना गहरा होता जाएगा कि मनुष्य-मनुष्य में घृणा का गुप्त स्रोत बढ़ता ही जाएगा.

किसी की ईश्वर-प्रदत्त योग्यता को तो बर्बाद किया नहीं जा सकता, पर इनकी आय को निश्चय ही आप बराबर कर सकते हैं. जहां वित्त या आय समान हुई कि इन सबके स्त्री-बच्चे समान सामाजिक धरातल पर आए और मैत्री या आपस में शादी-ब्याह के, घनिष्ठ संपर्क साधने के रास्ते खुले. तभी देश की नस्ल सुधर सकेगी.

भारत में एक और विशेष बीमारी है, वह है जाति-पांति का विचार अथवा वर्ग-व्यवस्था. हालांकि आज के प्रगतिशील युग में सरकार के क़ानूनों द्वारा यह बहुत कुछ बदल चुकी है, पर फिर भी, यह प्रथा भारतीय संस्कृति का इतना अभिन्न अंग बनी हुई है कि आज भी शादी ब्याह या सामाजिक समानता में ये जाति या वर्ग बहुत महत्व रखते हैं. इस संबंध में इतना कहना ही पर्याप्त होगा कि समाजवादी अर्थव्यवस्था में जाति-पांति या वर्ग व्यवस्था के लिए स्थान नहीं है.

इस भेदभाव का उन्मूलन करना ही होगा.